時尚・可愛・慢步樂活旅

檀香山

這是什麼呢？

（答案見P2）

Lala Citta是義大利文的「城市＝La Citta」，

和享受輕快旅行印象綜合而成的用語。

書中匯集了漂亮的海灘、購物景點、

好吃的甜點、可愛的雜貨等…

成熟女性不可錯過的旅遊時尚新主題。

當你在想「今天要做什麼呢」時

就翻翻這本書吧。

歡樂旅遊的各種創意都在書中。

人人出版

Lala Citta
檀香山
Contents

旅行key word 7 ··············· 4
旅行Happy Advice10 ··········· 8
檀香山區域Navi ·············· 10
6天4夜的經典行程 ············ 12

熱門區域

120%盡情玩樂威基基海灘 ········ 16
看看威基基必訪之處＆"新"景點 ··· 18
威基基各時段的推薦美食 ········· 20
卡帕胡魯＆凱木基 ············· 22
到凱盧阿兜風 ··············· 24
漫步凱盧阿 ················· 26
到哈雷瓦兜風 ··············· 28
漫步哈雷瓦 ················· 30
市中心 ··················· 32
科奧利納的迪士尼樂園 ·········· 34

體驗夏威夷

在地人自豪的海灘 ············· 36
水上活動 ·················· 38
和憧憬已久的海豚＆海龜一起玩耍！·· 40
痛快登山 ·················· 42
瑜珈＆慢跑 ················· 44
農夫市集 ·················· 46
夏威夷文化 ················· 48
趣味主題樂園 ··············· 50
還有很多很多！檀香山的好景點 ····· 52
夜間娛樂景點 ··············· 54

購物

泳裝 ···················· 56
海灘風格 ·················· 58
度假流行服飾 ··············· 60
阿拉莫阿那中心 ············· 62
沃德村 ··················· 68

皇家夏威夷中心 ············· 70
威基基周邊購物中心 ··········· 72
還有不只這些！
更多購物景點 ··············· 74
T-Shirt＆海灘鞋 ············· 76
著名店鋪的招牌美食伴手禮 ······· 78
自然風超市 ················ 80
超市＆超商的超值伴手禮 ········· 82
推薦的夏威夷伴手禮 ··········· 84

美食

超美味早餐 ················ 86
鬆餅 ···················· 88
巴西莓＆火龍果 ············· 90
美味漢堡 ·················· 92
夏威夷餐盤式午餐＆Loco Moco ···· 94
夏威夷甜點 ················ 96
海景餐廳 ·················· 98
美好晚餐 ················· 100
肉類＆海鮮菜色 ············· 102
有機＆地產地消美食 ·········· 104
異國料理 ················· 106
度過夏威夷風夜晚的方法 ········ 108
夏威夷雞尾酒 ·············· 110

放鬆

享受夏威夷傳統按摩放鬆身心 ····· 112
$60以下即可享受的1日SPA ····· 114
自然風美妝 ··············· 116
豪華飯店 ················· 118
舒適飯店 ················· 120
度假公寓 ················· 122

旅遊資訊 ················· 124
出入境的流程、島上交通、貨幣、季節、
電話、禮儀、突發狀況等
行前準備memo ············· 139
Index ··················· 140

別冊MAP

可以拆下使用

歐胡島全域圖…………………………… 2

哈雷瓦………………………………… 3

歐胡島東南部…………………………… 4

凱盧阿………………………………… 5

檀香山………………………………… 6

威基基中心區…………………………… 8

McCully～凱木基……………………… 10

阿拉莫阿那…………………………… 12

市中心………………………………… 14

阿拉莫阿那中心樓層圖………………… 16

皇家夏威夷中心樓層圖………………… 18

威基基海灘大道樓層圖………………… 19

普阿雷拉妮水漾購物商店樓層圖………… 19

沃德村全域圖…………………………… 20

沃德購物中心樓層圖…………………… 20

沃德批發商場樓層圖…………………… 21

威基基觀光導遊巴士路線圖…………… 22

巴士路線圖…………………………… 24

行車路線圖…………………………… 26

簡單對話／小費／匯率………………… 28

［本書的標示］

R 有餐廳   **交** 交通
P 有泳池   **住** 地址
F 有健身房   **H** 飯店
                ☎ 電話號碼
                時 開館時間·營業時間
                休 公休
                金 費用
                URL 官網網址

［其他注意事項］

○本書所刊載的內容及資訊，是基於2015年8月～10月時的取材、調查編輯而成。書籍發行後，在費用、營業時間、公休日、菜單等營業內容上可能有所變動，或是因臨時歇業而有無法利用的狀況。此外，包含各種資訊在內的刊載內容，雖然已經極力追求資訊的正確性，但仍建議在出發前以電話等方式做確認、預約。此外，因本書刊載內容而造成的賠償責任等，敝公司無法提供保證，請在確認此點後再行購買。

○地名、建築物在標示上參考政府觀光局等單位提供的資訊，並盡可能貼近當地語言的發音。

○休息時間基本上僅標示公休日，略過復活節、聖誕節、過年期間、國定紀念日等節日。

○費用的標示為成人的費用。

［本書的用法］

▶◀ 類型檢索

區分成「熱門區域」「體驗夏威夷」「購物」「美食」「放鬆」等5大類型。決定好旅遊目的的話，即可從中選擇符合自己的主題。

區域檢索

當有符合頁面內區域的店家和景點時，區域名便會出現標示。當你想到「我現在人在○○，這一帶有些什麼？」時，就可以由這裡反向檢索過去。

小小資訊和小小知識

介紹和該頁面的主題與景點相關的有用資訊以及旅遊的知識。

想做的事全都實現♪

旅行
KeyWord 7

美麗的海灘與涼爽的度假流行服飾，
除了鬆餅外還有更多必吃美食等，
在此介紹女性在常夏島嶼——夏威夷
絕對不可錯過的最佳玩樂方式♪

Key Word 1

美麗的翡翠綠色
海灘樂園
→P16、24、36、38、40

夏威夷受惠於溫暖氣候，若談論其魅力，
絕對脫離不了美麗的海岸。以全長3公里的
威基基海灘為首，歐胡島上到處都是散發
著熱帶氣息的沙灘。你可以拿著想看的
書，在沙灘上悠閒地閱讀，也可以去衝浪
或和海豚共游、挑戰海上活動。心情立刻
轉變為夏威夷女孩♪

> 海風好舒適！

散步海上～♪

1.去參加和野生海豚一同游泳的行程，化身為美人魚♥（→P41）
2.拉尼凱海灘（→P37）是獲得全美最佳海灘的元老　3.初學者
也能玩得盡興的衝浪海戰（→P39）　4.用水動力飛行背包
（→P38）浮在海面上!?　5.想借把遮陽傘和海灘摺疊躺椅，在威
基基海灘（→P16）上好好放鬆　6.夏威夷當地非常熱門的威瑪納
諾海灘。（別冊MAP●P5D3）

> 2015年
> 全美
> 最佳海灘
> No. 1！

→P86〜97、104

Key Word 2

一日3餐也不夠
必吃的夏威夷美食 & 甜點

在夏威夷吃飯，一餐也不能夠隨便。除了鬆餅，還有巴西莓碗、Loco moco、在地新鮮海產等，從早到晚都有數不清的東西想吃。最近，像「Koko Head Cafe」（→P23）等以早餐為賣點的餐廳，還有堅持使用有機和當地食材的餐廳（→P104）正受矚目中。

大量的新鮮蔬菜♥

1

軟綿綿

2

3

還有冰冰涼涼的甜點♥

4

5

6

1.嫩煎搗糊的固狀芋泥與近海青花魚（Town→P104）　2.加上大量水果的鬆軟舒芙蕾鬆餅（Cream pot→P88）　3.令人想大口咬下的漢堡（Teddy′s Bigger Burgers→P92）　4.非常適合當作點心的刨冰（Lemona Hawaii→P97）　5.夏威夷代表的美食—Loco moco（Aloha Table→P95）　6.受人矚目的火龍果碗（Gorilla in the Cafe→P90）

接觸在地生活也很快樂

Key Word 3

農夫市集 & to go 美食

→ P46

能夠親眼見到在地生產者的農夫市集以大型的KCC為主，在市中心也正急速增加。說到農夫市集，就不可不說邊走邊吃。近來，在威基基的威基基海灘大道也增加了不少餐車市集Pau Hana Market（別冊MAP●P8A4）以及快餐車等可以外帶的餐車店家，需要多加關注。

1

2

3

4

早起到農夫市集吧！

5

1.2.邊走邊吃是農夫市集的樂趣（→P46）　3.把能夠外帶的盤式午餐當作早午餐（Sam′s Kitchen→P94）　4.農夫市集中有各式各樣的夏威夷土產，如蜂蜜等　5.因觀光客和在地的人們而熱鬧非凡的KCC週六農貿市集（→P46）　6.7.8.從拉麵到甜點，擁有各式菜色的餐車市集Pau Hana Market（住234 Beach Walk☎808-282-4583時7〜22時（視店鋪而異）休無休（視店鋪而異）

6

7

8

Key Word 4

豐富的素材、顏色與設計♡

成熟的可愛度假時尚

→P56、58、60、76

> 立刻換裝
> 沉浸於
> 度假氣氛♡

夏威夷的流行風潮熱門到連海外也在關注，甚至會邀請頂尖模特兒舉辦時尚秀。涼爽材質的長裙和長版上衣，是在當地會想立刻買下的即穿品項。另外，也建議在當地購買擁有多種顏色與尺寸的比基尼。何不參考夏威夷女孩的穿著，自由搭配上下不同的顏色和花樣？

> 用海灘穿搭
> 提升魅力

1.有許多新開設的選貨店（Pink Sand→P70）　2.尋獲最新流行的比基尼（Canyon Beachwear→P57）　3.在當地購買全套服飾也不錯（Specialme →P59）　4.色彩鮮艷是夏威夷獨有的特色（Rebecca Beach→P61）　5.也可把商店原創托特包當作伴手禮（Lilly & Emma→P60）　6.海灘鞋的顏色和花樣非常多元豐富（Flip Flop Shops→P74）

> 放鬆身體
> 感覺好～舒適

心靈和身體都獲得放鬆

舒暢行程

Key Word 5

→P42、44

1.藉著早晨瑜珈啟動舒暢的一天！（→P44）
2.在蔚藍天空下學習草裙舞是很特別的體驗（→P48）　3.從鑽石頭山（→P43）瞭望夏威夷的感覺真是舒暢！　4.自Kaiwa Ridge登山小徑能夠一覽凱盧阿風景（→P42）

為了享受具豐富大自然的夏威夷，早睡早起的生活最為理想。待在夏威夷的時光中，如果能在柔和的晨光之下做瑜珈、跳草裙舞，在公園或海岸線跑步、散步，就可以充實地度過一天。另外，歐胡島內有許多能夠從高地瞭望美景的登山道路，選擇在太陽爬升之前的涼爽時間前往吧。

> 將身體融入
> 大自然跳舞吧

> 爬上來真是
> 太值得了！

Key Word 6

從檀香山稍微走遠一點

悠閒散步 傳統市街

→P26、28、30

散發慵懶氣息的鄰近城市，令人想要一探究竟。尤其在凱盧阿，販賣可愛流行服飾的精品店急速增加，購物魅力再次升級。而正在重新開發中的哈雷瓦，個性店鋪則增添了懷舊的氣息。無論凱盧阿或哈雷瓦，都有許多當地美食雜誌所報導的健康取向餐廳，因此用餐也是一大樂趣。

1．販售各種大人的度假流行服飾的Guava Shop（→P30）
2．3．Muse Room裡有可愛的雜貨（→P27）　4．必定大排長龍的Boots & Kimo's（→P27）　5．彩虹顏色的刨冰是Matsumoto Grocery Store的招牌商品（→P29）　6．成熟女性喜愛的凱盧阿　7．散發悠閒氣氛的哈雷瓦

慵懶的時光逐漸流逝

沉醉於舒適的芳香氣味與按摩技巧

療癒的夏威夷按摩＆ 有機化妝品

→P112～117

Key Word 7

在威基基，除了夏威夷自古流傳下的Lomi Lomi按摩，還有非常多沙龍可消除平日累積的壓力與旅行時的疲憊。自飯店的豪華SPA到平價可享受到的Day Spa，甚至是請按摩師外出，在自己的飯店房間接受Lomi Lomi按摩等，可依價格與需求自由選擇。另外，由夏威夷的花草製成的有機化妝品非常適合送禮，回國後保證也可獲得療癒。

按摩力道舒服地讓人想睡…

1．可愜意地享受1日Spa服務（→P114）　2．也可配合身體狀況挑選芳香精油享受美容沙龍　3．誕生於茂宜島的身體乳液「Kopa Haiku」（→P117）　4．「Honey Girl Organics」（→P116）的臉部爽膚水　5．「Malie Organics」（→P74）的扶桑花室內蠟燭$18

宜人的花香

旅行
Happy Advice 10

雖然遊玩夏威夷的方法各式各樣，
但透過一些小知識，能夠讓旅行更加愉快。
這裡告訴大家一些知識就能夠令旅程
更划算＆開心的小技巧。

Advice 1
該記住的超值購物資訊

1.標示著折扣的看板　2.高級品牌也經常打3～7折的Nordstrom Rack（→P68）

大拍賣一年兩次，分別為7月上旬～8月中旬和11月第4個週四的翌日～1月。另外也要看看T.J. Maxx（→P68）等平價商店，要記得活用「買2再送1」，或是大量購買折扣等的商店優惠喔。

Advice 2
確認特定日期的活動

夏威夷有很多一週或一個月舉辦一次的活動。如1～10月每個月的第1個週五在市中心會舉辦「First Friday Art Event」（→P32），以及每個月第2個週日會舉辦沃德村「Courtyard Brunch」（→P68）等活動。

1.每週五施放的煙火（→P54）
2.Courtyard Brunch

Advice 3
醒來就神清氣爽！推薦晨間活動

每週日舉辦的SpoNavi Hawaii Group Running（→P45）

非常推薦在較涼爽的晨間早早起床，稍微運動流點汗來迎接清爽的一天。除了慢跑，還可以參加由飯店主辦的活動或是Lululemon Athletica（→P44）在店內舉辦的瑜珈課程等免費活動。

Advice 4
超熱門！排隊名店攻略法

就是想吃一次名店的美味！

Eggs'n Things的阿拉莫阿那店（→P67）較少人去

要去名店吃鬆餅，一定要錯開早餐的尖峰時刻。開店後馬上進去或是過了尖峰時段的下午兩點左右去吃也是一招。Bill's（→P20）、Boots & Kimo's（→P27）、Eggs'n Things（→P67、89）等店還可以外帶。也有店家販賣鬆餅粉。

Advice 5
充分利用超級市場！

夏威夷的超市一間又一間開幕，如凱盧阿的Target（別冊MAP／P5D2），阿拉莫阿那的Walgreens（→P83）。如果申辦旅客也可免費入會的會員卡，即可用優惠價格購得指定商品。購物袋必須付費，但是各店的環保袋種類與設計非常多元討喜。

1.最適合尋找伴手禮　2.Walgreens豐富的餐盒　3.印上地名的環保袋和保冷袋也很受歡迎　4.全食超市（→P80）裡也開了啤酒吧

Advice 6

利用超值的歡樂時光

店家在人潮變多前會有折扣時段——歡樂時光（時間視店鋪而異），除了白木屋屋台村（→P66）平時$3的啤酒變成$1，還有很多餐廳和酒吧會提供優惠的酒類飲料和小菜，用餐前喝一杯吧。

1. 夏威夷當地十分熱鬧的 Mai Tai Bar（→P67）
2. Shore Bird（→P21）的藍色夏威夷
3. Cinnamon's at The Ilikai（→P20）　4. Giovanni Pastrami（→P21）的小菜

Advice 7

在直營店購買農夫市集裡受歡迎的美味

1. Honolulu Gourmet Foods（→P105）的果醬　2. 果醬產品十分受歡迎的Made in Hawaii Foods（→P79）
3.4. 開設了直營店的Hawaiian Crown Plantation（→P20）

有許多商品因為在KCC等農夫市集開店而受到熱烈歡迎，人氣農家的直營店不斷地開設中。因為有很多店鋪開在觀光客常光臨的威基基和阿拉莫阿那，無論何時都能盡情挑選夏威夷獨有的美食伴手禮。

Advice 8

聰明地搭乘威基基觀光導遊巴士與巴士的方法

風景絕佳！

1. 可用「DaBus」的免費APP查詢抵達時間與路線　2. 搭乘行駛於藍色路線的雙層巴士能夠盡情眺望風景

與計程車相比，威基基觀光導遊巴士和巴士能夠以便宜車資搭乘，有許多重複搭乘的旅客，是使用率高的交通方式。威基基觀光導遊巴士的車票只有透過網路才能以特別優惠的價格購買，而免費APP「DaBus」能夠輕鬆查詢路線、時刻表與行車狀況，很受好評。

Advice 9

如果要在購物途中連接 Wi-Fi…

不用擔心沒電！

1.2. 阿拉莫阿那中心有免費Wi-Fi服務與免費充電站
3. Barnes & Noble

想在街上使用智慧型手機的觀光客，最擔心網路連線費用，這種時候就必須仔細確認免費的Wi-Fi熱點。在主要的購物中心與速食店可活用網路連線服務。阿拉莫阿那中心（→P62）裡的書店「Barnes & Noble」中設有星巴克，是人人都想去的熱點。

Advice 10

該了解的度假村設施費用

1. 威斯汀莫阿納衝浪者溫泉度假酒店（→P119）針對房客舉辦歷史探訪旅遊行程　2. 伊奧拉尼宮（→P52）的入場門票也可獲得折扣！

度假村設施費用是除了住宿費用，另外收取的特別服務費用。尤其在高級飯店，不管有沒有使用服務，許多飯店都會額外加在每晚費用上。服務內容與費用視飯店而異，例如威斯汀莫阿納衝浪者溫泉度假酒店所提供的服務包含Wi-Fi、自助停車、文化體驗、衝浪基礎課程、泳池水上有氧運動等。

檀香山
區域Navi

出發前
check!

夏威夷歐胡島,聚集著包含世界各國前來度假的觀光客。位於歐胡島中心的檀香山,各區域都有著不同的魅力,在此先好好地預習一下吧!

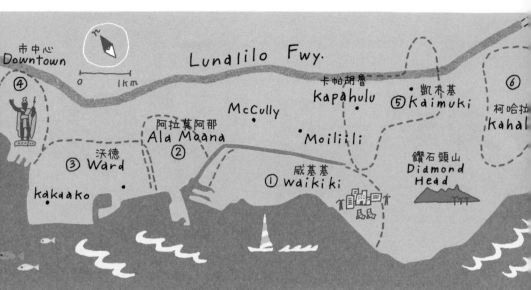

市中心
Downtown
④

Lundlilo Fwy.

卡帕胡魯
Kapahulu

凱木基
⑤ Kaimuki

柯哈拉
kahal

⑥

McCully

阿拉莫阿那
Ala Moana
②

Moiliili

威基基
① waikiki

鑽石頭山
Diamond
Head

沃德
③ Ward

kakaako

北海岸／哈雷瓦 →P28-31
North Shore／Haleiwa
北海岸有許多世界有名的衝浪聖地。散步在遺留著懷舊情趣的哈雷瓦街道上也十分具有魅力。

凱盧阿 →P24-27
Kailua
品味拔擢的精品店不斷在此開張,迅速成為時尚城鎮。另外也不能錯過當地雜誌所報導的餐廳和咖啡廳。

歐胡島

檀香山
國際機場

威基基
Waikiki

科奧利納 →P34
Ko Olina
除了有夏威夷首座開設的迪士尼樂園,也有大型度假村、飯店林立的注目區域。距離機場30〜40分。

1 威基基 →P16等
Waikiki
別冊MAP●P8-9

飯店集中的夏威夷中心地

全長約3公里、沿岸飯店林立的威基基海灘，是島內數一數二的熱鬧街道。幾乎所有觀光客都流連於此，無論白天或黑夜都十分熱鬧。不管是購物或用餐，想做什麼都可以步行抵達。

2 阿拉莫阿那 →P62-67
Ala Moana
別冊MAP●P12-13

可整天盡情購物的寶庫

夏威夷最大的購物中心——阿拉莫阿那中心的所在地。周邊也有許多大型超市、選貨店與亞洲美食等熱門店家。

ACCESS 從威基基到阿拉莫阿那中心車程5分

3 沃德 / Kakaako →P68-69
Ward / Kakaako
別冊MAP●P6-7

開發顯著的人氣景點

位於阿拉莫阿那的西側。個性店鋪林立的沃德村，與Kakaako地區中引人目光的倉庫街藝術，是在此散步的注目焦點。

ACCESS 從威基基到沃德村車程7～13分

4 市中心 →P32
Downtown
別冊MAP●P14-15

融合歷史古蹟與金融街道

此區面對港口，平時是充滿活力的商業金融街道。另有伊奧拉尼宮與中國城等等，許多使人感受到夏威夷歷史文化的景點。

ACCESS 從威基基到中國城車程15分

5 卡帕胡魯 / 凱木基 →P22-23
Kapahulu / Kaimuki
別冊MAP●P10-11

在地人也絕讚的美食城市

卡帕胡魯裡有以夏威夷炸甜甜圈Malasada著名的「Leonard's」等在地美食名店聚集。在令人感到懷舊氣息的凱木基也可享受到私房美食。

ACCESS 從威基基到Koko Head Cafe車程10分

6 柯哈拉 →P75
Kahala
別冊MAP●P7

檀香山屈指可數的高級住宅區

位於威基基的東邊，橫跨鑽石頭山的海岸線上豪宅林立。貴婦們愛去的超市——全食超市所在的柯哈拉購物中心非常受歡迎。

ACCESS 從威基基到柯哈拉購物中心車程10分

檀香山Profile

出發前務必 Check!

○ 國名 名稱
美利堅合眾國
夏威夷州州都 檀香山

○ 人口／面積 （歐胡島）
約 99萬1000人
（2014年）
約1545.3k㎡

○ 語言
英語 夏威夷語

○ 貨幣與匯率
$1≒30新臺幣
（2017年9月）
關於貨幣的種類可以參考132頁

○ 時差
－18小時
※未實施夏令時間

○ 時差速查表

台灣	夏威夷（前一天）
00:00	06:00
06:00	12:00
12:00	18:00
18:00	00:00

○ 小費
需要支付小費，約為費用的15～18%
在飯店或餐廳等地支付小費是基本禮貌。由於當地不太喜歡收硬幣小費，先多換一些$1鈔票吧。如果以刷卡付費，在小費欄寫上金額就可以了。

○ 最佳旅遊季節
以氣候來說是4月～9月
關於氣溫和降水量→P133
關於節日→P133

○ 入境條件
停留90天以內不需要簽證，但需要ESTA旅行授權。詳情→P124

11

6天4夜的經典行程

購物天堂加上美味食物，
還有水上活動與夏威夷按摩等，
遊玩夏威夷的方式多不勝數。
在此列出6天4夜的超滿意行程供讀者參考，
好好地享受夏威夷之旅吧。

Day 1　第一天來享受漫步威基基吧

營養補給最重要

✈至檀香山的直飛班機

由桃園國際機場直飛檀香山國際機場的航線，目前只有中華航空一家，飛行時間約9小時45分，23:00從桃園機場啟航，抵達檀香山時的當地時間約為14:45分（航班時間依中華航空公告為準）。

繽紛多彩

南國風的服飾種類豐富又便宜，建議在當地購買！

濃濃水果香

Mango ICE Cream

Guava Sorbet

好吃得就像把水果直接冷凍起來一樣令人感動的濃厚水果味！

● 9:00
抵達檀香山國際機場
🚌 搭乘機場接駁車約30分

11:30
將行李寄放在威基基的飯店
👡 步行約5分

12:30
在新開幕的餐廳享受午餐
推薦 ▶
Crackin' Kitchen（→P21）
👡 步行2分

● 14:00
於威基基一邊散步一邊購物，購買泳裝！
👡 步行5分

● 17:00
享用美味水果冰小憩一下
推薦 ▶ 高橋果実店（→P97）
👡 步行3分

19:00
欣賞威基基的日落風景
👡 步行3分

19:30
在第一天晚上大啖美式牛排！
推薦 ▶
Wolfgang's Steakhouse（→P102）

1.Check in 之前先將行李放在櫃台吧　2.午餐就到熱門的新餐廳去吃　3.開始一邊購物一邊散步威基基！　4.威基基裡有許多抓緊流行的時尚尖端商店

Waikiki

多汁

5.一邊欣賞美麗的夕陽一邊悠閒地漫步海灘
6.好好享受美式晚餐吧

Day 2　在海灘玩耍過後就去阿拉莫阿那中心盡情購物

「Hau Tree Lanai」的班尼迪克蛋很受歡迎

8:30
早餐是鬆鬆軟軟的法國吐司
推薦 ▶ Hau Tree Lanai（→P86）
👡 步行20分

10:30
挑戰當前熱門話題的立槳衝浪

1.和水果一起享用
2.初學者也能放心遊玩的立槳衝浪（→P39）

站起來了！

1

Ala Moana

〔＋α 行程備案〕
比起海洋路線較喜愛山間路線的人，推薦至鑽石頭山登山小徑（→P43）

↓ 👡 步行20分

● 13:40
享用在地食物補充身體能量！
推薦 ▶ Makai Market 美食廣場（→P66）

↓ 👡 步行即到

14:30
在阿拉莫阿那中心盡情購物！（→P62）

↓

19:30
在「Mariposa」一邊欣賞美麗風景一邊享用晚餐（→P67）

超多分量！

可享用各式夏威夷菜色

3. 絕對不可錯過夏威夷最大的購物中心 4. 最新品牌群聚令人目不暇給 5.「Mariposa」的露天座位一直很受歡迎

5
沉醉於美麗景色

·Day 3· 在凱盧阿放鬆身體與心靈

一定要嚐嚐淋滿了澳洲胡桃醬的鬆餅

6:30
租車前往凱盧阿！

↓ 🚗 車程約30分

7:00
登上瑪卡普伍角，讚嘆藍色大海！
推薦 ▶ 瑪卡普伍角（→P43）

↓ 🚗 車程約25分

「Muse Room」店裡有許多可愛的雜貨

● 8:30
在大受歡迎的鬆餅店吃早餐
推薦 ▶ Boots & Kimo's（→P27）

↓ 🚗 車程約5分

10:30
盡情遊樂美麗的凱盧阿海灘
推薦 ▶ 凱盧阿海灘（→P25）

↓ 🚗 車程約5分

好可愛

「Blue Lani Hawaii」店內販賣許多高雅的服裝

● 13:00
漫步凱盧阿市中心
推薦 ▶ Blue Lani Hawaii（→P27）
　　　 Muse Room（→P27）

↓

17:00
離開凱盧阿前往威基基

↓ 🚗 車程約35分

〔＋α 行程備案〕
想要體驗夜間生活的人可以在晚餐過後到酒吧去！（→P108－110）

18:30
想吃點清爽的晚餐！這種時候就來份口感彈牙的涼麵
推薦 ▶ Yuchun Korean Restaurant（→P107）

暢快兜風

Kailua

清爽風味

4

1. 從瑪卡普伍觀景台可望見壯觀的藍色大海 2. 美麗的凱盧阿海灘的白色沙灘令人印象深刻 3. 凱盧阿有許多私人經營的店鋪 4.「Yuchun Korean Restaurant」的葛冷麵沁涼消暑

Day 4　逛逛露天市集、在公園做瑜珈，都令人心情舒暢！

[＋α 行程備案]
不擅長早起的人也可找找黃昏時邊看夕陽邊做瑜珈的行程。

只有星期六！

7:30
在KCC週六農貿市集體驗夏威夷的早市（→P46）

 搭乘巴士約15分

9:30
在卡皮歐拉尼公園做早晨瑜珈，舒暢身心
推薦▷
Chocolate Pineapple Sports
Yoga Studio（→P44）

♪♪ 步行15分

令人懷念的味道

受在地人喜愛的老店
招牌菜色Loco Moco

12:00
來份老店的Loco Moco當作午餐
推薦▷
Rainbow Drive-In（→P95）

搭乘巴士約15分

14:00
在超市購買
小包裝伴手禮
推薦▷Walmart（→P82）

♪♪ 步行10分

便宜實在又有可愛包裝的商品只有在美國才買得到！

16:00
接受夏威夷傳統
Lomi Lomi按摩放鬆一下
推薦▷Aroma at Home（→P115）

搭乘巴士約15分

17:30
喝杯香氣十足的科納咖啡小憩一下
推薦▷
Island Vintage Coffee（→P90）

車程約7分

嚴選咖啡豆風味溫醇

19:00
最後的夜晚，
享受有點奢侈的晚餐
推薦▷Alan Wong's（→P100）

晨間瑜珈的健康

1.在販賣夏威夷產食材的早市逛多久都不膩　2.在空氣清新的早晨做瑜珈
3　3.KCC早市中十分受歡迎的新鮮番茄披薩

Souvenir

4.超市內的寬廣挑高空間有許多有趣的商品　5.Lomi Lomi恰到好處的按壓力道很受好評　6.受歡迎的營養補給來源——巴西莓果碗

令人沉醉

7.犒賞自己一頓特別的晚餐
8.能品嘗使用新鮮食材製作創新菜色

Day 5　在優雅的露天座享用早餐畫下旅途句點！

✈ **使用機場的訣竅**
抵達機場後到2F的出境大廳。在所搭乘航空公司的櫃台Check-In的同時，辦理出境審查手續。回國時間約11小時。

7:00
品嘗超受歡迎的鬆餅
推薦▷Cinnamon's at The Ilikai（→P20）

搭乘機場接駁車約30分

鬆鬆軟軟

9:30
懷著依依不捨的心情前往檀香山機場

旅程結束前的購物

1.有名的鬆餅　2.非常推薦開放感十足的露天座位
3.最後在出境樓層的免稅店購物

3

熱門區域

海灘、購物、美食,什麼都不缺的威基基

知名商店聚集的卡帕胡魯與凱木基

可度過美好時光的凱盧阿與哈雷瓦等

街角的美好邂逅正等待著您

120%盡情玩樂 威基基海灘♪

全長約3公里的威基基海灘，可說是夏威夷代名詞的世界知名觀光景點。
選擇適合自己心情的度假方法，如日光浴和水上活動等，盡情遊玩。

享受藍色天空和
白色沙灘的樂園♪

笑容可愛的
夏威夷女孩

1

3

威基基	別冊 MAP P9D3

威基基海灘
Waikiki Beach

每個人都想造訪的究極海灘

椰子樹林立，東邊可望鑽石頭山，是夏威夷最熱鬧而且最有名的海灘。全長約3公里，沙灘的景色與遊玩方式依區域而異，就在此慢慢地散步吧。

DATA 住卡拉卡瓦大道Kalakaua Ave.沿路海岸

1.航行於威基基海域的雙體船時常停泊在海灘　2.充滿許多綠色植物的卡皮歐拉尼公園（別冊MAP●P11D4）　3.翡翠綠色的凱馬納海灘　4.「超愛衝浪」的夏威夷女孩　5.撐著遮陽傘悠閒地坐在海灘椅上，看著浪花拍打海岸，度過一小段舒徐的時光　6.可以常常看到帶著寵物散步的人　7.粉紅色遮陽傘和藍色天空呈現的對比畫面十分美麗　8.人潮眾多的庫布奧海灘區　9.旅程中無論如何都想欣賞的美麗日落景色

海灘上的便利小物

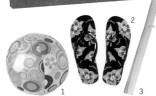
1

2

3

●可以在這裡買到！
ABC Store 37 號店 →P82
ABC Store #37

1.$1.99的海灘球非常好用，只要有一個就能夠炒熱氣氛　2.有幾雙都不嫌多的海灘鞋$7.99～，最適合在當地購買
3.稱為「Goza Mat」的涼席$2.99，觸感很好，推薦睡午覺時使用

可租借的物品

海灘上有許多出租遮陽傘和海灘椅的店家。租借之前先確認費用。

小小情報

在威基基海灘上，有在奧運游泳項目中奪得3面金牌，合計共獲得6面獎牌，出身於夏威夷的杜克·卡哈那莫庫像（別冊MAP／P9D3），因將衝浪推廣至世界各地，被稱為近代衝浪之父。

海灘上的放鬆時間

5

9

沉醉於美麗的夕陽♡

可以輕鬆參加的活動

1 衝浪課程

威基基海灘海浪平靜安穩，從初學者到高級者都能安心享受衝浪。課程時間約60分，需預約。金團體課程$75～

2 Outrigger Canoe Surfing

刺激又安全，即使不會游泳也能樂在其中。所需時間約40分，需預約。金$100（4人乘坐）～

3 立槳衝浪

目前世界各地正夯的新水上運動。看似容易，卻意外地難以駕馭。所需時間約60分，需預約。金團體課程$100～

●在此體驗！

Waikiki Beach Services

別冊MAP●P9C4

1955年設立。除水上運動外，還提供船隻租借。

DATA 住位於威基基皇家夏威夷豪華精選度假飯店內 ☎808-388-1510 時8～17時 休無休 URLwww.waikiki beachservices.com

Waikiki Beach Services
Kuhio Ave.
威基基皇家夏威夷豪華精選度假飯店 H
杜克·卡哈那莫庫像
Kalakaua Ave.
庫希奧海灘 Kuhio Beach
Kapahulu Ave.
Monsarrat Ave.
夏威夷威基基海灘希爾頓度假村 H
格雷斯海灘 Gray's Beach
威基基海灘 Waikiki Beach
卡皮歐拉尼皇后像
卡皮歐拉尼公園
杜克·卡哈那莫庫海灘 Duke Kahanamoku Beach
皇后衝浪海灘 Queens Surf Beach
凱馬納海灘 Kaimana Beach
新大谷凱馬納海濱飯店 H

看看威基基必訪之處 & "新"景點

新購物景點不斷開幕的威基基區域，連觀景酒吧也出現了，更是令人無法忽視。
及早獲得最新資訊，快去探訪吧！

A 威基基海灘大道 →P72
Waikiki Beach Walk

數不清的注目觀光景點

多樣豐富的比基尼和連身泳裝！

源自加州的泳裝專門店「Canyon Beachwear」的威基基1號店開幕了。威基基不斷有新的發展，例如在綠意盎然的庭園之中舉辦農夫市集「Market on the Plaza」（→P19）！

Canyon Beachwear 的連身泳裝$197

B Tommy Bahama

NEW!

2015年10月開幕

美食和服飾一應俱全！

人氣生活風格品牌旗艦店誕生。1F為流行服飾，2F為餐廳，頂樓露台還有酒吧。在此能盡情購物、享用美食。

DATA 交皇家夏威夷中心R.H.C.步行5分 住298 Beach Walk ☎808-923-8785(店家為808-923-6090 時10~22時(餐廳為11時~)。週五、六為~23時) 休無休 別冊MAP●P8A3

1．無論男裝和女裝樣式都很齊全
2．Bahia Sangria一杯$10.50

©Tommy Bahama

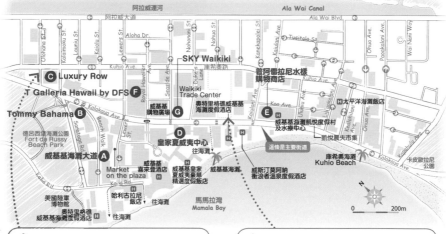

♪ Shopping
The Ritz-Carlton Residences, Waikiki Beach 在威基基海灘開幕

2016年春天，高級飯店誕生。SPA與「Dean & Deluca」也接著在購物區域內開幕。

♪ Shopping
Saks Fifth Avenue跟著登場

在「國際商場International Market Place」的舊址，高級百貨公司「Saks Fifth Avenue」的夏威夷1號店於2016年夏天登場！

小小資訊 「Market on the Plaza」裡有人氣巧克力商店「Hawaiian Crown Plantation」（→P20）、販售蜂蜜的「Nalo Meli」，還有無農藥夏威夷豆極受好評的「Ahualoa Farms」設店。

C Luxury Row

MONCLER登場

位於威基西邊的高級購物中心，裡頭有源自法國的「MONCLER」。

DATA ㊭皇家夏威夷中心R.H.C.步行7分 ㊟2100 Kalakaua Ave. ☎808-922-2246 ㊞10～22時（視店鋪而異）㊡無休 別冊MAP●P8A2

印上花朵圖案的防水外套「Rion」

D 皇家夏威夷中心 →P70
Royal Hawaiian Center

全新精品店＆美食不斷登場！

除了2015年2月選貨店「Pink Sand」在此開幕之外，2015年6月源自茂宜島的海灘服飾店「Letarte」也登場了。另外也請務必逛逛美食區。

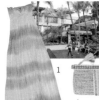

1

2

超可愛!!

1.與「Tiare Hawaii」聯名推出的洋裝$118　2.令人印象深刻的異國風手拿包$198

E 普阿雷拉妮水漾購物商店 →P72
Pualeilani Atrium Shops

美國西岸的話題品牌也進駐了！

位於飯店內的購物中心。有許多休閒風格的品牌，加州人氣商店「Urban Outfitters」（→P73）夏威夷1號店也開幕了。

從流行服飾到雜貨，商品種類豐富的Urban Outfitters

F T Galleria Hawaii by DFS →P75

務必查看限定商品

夏威夷唯一的公認免稅店，除了高級名牌，和美妝品牌合作推出的企劃商品也很受注目。

美國限定的100ml深夜修護精華露$120

1

2015年8月開幕

NEW!

G Sky Waikiki

擁有絕佳風景的天空酒吧

位於威基基市中心的大樓內終於開設了令人期待已久的天空酒吧。在此能夠一邊眺望幾近360度的全景，一邊享用雞尾酒與美食。既有露天酒吧，也有室內座位空間，現代且具時尚感的設計是目光焦點。

DATA ㊭皇家夏威夷中心R.H.C.步行1分 ㊟2270 Kalakaua Ave. Waikiki Business Plaza 19F ☎808-979-7590 ㊞16～24時（週五、六為～翌日2時）㊡無休 別冊MAP●P8B3

4

3

5

1.可一覽威基基海灘至鑽石頭山的風景　2.室內也有酒吧　3.美麗的夜景　4.原創Iolani Cooler $11　5.另有蒜香烤雞漢堡等平民菜單

這些也要Check

在威基基舉辦！農夫市集

郊外常見的農夫市集，在威基基市中心也看得到了。農夫市集是尋找夏威夷伴手禮的最佳場所，查查舉辦時間吧！

Market on the Plaza裡約有8間店鋪

週二、四16～20時舉辦
凱悅農夫市集
Hyatt Regency Farmers Market
DATA→P47

週四16～20時舉辦
Market on the Plaza
DATA ㊭皇家夏威夷中心R.H.C.步行4分 ㊟威基基海灘大道（→P72）別冊MAP●P8A4

人氣美食接力品嘗！
各時段的推薦美食

話題熱門餐廳的早餐、夏威夷風格午餐、美麗的日落時間、超值的歡樂時光等，
在此依用餐時間推薦威基基市中心的餐廳。

威基基 | 別冊MAP P13D3 | ## Cinnamon's at The Ilikai

引以為傲的露天海洋觀景座

凱盧阿的超人氣餐廳終於進駐威基基，可以在露天座位邊欣賞港灣美景邊享用早餐。不但有Ilikai店限定菜單，還有淋上芭樂果醬的鬆餅（→P89），還有歡樂時光的菜單也務必確認。以美味早餐補充身體能量吧。

DATA 交皇家夏威夷中心R.H.C.步行18分 住1777 Ala Moana Blvd. ⊞The Ilikai Hotel & Luxury Suites 1F ☎808-670-1915 時7~21時（歡樂時光 14~18時）休無休

1. Ilikai店限定的鮮蝦&蘆筍班尼迪克蛋$11.75（半份）　2. 避開尖峰時段也是獲得熱門露天座位的方法之一

威基基 | 別冊MAP P9D2 | ## Hawaiian Crown Plantation

以在KCC農夫市集也有販售的鳳梨為傲

可享用該店在歐胡島自有農場堅持以有機農法栽種的鳳梨所製作的巴西莓果碗，再搭配奶昔作為早餐。另有販售產地嚴選的水果乾。

DATA 交皇家夏威夷中心R.H.C.步行6分 住159 Kaiulani Ave. Suite 105, Honolulu ☎808-779-7887 時8~21時（週日 9~20時）休無休

1. 早上來份有益健康的巴西莓果碗$8~
2. 鳳梨雪酪$6
3. 可在店內食用

威基基 | 別冊MAP P8A3 | ## Bill's

品嘗號稱早餐之王的夏威夷限定餐點

源自雪梨，在世界上大受歡迎的早餐店王者。2樓的設計是從外觀難以想像的開放式木頭風格空間。務必確認攞獲人心的軟綿里考塔鬆餅與夏威夷限定菜單。

DATA 交皇家夏威夷中心R.H.C.步行5分 住280 Beachwalk Ave. ☎808-922-1500 時7~22時 休無休

1. 開放的店內空間中設有吧檯　2. 受歡迎的里考塔鬆餅配上香蕉、蜂蜜奶油$16

小小資訊 威斯汀莫納衝浪者溫泉度假酒店（→P119）的「The Veranda」設有下午茶服務，可以$34享用基本的Veranda Tea Service。

Lunch

威基基 別冊 MAP P8B2 Crackin' Kitchen

爽快享用夏威夷風卡郡菜色

可手剝食用水煮帝王蟹等夏威夷風卡郡菜色，與夏威夷產的辣椒、可可、茂宜洋蔥製成的3種醬汁是絕配。

1.帝王蟹與松葉蟹的特別組合 $70（3人份），可搭配所有種類醬汁盡情享用。炸洋芋淋上蛤蜊巧達濃湯$9 2.休閒風格的餐廳空間

DATA 交皇家夏威夷中心R.H.C.步行3分 住364 Seaside Ave. ☎808-922-5552 時12～23時（歡樂時光為15～19時）休無休

Evening~Night

1.休閒的氛圍 2.雙色美麗甘甜Mai Tai雞尾酒$7 3.墨西哥烤乾酪辣味玉米片一口拼盤$6

歡樂時光info
時週一～四為15～18時、22～24時、週五15～18時、週日為22～24時 ※每次點餐免費贈送起司披薩一塊

威基基 別冊 MAP P8B4 Giovanni Pastrami

大快朵頤美式菜色！

能體驗道地美國風的餐廳＆運動酒吧。菜單上所有品項幾乎都是整日供餐，每一道皆分量十足。歡樂時光的話啤酒和墨西哥烤乾酪辣味玉米片有特別優惠。

DATA 交皇家夏威夷中心R.H.C.步行4分 住威基基海灘大道(→P72)1F ☎808-923-2100 時7～24時 休無休

威基基 別冊 MAP P8A4 Shore Bird

可欣賞海灘日落美景

能夠瞭望威基基海灘與鑽石頭山的絕景餐廳，除了多汁的牛排還可享用美式創意菜色。每天的14～17時Mai Tai和Coors Light僅需$4。

DATA 交皇家夏威夷中心R.H.C.步行6分 住H奧特里格礁威基基海灘度假酒店(→P121)1F ☎808-922-2887 時7～24時 休無休

1.夕陽西下之時為熱門時段，儘可能早點抵達餐廳 2.嫩煎鬼頭刀$22.95。沙拉吧的沙拉拼盤 3.招牌藍色夏威夷$9.50

歡樂時光info
時16時～17時30分 ※有重約225克的牛排套餐「日落特餐Sunset special」$19.95等等

威基基 別冊 MAP P8B4 House Without a Key

每天舉辦道地草裙舞表演

位於高級飯店——Halekulani中庭的酒吧餐廳。請確認每天晚上舉辦的草裙舞表演與音樂晚會。

1.美麗夕陽下的草裙舞表演 2.椰子炸蝦$16 3.哈利古拉尼飯店的原創飲品Halekulani Sunset $14

DATA 交皇家夏威夷中心R.H.C.步行6分 住H哈利古拉尼飯店(→P118)1F ☎808-923-2311 時7～21時 休無休

熱門區域 威基基各時段的推薦美食

在地人深愛的美食城鎮
卡帕胡魯&凱木基

檀香山首屈一指的美食城鎮凱木基，受到熱烈關注的餐廳一間間地開幕。
而卡帕胡魯裡頭則有很多店主品味拔擢的個性商店，一起來仔細看看吧！

超人氣的外帶美食

卡帕胡魯 | 別冊 MAP P11C2 | ### Leonard's

必定大排長龍的軟綿Malasada

外頭酥脆、內餡鬆軟口感使人上癮的夏威夷炸甜
甜圈——Malasada極受歡迎的老字號麵包店。具
有令人懷念的味道，無論何時總是大排長龍。快
來享用剛炸好的熱騰騰甜甜圈吧。

DATA 交威基基車程5分 住933
Kapahulu Ave. ☎808-737-5591
時5時30分～22時（週五、六為～23
時） 休無休

1.店家吉祥物Baby
Malasada布偶$10
2.招牌原味炸甜甜圈
Malasada1個$1.05
3.奶油內餡Malasada
Puff$1.41，有數種
口味

1.在櫃檯點餐 2.綜
合綠色蔬果與鳳梨的
King Green $7 3.加入
甜菜與紅蘿蔔的Roots
Rock $7

凱木基 | 別冊 MAP P11D1 | ### Leahi Health

飲用健康果汁補充身體活力

可品嘗到使用夏威夷產的新鮮水果和蔬菜製成的
健康果汁和奶昔。飲品皆為$5，令人開心的親民
價格。

DATA 交威基基車程9分 住3441
Waialae Ave. ☎無 時8～17時
（週日為10～15時） 休無休

個性商店匯集

卡帕胡魯 | 別冊 MAP P11C2 | ### South Shore Paperie

五花八門的紙製品

販賣各式各樣紙製品的商
店。筆記本與卡片、書籤
等，也有具夏威夷風的原創
商品。

DATA 交威基基車程7分 住1016
Kapahulu Ave. No.160 ☎808-
744-8746 時9～16時（週二為～
19時、週六為～14時） 休週日、一

1.設計豐富多樣的迷
你筆記本各$4 2.喜
歡文具的女生應該會很
興奮吧

卡帕胡魯 | 別冊 MAP P11C2 | ### Peggy's Piks

在古董店尋寶

老闆所採購的雜貨滿滿陳列在
狹窄店面的骨董小舖。店內有
許多獨一無二的商品，當作尋
寶仔細地確認每個角落吧。

DATA 交威基基車程5分 住732
Kapahulu Ave. ☎808-737-3297
時11～19時 休週日

1.便於收納飾品的竹
製置物盒各$2 2.可
愛的骨董草裙人偶

小小資訊 「Koko Head Cafe」提供由泡麵和培根、巧達起司製成的英式司康餅$5，
壽司飯蓋上味噌豬肉的蓋飯$16等等，其他地方嘗不到的亞洲風味原創菜色。

話題的美食餐廳

 凱木基 別冊 MAP P11D1 # Koko Head Cafe

風趣夏威夷人超喜愛

在地超人氣的咖啡餐廳。由女性主廚製作，從基本菜色到融入各國口味的原創菜色等，餐點琳瑯滿目。以芋頭等傳統食材入菜是其特點。

DATA 交威基基車程10分
住1145c 12th Ave. ☎808-732-8920 時7時～14時30分 休無休

1.在芋泥比斯吉放上水波蛋的Eggs Haloa $14
2.由楓糖漿與胡椒醬產生絕妙搭配的玉米片法式吐司$14
3.店內為美式餐廳風格

卡帕胡魯 別冊 MAP P11C3 # Side Street Inn On Da Strip

許多分量滿點的菜色

因能以親民價格品嘗分量十足的在地菜色，極受當地人歡迎。休閒風的餐廳空間十分寬闊，還能夠在店內的電視觀賞運動競賽。位於Kapahulu Ave.，後方為Ala Wai Golf Course。

DATA 交威基基車程5分 住614 Kapahulu Ave.
☎808-739-3939 時15時～23時30分(週六、日為13時～)
休無休

1.炸得酥酥脆脆的愛爾蘭炸豬排$23
2.到了週末便高朋滿座 3.在地人熟悉的街頭餐廳。和大家一同共享餐點十分愉快

  # Balie's Antiques

卡帕胡魯 別冊 MAP P11D3

說不定會尋獲難得的物品

夏威夷襯衫專門店。從復古的風格到適合平日穿著的休閒風夏威夷衫，品項五花八門。平價商品$3.99～。

1.日本男團Arashi嘗購買的Avanti絲綢襯衫$72.99。有時候開店前就已經大排長龍

DATA 交威基基車程5分 住517
Kapahulu Ave. ☎808-734-7628
時10～18時 休無休

Sugarcane

凱木基 別冊 MAP P11D1

陳列復古商品

老闆以個人品味購入的二手物品十分可愛。主要販售餐具、小物，也有販賣舊衣物。

1.由舊衣布料製作的錢包$30 2.店內主要販售夏威夷製產品

DATA 交威基基車程9分
住1137 11th Ave. ☎808-739-2263 時10時30分～18時 休無休

推薦兜風路線①：東海岸篇

目標凱盧阿
沿著海岸線兜風

位於歐胡島東邊的話題城市——凱盧阿，街道上洋溢著慢活的氣息，最適合散步了。
行駛於座落許多美麗海灘與觀景勝地的沿海路上，朝凱盧阿前進。

DRIVE ROUTE

從威基基行駛Kapahulu Ave.，在Waialae Ave.右轉，隨後直接進入72號線。在與Kailua Ave.交叉的路口右轉，就會抵達凱盧阿市。車程約35～45分。回程時走61號線回到威基基。

Start

威基基
🚗 車程20分

1 別冊 MAP P5D4 **海泉噴口**
Halona Blowhole

車程3分

可望見高達10公尺的海浪

位於白沙灣海灘前方，由熔岩所形成的海泉噴口。海浪拍打岩石的轟轟聲響與打上高空的海浪景觀魄力十足。海浪有時候甚至會高達10公尺。

- -
DATA 交威基基車程20分 住72號線沿線

1.非常推薦看著浪花拍打岸邊來悠哉度過　2.7～9月時可以見到趴板衝浪者的華麗技巧

海浪打上被侵蝕出洞穴的岩石，如同噴泉一般向上噴出

2 別冊 MAP P5D4 **白沙灣海灘**
Sandy Beach

受當地人歡迎的趴板衝浪天堂

安靜又小巧的迷你海灘。夏天時會有巨浪打上岸，極受趴板衝浪者歡迎。這裡也設有海灘公園，非常方便。

- -
DATA 交威基基車程23分 住72號線沿線

地圖文字：

N　0　5km

卡內奧赫灣

⑤ 凱盧阿市
⑥ 凱盧阿 KAILUA
④ 凱盧阿海灘

努阿努帕里大風口 ⑦

檀香山 HONOLULU

威瑪納諾海灘

③ 瑪卡普伍角

龐奇鮑爾 Punchbowl

夏威夷海洋生物公園

海泉噴口 ①

② 白沙灣海灘

鑽石頭山

威基基

鑽石頭山海灘

Maunalua Bay

Koko Head自然公園

 小小資訊　有關各景點的停車場資訊，「海泉噴口」約可停放10輛，其他地方約可停放50輛。
除「努阿努帕里大風口」外，其他停車場皆可免費停車。

3 瑪卡普伍角

別冊 MAP P5D3

Makapuu Pt.

車程2分

> 12月～3月說不定可以看見鯨魚!?

一望太平洋的超廣角全景

瑪卡普伍是指「突出的地方」。鄰近的Healing Pools以能量景點而聞名。至燈塔為止的登山路線最適合散步（→P43）。

DATA 交威基基車程25分
住72號線沿線

車程8分

如同明信片般的美景

4 凱盧阿海灘

別冊 MAP P5C2

Kailua Beach

> 也有可玩水上活動的海灘呦

美麗的白砂沙灘

海灘上信風吹來，最適合風帆衝浪、立槳衝浪等水上活動。藍色大海和白砂風景十分漂亮，在地人也很多。

步行至美麗的拉尼凱海灘（→P37）約5分

DATA 交威基基車程40分

車程2分

5 凱盧阿市

別冊 MAP P5C2

Kailua Town

觀光景點聚集的慢活城市

流行商店與著名美食餐廳集中的高雅區域。設有大型超市「全食超市Whole Foods Market」，為夏威夷當地極受注目的城市（→P26）。

DATA 交威基基車程35分

車程5分

6 卡內奧赫灣

別冊 MAP P5C1

Kaneohe Bay

因沙洲知名的美麗海景

以乾潮時才會出現的白色沙灘——Sandbar沙洲而聞名（→P36）。是浮潛等水上活動行程極受歡迎的景點。

DATA 交威基基車程40分

悠閒地散步吧

車程10分

7 努阿努帕里大風口

別冊 MAP P5C2

Nuuanu Pali Lookout

一覽大海與街道美景

聳立在高900公尺斷崖上的觀景台。卡美哈美哈國王軍隊完成統一夏威夷大業的歷史景點。

DATA 交威基基車程50分 住61號線沿線 時約9～16時 休無休 金停車場$3

從海邊吹過來的強風是出了名的

全年風平浪靜的澄澈大海

→ 至威基基 *Goal*

車程20分

林立許多堅持品味的商店

聚集許多品味超群店鋪
漫步凱盧阿街道

散發悠閒氛圍的凱盧阿。此處有許多受夏威夷在地人歡迎的選貨店及
氣氛優雅的咖啡廳，造訪美麗凱盧阿海灘時務必一同造訪。

凱盧阿 Kailua

從檀香山開車往東北方行駛30分。
以寂靜白色沙灘連綿的拉尼凱海灘為首，
許多美麗海灘圍繞著凱盧阿。
也有不少扎根當地的
流行服飾店與美食餐廳。

ACCESS
●威基基車程30分：行駛H-1Freeway
West，走下21B出口往61號線（Pali
Hwy.）。離開隧道之後，沿著Kailua
Rd.前進，通過白色小橋後就是凱盧阿
市區。
●從阿拉莫阿那中心（→P62）搭乘
56、57、57A號巴士車程約40分。

流行服飾　別冊MAP P5D1

Olive Boutique

在地創作的海灘休閒服飾

以白色為基調的店內，陳列著以「海灘休
閒」為主題的精選服飾小物。由夏威夷當
地設計師製作的衣物與飾品，都具有優雅
品味。

DATA　交凱盧阿購物中心步行8分　住43 Kihapai
St.　☎808-263-9919
時10～18時（週六、日為～17時）　休無休

1．在地品牌「TILLVARO
DESIGHS」的上衣$128
2．五彩繽紛的內衣也可作
為內搭。內衣$36中褲$26
3．除了獨創手鐲$36，另有
多項物美價廉飾品

甜點　別冊MAP P5D1

Island Snow

連歐巴馬總統也吃過的刨冰！

熱門的刨冰店在購物中心裡開幕了。不但口味種
類豐富，還有每年更新的總統口味「歐巴馬刨冰
Snowbama」也很受歡
迎。

DATA　交住600 Kailua Rd.
#111　凱盧阿購物中心內
☎808-261-3300　時10～18時
（週五、六、日為～19時）　休無休
2015年版歐巴馬刨冰Snowbama
$4.25，為櫻桃、百香果、綠西瓜
口味

咖啡廳　別冊MAP P5D1

ChadLou's

單手拿著瓶裝拿鐵，悠閒地坐在沙發上

店內裝潢品味絕佳，令人心情沉靜的人氣商店。
招牌瓶裝冰拿鐵$2.95，冰奶油三明治$2.50也非
常受歡迎。

DATA　交凱盧阿購物中
心步行8分　住45 Kihapai
St.　☎808-263-7930
時7～20時（週六、日為～
19時）　休無休

火雞三明治$8.43，可以選
擇貝果種類

小小資訊　凱盧阿小學的停車場附近有個凱盧阿市農夫市集，內有咖啡廳可供休息放鬆。
時週日8時30分～12時　別冊MAP●P5D1

（流行服飾）（別冊 MAP P5D1）

Blue Lani Hawaii

輕鬆搭配當地流行時尚！

日本老闆從洛杉磯、佛羅里達、紐澤西採購了穿著感受極舒適的服飾品項，親民的價格也很貼心。

DATA 交凱盧阿購物中心步行8分 住45 Hoolai St. ☎808-261-2622 時10時～16時30分 休無休

1. 可調整腰圍的長版連身裙$59
2. 拉利瑪石項鍊$69　3. Sunrise Shell耳環$155

（雜貨）（別冊 MAP P5D1）

Muse Room

洋溢羅曼蒂克世界觀的商店

威基基「Muse by Rimo」（→P61）的2號店。商品以室內雜貨為主，另有服飾與美妝商品。老闆所堅持的甜美可愛風商店正是女性的憧憬。

DATA 交凱盧阿購物中心步行8分 住332 Uluniu St. Suite A ☎808-261-0202 時10～17時 休無休

1. 用貝殼製作的肥皂盒$31～
2. 迷人花邊的雙面托特包$28

（雜貨）（別冊 MAP P5D1）

Soha Living Kailua

許多令人感受海洋的雜貨

柯哈拉購物中心裡的人氣雜貨店於2014年11月在凱盧阿開幕。有多項以夏威夷海洋為題設計製作的小物，也有凱盧阿限定品項值得購買。

DATA 交凱盧阿購物中心步行1分 住529 Kailua Rd.#106 ☎808-772-4805 時9～19時 休無休

1. 鳳梨型的矽膠製冰盒$0.80
2. 印上凱盧阿地名的牆飾$24.80

（餐廳）（別冊 MAP P5D1）

Moke's Bread & Breakfast

週末時必定大排長龍的早餐店

供應鬆餅和歐姆蛋、班尼迪克蛋等基本早餐菜色，為在地人喜愛的餐廳。每天替換的自家製馬芬蛋糕和Loco Moco也很受歡迎。

DATA 交凱盧阿購物中心步行8分 住27 Hoolai St. ☎808-261-5565 時6時30分～14時 休週二

烤歐姆蛋搭配季節時蔬的義大利式菠菜烘蛋$11.50

（餐廳）（別冊 MAP P5D1）

Boots & Kimo's

總是大排長龍的人氣鬆餅餐廳

凱盧阿眾所皆知的知名餐廳。招牌菜色是淋上澳洲胡桃醬的軟綿鬆餅$9.99～。可外帶。

DATA 交凱盧阿購物中心步行4分 住151 Hekili St. ☎808-263-7929 時7時30分～14時（週六、日9時～14時30分） 休無休

濃稠乳狀的醬汁，吃過一次就會愛上的味道

推薦兜風路線②：北海岸篇

前進哈雷瓦
朝向北方悠閒兜風

一邊繞去熱門美食餐廳與店舖，一邊朝著位於北海岸的鄉愁街道——哈雷瓦邁進的行駛路線。
在此可造訪市集與秘境海灘，盡情地度過假期。

DRIVE ROUTE

前進H1-West，在珍珠城進入H-2
北上。由H-2的終點直接從80號線
進入99號線（卡美哈美哈高速公
路），向哈雷瓦前進。車程約1小
時。遊玩北海岸海灘後可依同樣路
線返回威基基。

日落海灘 **6**
北海岸
NORTH SHORE
威美亞海灘 威美亞溪谷
7 Ted's Bakery
5 哈雷瓦農夫市集
哈雷瓦皇家海灘 **4** 哈雷瓦市 [P30]
Kua'Aina **2**
瓦希阿瓦
WAHIAWA
↑古蘭尼海灘
Matsumoto **3**
Grocery Store
珍珠城 凱盧阿
PEARL CITY KAILUA
Giovanni **1**
檀香山
HONOLULU
瑪卡普伍角
檀香山國際機場
威基基
0 10km

Start

威基基
🚗 車程50分

1 別冊 MAP P3D1 **Giovanni**

→ 🚗 車程5分

2 別冊 MAP P3D1 **Kua'Aina**

老舗大蒜蝦味屋

滿是塗鴉的卡車是該店的標誌。用獨創的
蒜蓉醬汁拌炒帶殼新鮮蝦子的蒜蓉蝦超受
歡迎。

DATA 交威基基車
程50分 住66-472
Kamehameha Hwy.
☎808-293-1839
時10時30分～17時
休無休

1.卡車前方備有桌椅
2.12隻蝦子、2大匙飯的蒜蓉蝦餐$13

夏威夷漢堡始祖代表

誕生於哈雷瓦，在海外也十分有名的漢堡店。鬆
鬆軟軟的麵包加上多汁且分量十足的肉排，口感
十足！

DATA 交威基基車
程55分 住66-160
Kamehameha Hwy.
☎808-637-6067
時11～20時 休無休

1.酪梨漢堡$8.90 2.店內裝飾著昔日哈雷瓦的照片

小小
資訊 上述景點皆設有免費停車場。停車數量依店舖和海灘而異，約為5～10輛左右。

→
步行3分

3 別冊 MAP P3D1

Matsumoto Grocery Store

元祖刨冰（Shave Ice）店

Shave Ice意思就是刨冰。口味種類豐富，自觀光客至在地人皆大排長龍的熱門冰店。亦有販賣印上店舖logo的相關產品。

1.菜單與加點配料種類十分豐富！
2.夏威夷風味的彩虹醬刨冰$2.50～

DATA　交威基基車程55分　住66-087 Kamehameha Hwy.,Haleiwa Store Lots #605　☎808-637-4827　時9～18時　休無休

車程3分

設有廁所和座椅等設備。請注意不要太接近海龜

4 別冊 MAP P3D1

哈雷瓦皇家海灘
Haleiwa Ali'i Beach

以海龜聞名的景點

位於哈雷瓦外側的海灘，因海龜會上岸而有名。另有許多衝浪者也會造訪。

DATA　交威基基車程1小時

5 別冊 MAP P2B1

哈雷瓦農夫市集
Haleiwa Farmers' Market

車程8分

注重環保的市集

規定必須使用土壤可分解的餐巾與餐盤等等，非常重視環保的市集。市集內販售多項夏威夷產食材。

DATA　交威基基車程1小時10分　住59-864 Kamehameha Hwy.　☎808-388-9696　時週四15～19時　URL haleiwafarmersmarket.com

1.夾上豬肉與牛肉的迷你漢堡$8
2.有加蘋果和香蕉的草莓奶昔$5

市集內設有用餐區域可供休息

車程9分

6 別冊 MAP P2B1

日落海灘
Sunset Beach

來自世界各地的衝浪者紛紛造訪

到了冬天海浪就會變大，是世界衝浪大賽中熱鬧的衝浪景點。夏天的海浪安穩，能夠進行海水浴，所以攜家帶眷來玩的人們也會變多。

DATA　交威基基車程1小時20分

1.經常有很多衝浪者與觀光客的熱門商店
2.巧克力Haupia派（切塊）$3.65

車程1分

7 別冊 MAP P2B1

Ted's Bakery

北海岸代表甜點

招牌菜單是使用了椰奶凍的獨創傳統蛋糕派「Haupia」。另外售有剛出爐的熱騰騰麵包和蛋糕。

如同其名，擁有美麗夕陽景致的海灘

DATA　交威基基車程1小時20分　住59-024 Kamehameha Hwy.　☎808-638-8207　時7～20時（週一、二為～18時、週五、六為～20時30分）　休無休

→ 至威基基

車程1小時

Goal

探尋古老夏威夷的漫步之旅

懷舊氣息城市
漫步哈雷瓦

昔日因種植鳳梨而興盛，留存古老美好夏威夷氣息的城市。
新景點「Haleiwa Store Lots」也開幕了，一起漫步這個更具吸引魅力的熱門城市吧。

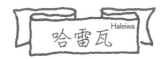

哈雷瓦 Haleiwa

哈雷瓦街道全長約1.5公里，貫通南北的卡美哈美哈高速公路（Kamehameha Hwy.）沿線商店與餐廳林立。若是租車，可將車子停在「北岸市場 North Shore Marketplace」後開始散步。

ACCESS
●威基基車程1小時。詳情請參考P28的路線說明。
●從阿拉莫阿那中心搭乘52號巴士約100分。

流行服飾　別冊MAP P3D1 ## Noelani Studios

不可錯過直營店才有的豐富商品

設計以夏威夷石綴飾的精緻珠寶，由Noelani本人親自經營的商店兼瑜珈教室。無論何時皆有種類豐富的嶄新飾品，而且也售有雜貨與服飾。

美麗藍色為基調的俐落店面外觀

DATA ⊗北岸市場 North Shore Marketplace步行8分
住66-437 Kamehameha Hwy. ☎808-389-3709
時10～18時（週日為11～17時） 休無休

1．在地品牌「Tiare Hawaii」的碧綠色禮服$90　2．天然石Druzy墜飾$88～　3．日出貝殼（Sunrise Shell）墜飾$230～　4．在瑜珈教室授課的Noelani，其授課特色是邊彈奏烏克麗麗

流行服飾　別冊MAP P3D1 ## Guava Shop

洛杉磯流行服飾的選貨店

由2位住在夏威夷的女性所經營，提倡成熟度假風格的商店。使用有機棉製作的原創T-shirt穿起來十分舒適，非常受歡迎。

DATA ⊗北岸市場 North Shore Marketplace步行6分
住66-111 Kamehameha Hwy. Haleiwa Store Lots 1F
☎808-637-9670
時10～18時 休無休
1．原創T-shirt$44
2．限定的皮革手拿包$105

流行服飾　別冊MAP P3D1 ## Surf'n Sea

若要購買衝浪產品就來這吧

以類似「躍出注意」標誌的商標而在當地出名，1965年開設至今的衝浪用品專賣店。販售多項與各式品牌合作推出的商品。

DATA ⊗北岸市場 North Shore Marketplace步行10分
住62-595 Kamehameha Hwy. ☎808-637-7873 時9～19時 休無休

很好用的大尺寸原創托特包$16

小小資訊　「Surf'n Sea」針對衝浪初學者所舉辦的衝浪課程，每天有10時～與13時～開始的2個時段，課程所需時間為2小時左右，大人費用為$85。會在商店集合，到附近的景點上課。需預約。

Cafe Haleiwa
咖啡廳　別冊 MAP P3D1

受在地人歡迎的老字號咖啡廳

懷舊風招牌為標誌的老字號咖啡廳。提供鬆餅或班尼迪克蛋等常見的早餐餐點，在地衝浪者們經常在這聚會。

DATA 交北岸市場 North Shore Marketplace步行8分 住66-456 Kamehameha Hwy. ☎808-637-5516 時7~14時(週三~六為~22時) 休無休

加入起司、洋蔥、番茄等簡單食材的咖啡廳漢堡$10（左圖前方）與芭樂汁$3.50（左圖後方）

Délice Crêpes
可麗餅　別冊 MAP P3D1

道地的法國可麗餅餐車

以可愛紅色餐車當作店面的可麗餅店。法國老闆做的可麗餅，自甜點類到使用火腿或起司的鹹口味類都有，無論哪種味道都十分道地。

DATA 交北岸市場 North Shore Marketplace 步行8分 住66-470 Kamehameha Hwy. ☎808-238-7206 時11~18時 休無休

在香蕉與草莓上加上大量鮮奶油的哈雷瓦蜂蜜可麗餅$8

Waialua Bakery
咖啡廳　別冊 MAP P3D1

以有益身體健康的三明治為傲

招牌菜單是自製麵包夾上大量有機蔬菜的三明治。也點個他們自豪的奶昔吧。

DATA 交北岸市場 North Shore Marketplace步行1分 住66-200 Kamehameha Hwy. ☎808-341-2838 時10~17時 休週日

配料豐富分量滿點的三明治$6~。大量的蔬菜令人滿足

Haleiwa Bowls
咖啡廳　別冊 MAP P3D1

用新鮮水果補充營養！

在地人或衝浪者經常光臨，專門販賣巴西莓果＆奶昔的街頭咖啡廳。可盡情地享用於北海岸收穫的新鮮水果所製作出的菜色。

DATA 交北岸市場 North Shore Marketplace步行8分 住66-081 Kamehaneha Hwy. ☎808-551-9507 時8~18時 休無休

（左圖）放上大量水果的衝浪碗（Surf Bowl）$10（L）與（右圖）含有大量椰子的飲料「Sunset」$5

Coffee Gallery
咖啡廳　別冊 MAP P3D1

可享用100%夏威夷咖啡

位於北岸市場 North Shore Marketplace內的咖啡廳。每天烘焙從夏威夷各島採收的咖啡豆，沖泡出的咖啡具有獨特風味。另售有最適合當作伴手禮的獨創特調咖啡豆。

DATA 交北岸市場 North Shore Marketplace內 住66-250 Kamehameha Hwy. ☎808-637-5355 時6時30分~20時 休無休

混合了義式濃縮咖啡、香草冰淇淋和巧克力的摩卡冰沙$5.25

可品嘗剛出爐的烤雞！

販賣使用稱為「Kiawe」的木頭炭烤出多汁嫩雞的攤販。只有在週六、日營業。

Ray's Kiawe Broiled Chicken
美食攤販　別冊 MAP P3D1

DATA 交北岸市場 North Shore Marketplace步行4分 住66-160 Kamehameha Hwy. ☎808-479-9891 時9時~16時30分 休週一~五

外表烤得焦脆的香嫩轉轉烤雞（Huli Huli Chicken）$6（半雞）

混合新舊文化
市中心散步

市中心從前是政治和經濟的中心，西邊連接中國城，東邊留存著歷史遺跡。
現在則有許多個性在地品牌和熱門美食店開幕，具有融合新舊文化的獨特氣氛。

個性商店

流行服飾 別冊MAP P14B2 Roberta Oaks

夏威夷製造的熱門原創品牌

由夏威夷出身的Roberta Oaks自己所設計的商品，別錯過夏威夷製味獨到的裙子和珠寶。另有Roberta客製化的精油和浴鹽、蠟燭等生活風格用品。

DATA ⊗威基基車程12分 住19 N.Pauahi St. ☎808-526-1111 時10～18時（週六為～16時、週日為11時30分～16時）休無休

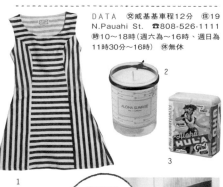

務必試試Roberta依客人喜好特製的植物精油

1.只要穿著就會有好心情的鮮豔連身裙$198
2.夏威夷風香味蠟燭$26，最適合當伴手禮
3.100%夏威夷產天然香皂$8，包裝非常可愛

飾品 別冊MAP P14B2 Ginger 13

手作藝術珠寶

設計師兼老闆Cindy的品味高超，全手工的特色首飾，無論是誰都會為其高品質而感動。

DATA ⊗威基基車程12分 住22 S.Pauahi St. ☎808-531-5311 時10～18時（週六為～16時）休週日

1.漂亮的天空藍項鍊$62，最適合度假時穿戴
2.以玫瑰紅石英與蛋白石製作的項鍊$98

這些也要Check

Shop@The Hisam

藝術商店 別冊MAP●P15C2

以夏威夷拼布（Hawaiian Quilt）為主題的耳環$21

位於夏威夷州立美術館內的禮品店，蒐集了活躍於夏威夷的藝術家們的作品。DATA ⊗威基基車程10分 住250 S.Hotel St.1F ☎808-536-2644 時11～15時 休週日、一

Tin Can Mailman

骨董商店 別冊MAP●P14B2

主要販售茶杯等骨董雜貨，尤其是1920～1940年代的書籍類商品極為豐富。

DATA ⊗威基基車程12分 住1026 Nuuanu Ave. ☎808-524-3009 時11～17時（週六為～12時）休週日

1.1970年代的草裙舞女孩$125 2.插畫尤其美麗的「Lei Lani」杯盤組$35

 小小資訊 市中心的中國城周邊在1～10月的第1個週五17～21時左右會舉辦「第一個週五藝術活動First Friday Art Event」。這時畫廊會開到很晚，街道上也會有音樂演奏等表演。詳情參考URL www.firstfridayhawaii.com/

話題美食景點

餐廳 **別冊 MAP P14B3**

The Pig and The Lady

預約不斷的超熱門越南美食

即便預約也要等待，現正人氣爆發的越南餐廳。越南三明治（Bánh mi Sandwich）、沾麵風的微辣河粉令人上癮。在農夫市集KCC裡面也有設店。

DATA 交威基基車程12分 住83 N.King St. ☎808-585-8255 時10時30分～14時、17時30分～22時 休週日和週一的晚上

1.以藝術作品裝飾店內紅磚牆 2.可將越南三明治與河粉浸在湯裡，享受乾湯兩吃風味

1.陽光從大片窗戶灑落形成優雅時尚的空間 2.特色為半熟蛋的Loco Moco$18（午餐時段限定）

餐廳 **別冊 MAP P15C2**

Café Julia

西洋風格的洗鍊咖啡廳

以1927年建造的建築物為店面，呈現出洗鍊歐洲風格的咖啡廳。菜單中95%的品項使用當地食材，能夠品嘗到健康的菜色。

DATA 交威基基車程10分 住1040 Richards St. ☎808-533-3334 時11～14時、16～21時（週一、二僅11～14時） 休週六

餐廳 **別冊 MAP P14B2**

Livestock Tavern

話題景點，美式新菜色

以肉類菜色為主的季節風美式餐廳。會隨著四季不同更換菜單和裝潢，在此可享受使用新鮮食材的新風味美式菜色。是很難預約到的熱門餐廳。

DATA 交威基基車程12分 住49 N.Hotel St. ☎808-537-2577 時11～14時、17～22時 休週日

1.磚瓦建築的店內呈現出時尚氛圍 2.使用自製麵包做的美味Tavern Burger $16

這些也要Check

Royal Kitchen

叉燒內餡$1.47

外帶 別冊MAP●P14A1

所謂Manapua，就是夏威夷的肉包。一旦吃過這家店剛出爐的肉包就會上癮！另外也有夏威夷傳統菜色Kalua Pig和甜點菜單。

DATA 交威基基車程15分 住中國城文化廣場Chinatown Cultural Plaza #175 ☎808-524-4461 時5時30分～16時30分（週六為6時30分～、週日為6時30分～14時30分） 休無休

地圖：
Royal Kitchen
中國城文化廣場
N.Beretania St.
Livestock Tavern
Roberta Oaks
Shop@The Hisam
N. Hotel St.
Pauahi St.
Nuuanu Ave.
Ginger 13
S.Beretania St.
Maunakea St.
夏威夷劇院
夏威夷州政府廳
The Pig and The Lady
The Tin Can Mailman
N.King St.
Cafe Julia
伊奧拉尼宮
Fort St.Mall
Bishop St.
卡美哈美哈國王像
檀香山港
Honolulu Harbor
0 200m
教會博物館
Mission Houses Museum

※周邊地圖→參照別冊P14、P15 ACCESS ●威基基車程15分 ●威基基搭乘2號、13號巴士30分

活動滿載！

關注
科奧利納的
迪士尼樂園

夏威夷的傳統&文化和迪士尼融合

能夠以迪士尼獨特方式體驗夏威夷的歷史與傳統文化，前所未有的觀光飯店。占地85000平方公尺的度假園區中央，除了有滑水道與流動泳池，還有能夠盡情玩耍各式水上活動的區域。

客房由兩棟大樓組成

2013年10月落成的泳池區「Ka Maka Landing」。泳池旁也設有餐廳「Ulu Café」

As to Disney artwork, logos, properties: ©Disney

迪士尼獨一無二的美麗客房

客房是高雅木質風格的內裝，低調融合了迪士尼要素。依據景色和房間大小共有9種樣式。

由一流主廚製作的世界各國菜色

「'Ama' Ama」位在能享受海風吹拂的沙灘區，還有可享用卡通人物早餐的「Ma kahiki」等各式各樣的餐廳。

一家人盡情玩樂的Waikolohe Stream

令人注目的度假園區獨創SPA

在代表夏威夷語「淡水天堂」的「Laniwai Disney Spa」裡，全部共有超過150種服務。另外，「Hydr otherapy Garden」裡設有休閒浸泡池與腳底按摩等等，是舒緩疲憊的地方。

結合夏威夷文化與自然的活動

也能體驗製作花圈與草裙舞等夏威夷文化的活動。

除了設有刺激滑水道的廣大「Waikolohe Pool」泳池之外，度假園區內還可在星空下觀賞迪士尼電影或是體驗遊艇等，盡情遊玩各式各樣的活動。

科奧利納　別冊 MAP P2B4

奧拉尼迪士尼度假飯店

Aulani, a Disney Resort & Spa, Ko Olina, Hawai'i

由351間飯店客房與迪士尼假期俱樂部的481度假別墅所組成的巨大度假園區。每間客房都能欣賞大自然景觀。

DATA 交威基車程約45分　住92-1185 Ali'inui Dr.
☎808-674-6200　金標準景觀$444～　351間(飯店客房)、迪士尼假期俱樂部別墅481間　URL https://www.disneyaulani.com/
R P F

34　小小資訊　「Laniwai Spa」是第一間迪士尼直營的SPA。13～17歲青少年專用的「Painted Sky」，除了有巴西莓果碗餐吧與放鬆區域等之外，也有手腳的美甲護理等服務。

體驗夏威夷

在美麗的海灘上悠閒地放鬆，

或於綠意盎然的山間挑戰登山與騎馬。

學著跳草裙舞或彈烏克麗麗也很愉快！

透過心靈與身體盡情體驗夏威夷吧。

不是只有威基基海灘！
在此介紹
在地人自豪的秘境海灘

即便只是眺望著翡翠綠色的海洋，心靈也會獲得療癒。從威基基再走遠一點，就有許多不為人知的夏威夷秘密海灘。在此介紹不論是喜歡悠閒度假或偏好積極行動的人都能盡情遊樂的海灘。

沙洲周邊是浮潛與潛水的絕佳地點！
水深很淺，可盡情地漫步海洋。

由於珊瑚礁將海浪阻擋起來，
因此灣內海浪平靜

只有跟團才能去的地方！

航行出遊天使之海

可在神秘的沙洲旁體驗浮潛，還附漢堡午餐的超值行程。有會說外文的工作人員會一同陪伴，所以令人安心。在夢幻般的地方悠閒地度過假日吧。

還能夠近距離觀看海洋的守護神HONU（海龜）

| 卡內奧赫 | 別冊 MAP P5C1 | 沙洲 Sandbar |

被珊瑚礁圍繞的夢幻沙洲

出現在位於歐胡島東北部卡內奧赫灣的白色淺灘（Sandbar）。只有在退潮時才浮現的奇蹟淺灘很難獨自前往，若參加由熟悉地理的工作人員所帶領的行程則可輕鬆到達。可試著在彷彿沒有邊際的翡翠綠海灘享受海中散步，或於五顏六色熱帶魚悠遊的海洋中體驗浮潛。遇見海龜的可能性很高，但是要注意夏威夷法律禁止觸摸海龜喔。

| 夏威夷凱 | 別冊 MAP P5D4 | 恐龍灣 Hanauma Bay |

島內最棒的浮潛景點

電影《藍色夏威夷Blue Hawaii》的拍攝地點——恐龍灣，海水清澈度是歐胡島首屈一指的夏威夷著名觀光勝地。可以在此觀察到400種以上的魚類。

DATA ⊗威基基車程20分
●威基基搭乘22號巴士40分
☎808-396-4229 時6～19時
（冬天為～18時） 休週二
金$7.50 停車費$1

| 阿拉莫阿那 | 別冊 MAP P12B3 | 阿拉莫阿那海灘 Ala Moana Beach |

聚集著許多在地年輕人的寧靜海灘

距離威基基不遠，設備充實的海灘。後方有廣大的海灘公園，假日時有許多在地人來此烤肉、野餐，非常熱鬧。

DATA
⊗威基基車程7分

 小小知識　「Sandbar」是約在1億年前因地震而隆起的噴火口，後經長年堆積砂礫而形成的沙洲。
白色沙灘是由細微的珊瑚砂所形成，與藍色海洋所形成的對比十分美麗。

威美亞 別冊 MAP P2B1

威美亞海灘
Waimea Beach

欣賞絕美夕陽感受在地氛圍

被綠色山脈環繞，總是聚集著在地人們。夏天時可在海浪平穩的大海中盡情游泳或浮潛，10～4月大浪打上岸，成為衝浪的最佳場地。美麗的夕陽非常漂亮。

> DATA 交威基基車程1小時5分

 威基基 別冊 MAP P7C4

凱馬納海灘
Kaimana Beach

適合悠閒大人的海灘

新大谷凱馬納海濱飯店（The New Otani Kaimana Beach Hotel）前方的海灘。位於威基基的東方，散發著平靜安穩的氣息。海灘旁即為終戰紀念游泳池。這裡也稱作無憂海灘Sans Souci Beach。

> DATA 交威基基車程3分

凱盧阿 別冊 MAP P5C2

拉尼凱海灘
Lanikai Beach

榮登全美最佳海灘

位於凱盧阿海灘（→P25）東方，住宅大樓林立處一隅的秘境。海洋清澈度高，因為是淺灘所以沒有什麼危險，但沒有廁所、淋浴等設備，也沒有救生員，還是需要注意安全。

> DATA 交威基基車程45分：往H-1 Freeway West。由高速公路61號線（Pali Hwy.）往凱盧阿方向30分鐘。由72號線進入Kailua Rd. 10分鐘
> ●從阿拉莫阿那中心搭乘56、57號巴士40分，在凱盧阿購物中心下車。換乘70號巴士15分，在凱盧阿海灘公園下車後步行15分

 凱盧阿海灘的淋浴與廁所

拉尼凱海灘什麼設備都沒有，所以建議在鄰近的凱盧阿海灘使用淋浴設備、上廁所。而且因為是沒有停車場，周邊也禁止停車，所以就停在凱盧阿海灘的停車場吧。

除了藍色海洋與白色沙灘之外什麼也沒有，簡單就是受歡迎的秘訣

被譽為距離天堂最近的美麗海洋，其魅力在於隱密的氣氛。

120%享受海灘！
在夏威夷首次體驗！
水上活動

雖然悠閒地在夏威夷的美麗海灘度過也不錯，既然機會難得，就盡情地遊玩水上活動吧！
可選擇有親切教學指導員的行程。

 夏威夷凱 別冊 MAP P5C4 水動力飛行 Jet Lev Flyer

漂浮在海上！！
最新水上活動

藉著水柱噴射的力量，自海面漂浮後能夠飛行於空中，目前熱門話題的水動力飛行。能夠在美麗的夏威夷海上自由自在移動，令人感覺暢快！這裡也有些會外語的指導員，能夠放心遊玩。

DATA ●Travel Plaza Rurubu Desk ☎808-921-8008 時一天3個時段，7時25分～、9時～、10時25分～（每次約需花費5小時） 休週六、日、假日 金$299（18歲以上，須符合體重規定，孕婦不可參加）※含來回接送。需預約 URL www.tphawaii.com

1.帥氣飛上天空的樣子十分暢快！ 2.藉由安裝在背後的噴嘴將引擎吸上來的水噴出飛上天空

SURFING

威基基 別冊 MAP P11C4 衝浪課程

曾獲比賽冠軍的老師所指導的熱門課程

曾獲得衝浪世界大賽冠軍的Hans Hedemann是這裡的老闆。在這裡可學習到各種衝浪技巧，除了團體課程外，也有1對1的個人課程。即便是初學者也可以學會衝浪，廣受好評。

1.掌握訣竅就可以順利乘上海浪抵達岸邊 2.下海之前確實練習基本動作 3.剛開始先在教室內學習基本動作

DATA ●Hans Hedemann Surf School 交皇家夏威夷中心R.H.C.步行15分 住2586 Kalakaua Ave. H Park Shore Waikiki內 ☎808-924-7778 時一天3個時段，9時～、12時～、15時～ 休無休 金個人課程$150（2小時）、團體課程（3～4人）$75（2小時）※含來回接送、衝浪板、防曬泳裝。需預約 URL www.hhsurf.com

  上衝浪課時，衝浪板的長度依個人身高決定，不過推薦初學者使用2公尺左右的衝浪板較好上手。另外，使用有一定寬度與厚度的板子也可以更穩定地乘上海浪。

PADDLE SURFING

體驗夏威夷 水上活動

阿拉莫阿那 | 別冊MAP P12B3 ── 立槳衝浪

人氣急速上升的新水上運動

教你站在衝浪板上使用槳前進的新興運動──立槳衝浪課程的專門店。也有一般衝浪課程，無論哪種課程都可以從入門學習。授課地點有時候會因日期而變更。

DATA ●Surf Garage
交威基基車程10分 ☎808-951-1173
時一天3個時段，8時〜、11時〜、14時〜 休無休 金團體課程$100、初學者課程$150、個人課程$150（各2小時）※含出租衝浪板、立槳。需預約
URL www.surfgarage.com

只要2小時，任何人都可以學會立槳衝浪！

5 邊感受海風 享受散步海上的感覺

划槳過程中放掉腳部力量固定於浪板上，穩定重心之後就能順利前進。

4 習慣之後用槳 練習移動

往波浪穩定的地方移動。一邊回想一開始學習的划槳方法，試著集中精神專心划槳！

3 掌握平衡 站在衝浪板上

雙腳確實踏穩在衝浪板上是非常重要的，只用腳趾力量的話可能會重心不穩而摔下水。好好掌握訣竅吧！

來挑戰囉！

1 先學會手持立槳的方法

首先在海灘上學習手持立槳的方法。好好學會持槳、划槳與轉向的方法，基礎練習是非常重要的！

2 往大海出發！

學會基本的划槳方法後，終於可以往大海出發！站在衝浪板上，往海浪穩定的地方移動吧。

SEA KAYAK

1. 散步無人島也很快樂
2. 橡皮艇的重點在與同船者同心協力

東歐胡島 | 別冊MAP P5C2 ── 凱盧阿橡皮艇冒險之旅2小時附指導員

盡情暢遊美麗大海與無人島

在經驗豐富的指導員陪同下，於夏威夷中清澈程度名列前茅的大海上划橡皮艇。享受在野鳥保護區的無人島上環保健步，或是在擁有廣闊美麗沙灘的拉尼凱海灘（→P37）自由度過。

DATA ●Travel Plaza Rurubu Desk ☎808-921-8008 時8時〜15時45分左右（約需約7小時30分）休週日 金$135（僅接受13歲以上，孕婦不可參加，必須會游泳）※含午餐與來回接送。需預約
URL www.tphawaii.com

近距離接觸海洋動物 ♥

和憧憬已久的海豚&海龜一起玩耍！

這裡挑選出可輕鬆參加的海洋公園體驗活動，甚至是能遇見野生海豚與海龜的推薦行程。
來去看看能夠療癒人心的海洋生物吧。

親吻可愛的海豚，
令人開心！

1.邂逅海豚Dolphin Encounter的活動中，可愛的海豚會來親吻你！
2.牽住海豚兩鰭握手，療癒度滿分！ 3.模擬電影《大白鯊》中張開大口游泳的才藝相當受歡迎
4.光看海豚仰身往前游的畫面就令人心情愉快

| 瑪卡普伍 | 別冊MAP P5D3 |

夏威夷海洋生物公園
Sea Life Park Hawaii

和海洋動物們成為好朋友！
位於瑪卡普伍角附近的巨大海洋公園。在此能夠看見多種海洋生物，也可觀賞海豚與鯨豚（Wholphin）的表演秀。除了和海豚一同游泳，潛入水中隔著柵欄觀賞鯊魚的行程等也十分受歡迎。

DATA 交威基基車程25分 ●威基基搭乘23號巴士45分 住41-202 Kalanianaole Hwy.,#7 ☎808-259-2500 時9時30分～17時 休無休 金$31、12歲以下$21、2歲以下免費 URLwww.pacificresorts.com/hawaii/sealifepark/ □需預約

伴手禮就送這個！

●夏威夷海洋生物公園的明星——混血鯨豚WHOLPHIN布偶$15.99

◀可愛粉紅海豚布偶鑰匙圈$4.99

●印上充滿躍動感海豚的原創保溫瓶$24.95

能和海豚一同玩耍的行程

邂逅海豚Dolphin Encounter

能夠和海豚握手以及親吻海豚的行程。由於水深僅約達成人腰部，即使不會游泳也能放心參加。會有訓練師指導參加行程者，還有工作人員會替參加行程者拍下握手或親吻的瞬間畫面。

DATA 時9時30分～、11時～、13時45分～、15時15分～（所需時間約60分）
金$125（含入場費與往返接送）、照片$18
【參加資格】1歲以上（未滿3歲$52、1～7歲兒童若要參加，每位兒童需要1位付費的18歲以上成人陪同），需預約

另外還有這些活動！

●Dolphin Swim Adventure

除了能夠和海豚親吻，還能體驗從肚子貼在海豚身上一同游泳的行程。所需時間60分。$194（含入場費與往返接送），需預約

●Dolphin Royal Swim

能夠和2頭海豚盡情交流的行程。除了握手和親吻，也能扶著背鰭一同游泳。所需時間約60分。$262（含入場費與往返接送），需預約

 小小資訊 夏威夷海洋生物公園擁有可在水中觀察4種全長1～1.2公尺鯊魚的「鯊魚之旅 Shark Trek」（$105，含入場費與往返接送）。此為近距離觀察鯊魚的熱門行程。詳情請參考官網。

懷厄奈　別冊 MAP P2A3

Dolphins & You

令人感動的友善海豚

除了豚式游泳的活動，還有橡皮艇與船上烤肉、草裙舞＆烏克麗麗演奏等，可充分享受夏威夷文化的魅力行程。由於行程會視天候變更，有很高的機會見到海豚或海龜，還可以一同游泳！

1.如此接近嚮往中的海豚也不是夢想！ 2.請注意即使發現海龜也不能觸摸

DATA ☎808-696-4414　時6時～13時左右　休12月第2個週日 金$156（2～11歲$124）
URL www.dolphinsandyou.com
※行程人數28人，成行最少須達4人
☑需預約

1.白天雖然可能看見在沙灘上做日光浴的海龜，但記得不可以太靠近 2.觀光客稀少的安靜秘境海灘

哈雷瓦　別冊 MAP P2B2

哈雷瓦皇家海灘
Haleiwa Ali'i Beach

有名的海龜午休景點

位在哈雷瓦偏北的海灘，全年都能在沙灘上看到做龜殼日光浴的海龜。雖然可以近距離觀看海龜，但法律禁止觸摸海龜，而且有可能感染海龜疾病，所以必須小心注意。

DATA 交威基基車程約1小時

懷厄奈　別冊 MAP P2A3

Sea Hawaii Dolphin & Snorkel Eco Tour

與野生海豚浮潛

搭乘最快速的小型船，在四周大自然未受破壞的懷厄奈海岸浮潛，和友善的海豚與熱帶魚一起盡情享受美麗的夏威夷海洋。

DATA ☎808-388-5051（最近的旅遊諮詢櫃台）時6時10分～12時30分左右（所需時間約7小時）休12月第2個週日、聖誕節、元旦 金$137、4～11歲$95（4歲以上未滿18歲者需成人陪同）※含往返接送與租借浮潛用具 URL www.tphawaii.com ☑需預約

1.浮潛能夠遇見海豚 2.碰見夏威夷飛旋海豚

滿滿的負離子！
瞭望夏威夷美麗絕景
綠意盎然的痛快登山之旅

雖然一說到夏威夷就很容易聯想起海灘，但在夏威夷也有許多大自然豐富的登山路線。
以登山女孩的心情出發，讓身體充分沐浴在森林浴之下吧。

凱盧阿 | **別冊 MAP P5C2** | **Kaiwa Ridge**
登山小徑
Kaiwa Ridge Trail

瞭望拉尼凱海灘絕景

從約180公尺高的山頂，可以360度全方位俯瞰凱盧阿街道與拉尼凱海灘。雖然剛爬上去時有幾處陡坡，但大約只要花費40分鐘即可登上山頂，即便是小孩也可以輕易挑戰。途中還能遇到仙人掌類等的稀奇植物。

DATA　交由凱盧阿海灘沿岸的Mokulua Dr.向南前進，從Aalapapa Dr.右轉至Kaelepulu Dr.，在Mid Pacific Country Club入口附近就是登山口。開車的話可以將車停在凱盧阿海灘公園的停車場，步行約15分　時日出～日落　休無休　金免費

難易度 適合初學者～中級者
所需時間 單程約40分鐘
距離 單程約1.5公里

ROUTE GUIDE

中途會經過懸崖，由於沒有護欄，小心不要滑倒。另外，路上會出現有很多岩石的地方，所以千萬不能穿海灘鞋登山。

1 START
入口可以看到這塊顯眼的看板

看板資訊非常難看懂，所以要注意別漏看

2 登上險峻的山路

登上有點陡的坡路大約10分

3 寬廣的大道遼闊的大海

再稍微往上爬後，會發現道路逐漸變得寬廣，遼闊的大海映入眼簾，距離終點只剩一點點距離！

GOAL
4 抵達山頂

藍色的拉尼凱海灘與凱盧阿的街景盡收眼底！

登山服裝看這裡！

基本以容易活動的服裝為主。最好是長袖與穿慣的運動鞋。若能揹著後背包讓兩手可以活動，再戴上帽子就更棒了。

也不要忘記帶水和毛巾

42　**小小資訊**　從「瑪諾亞瀑布小徑 Manoa Falls Trail」路線進入約5分鐘的地方，矗立著許多巨大樹木，因成為美國熱門影集《LOST檔案》的攝影地點而聞名。生氣盎然的綠意十分符合《LOST檔案》的劇中世界。

鑽石頭山登山小徑
別冊 MAP P7D4
Diamond Head Trail

難易度 適合初學者
所需時間 單程約40分
距離 單程約1.3公里

輕鬆可見的遼闊景色

鑽石頭山標高232公尺，從檀香山市內任何地方皆可望見。約在30萬年前因火山噴發而形成，由於噴火口的形狀又被稱作Leahi（鮪魚的額頭）。設有登山步道，可以輕鬆地登上山而受各年齡層大眾喜愛。

DATA 交威基基車程5分 ●搭乘23號巴士15分 時6時～18時（登山起始時間最晚至16時30分） 休無休 金$1（若為開車，停車場收費每台$5）

1.一望威基基海灘與其沿岸的飯店群 2.登山道設有柵欄所以不用擔心會迷路 3.陡峭的樓梯共有4個

ROUTE GUIDE

從巴士站步行15分會看到登山入口，在此支付登山費用。登山道路經過鋪設，所以雖不需穿登山鞋，但還是建議穿上平時習慣的運動鞋。

Diamond Head Trail
START
卡皮歐拉尼公園 鑽石頭山
GOAL 鑽石頭山海灘
Leahi觀景台
500m

瑪諾亞瀑布登山小徑
別冊 MAP P4B3
Manoa Falls Trail

綠意盎然的原生林與魄力十足的瀑布！

「Manoa」在夏威夷語的意思是「廣大的、豐富的」。就如同來自於豐沛水量的名稱意涵，此區氣候濕潤多雨。綠色植物豐富的原生林空氣涼爽，令人心情愉悅。森林中有眾多夏威夷特有的動植物棲息於此，能夠觀察到珍貴的大自然生態。

DATA 交威基基車程15分
時日出～日落 休無休
金免費

難易度 適合初學者
所需時間 單程約60分
距離 單程約1.3公里

1.終點是被大自然包圍、高低差有30公尺的瑪諾亞瀑布 2.有許多夏威夷特有的植物與珍貴的野鳥棲息

瑪卡普伍角燈塔登山小徑
別冊 MAP P5D3
Makapuu Lighthouse Trail

有機會看見鯨魚現蹤！

歐胡島東岸突出的海岬——瑪卡普伍角，有條往返時間約1小時30分的登山路線。每年12～4月左右，有很高的機會可以在海岬附近看見洄游的座頭鯨。

DATA 交威基基車程30分
時7時～18時30分（視季節而更動）
休無休 金免費

難易度 適合初學者 所需時間 單程約50分
距離 單程約1.6公里

1.鋪設有緩坡步道，即使是兒童或是年長者也可以安心登山 2.壯觀地平線的遼闊全景，地球看起來就像圓的

在夏威夷徹底體驗！
美麗慢跑＆女性瑜珈

從早開始就身心舒暢！

在早晨的海灘與公園等開放空間，享受海外也十分熱門的慢跑與瑜珈吧！
在此介紹可輕鬆參加的活動與教室，在夏威夷首次體驗憧憬中的美麗慢跑與女性瑜珈吧！

YOGA
瑜珈

威基基　別冊 MAP P11C4　【所需時間】約1小時30分

Chocolate Pineapple Sports Yoga Studio

在綠意盎然的卡皮歐拉尼公園做瑜珈

在綠意盎然的公園與美麗的海灘體驗瑜珈。在丹尼斯老師親切地指導之下，即便是初學者也能放心學習。穿著便於活動的服裝來試試瑜珈吧！

DATA 交集合地點：卡皮歐拉尼公園衝浪者像前 ※卡皮歐拉尼海灘瑜珈7時～8時45分、卡皮歐拉尼公園瑜珈9時30分～11時（週二、五除外），週六為12時～13時30分、卡皮歐拉尼公園黃昏瑜珈17時30分～19時（僅開放週二、五） ☎808-922-0171 休無休（雨天休息） 金$20 ※詳情需洽詢。URL www.yogawaikiki.com ☑需預約

1. 在巨大樹木下做瑜珈感覺無拘無束　2. 一邊感受海潮與海風，在大自然中放鬆自我

請來體驗舒適的早晨瑜珈

丹尼斯‧米拉老師

若要購買瑜珈用品就來這兩家店吧！

凱盧阿　別冊 MAP P5D1　### Lily Lotus

要買色彩繽紛的瑜珈服裝就來這裡

受當地民眾歡迎的瑜珈服裝＆商品專賣店。使用觸感良好的竹子素材，穿起來很舒適。另有販售冥想用品與在地品牌飾品。

1. 色彩繽紛的背心也非常適合當作內衣$40　2. 瑜珈專用褲的特色就是便於活動$58～

DATA 交威基基車程30分 住609 Kailua Rd.
☎808-888-3564 時10～18時（週日為11～16時） 休無休

阿拉莫阿那　別冊 MAP P13C2　### lululemon athletica

免費的瑜珈課程也十分受歡迎

在當地以超高人氣著稱的瑜珈服飾商店。售有許多容易搭配，兼具機能性與高設計性的服飾。每週日也有舉辦免費的瑜珈課程。詳情需洽詢。

1. 吸水性高、適合瑜珈運動的附胸墊背心$52～　2. 也適合其他運動時穿的慢跑裙$58～

DATA 交威基基車程5分 住阿拉莫阿那中心
（→P62）2F ☎808-946-7220 時9時30分～21時
（週日為10～19時） 休無休

小小資訊　「SpoNavi Hawaii」URL www.sponavihawaii.com，除了有夏威夷舉辦的推薦運動活動與自選行程之外，也隨時更新遊玩夏威夷的種種實用資訊。

JOGGING
慢跑

威基基 ｜ 別冊 MAP P8A4

SpoNavi Hawaii Group Running

自由參加的免費晨跑

每週六早上舉辦的慢跑活動，分為約5公里的「緩速」與約8公里的「快速」兩組。有阿拉莫阿那路線或卡皮歐拉尼路線可以擇一。工作人員會一同陪伴，所以即便是初學者也能安心參加。

DATA 交威基基海灘大道(→P72)1F Subway
集合 ☎808-923-7005(週一～週五9～17時)
時週六7時50分集合 金免費
※參加條件為13歲以上
□需預約

體驗夏威夷 瑜珈&慢跑

【所需時間】約1小時
【距離】約5公里或約8公里

7:50
Subway
前面集合
當天參加者在Subway前面陸續集合

8:30
沿著威基基
海灘跑步
晨間沿著閃閃發光的海灘跑步來感覺超讚

 8:15
奔跑於
Kalakaua
Ave.
在工作人員的帶領之下往Kalakaua Ave.奔跑

阿拉莫阿那路線
阿拉莫阿那
威基基海灘大道
卡皮歐拉尼路線
Ala Wai Golf Course
Hilton Lagoon
哈洛古拉尼飯店
威基基海灘凱悅度假村&水療中心
N
0 500m
Diamond Head Beach Hotel
Kapiolani Blvd.
Ala Wai Blvd.
馬馬拉灣
威基基水族館

8:50
順利跑完全程！
辛苦了
跑完之後吃些東西和喝冷水來補充能量吧

若要購買慢跑用品就來這兩家店吧！

阿拉莫阿那 ｜ 別冊 MAP P13C2

Lady Foot Locker

各式各樣種類豐富的女性用品

販售女性運動服飾&流行服飾的商店。以擁有豐富的慢跑商品自豪，不但具設計性，機能性更是卓越。頻繁地引進最新商品也很令人心動。

1. 女性運動短褲 $30～ 2. 慢跑鞋 $80～，色彩繽紛的運動鞋十分受歡迎

DATA 交威基基車程5分 住阿拉莫阿那中心
(→P62)1F ☎808-942-1071 時9時30分～21時
(週日為10～19時) 休無休

阿拉莫阿那 ｜ 別冊 MAP P12B2

Runners Route

販售多項適合亞洲人的產品

日本人老闆所開的慢跑用品專賣店。除了販售鞋子和衣服，還有太陽眼鏡和襪子等，實用性與設計兼具的商品，受到在地人與觀光客的喜愛。

1. 夏威夷在地品牌「mau mapu」的無袖背心$45 2. 印有日文平假名「ら」圖案的獨特原創水壺$8

DATA 交威基基車程7分 住1322 Kapiolani Blvd.
☎808-941-3111 時10～20時(週日為～18時)
休無休

LOCAL HONEY FOR SALE

用在地人的心GO！
農夫市集Farmers Market

陳列著新鮮蔬菜與水果的露天市集。在露天市集特有的氛圍中，品嘗在地人與觀光客都喜愛的知名美食。記得要事先確認市集舉辦日期。

1.市集上陳列著許多南國風的鮮花與水果 2.夏威夷產「Madre Chocolate」全素巧克力抹醬

3.受歡迎的南國風沙拉醬 4.把2隻蝦子烤得焦香的鮮蝦串燒登場！ 5.由於9點左右人潮眾多，最好早點到市集

鑽石頭山　別冊MAP P7D3

KCC週六農貿市集
Saturday Farmers' Market KCC

夏威夷產自然商品琳瑯滿目！
位於鑽石頭山麓的卡皮歐拉尼社區大學每週六舉辦的早市。約有80間店鋪，一大早就有眾多觀光客湧入而熱鬧非凡。有許多只有在這裡能夠買到的有機製品、在地農家手作食品與著名美食。

舉辦日：每週六
舉辦時間：7時30分～11時

6.「North Shore Farmers」的美味披薩$7 7.「Honolulu Gourmet Foods」的調味醬$5 8.「Madre Chocolate」的風味巧克力大約$7 9.「Hawaiian Crown Plantation」鳳梨薄荷冰飲$5 10.「Two Hot Tomatoes」的炸番茄、炸櫛瓜、炸洋蔥圈組合

DATA 交威基基車程10分 ●威基基搭乘2、23、24號巴士15分，在卡皮歐拉尼社區大學下車後即到 ●搭乘威基基導遊巴士綠色路線45分，在KCC農貿市集下車（僅週六停車） 住4303 Diamond Head Rd. ☎808-848-2074（Hawaii Farm Bureau） 時週六7時30分～11時

週二舉辦
鑽石頭山　別冊MAP P7D3

Tuesday Night Farmers' Market KCC

與週六的KCC比起來較迷你的週二市集。能夠在悠閒的氣氛下慢慢購物。

DATA 交威基基車程10分 ●巴士的搭乘方式與週六相同 住4303 Diamond Head Rd. ☎808-848-2074（Hawaii Farm Bureau） 時週二16～19時

小小資訊 「Saturday Farmers' Market KCC」，一開市就會有觀光團巴士陸續抵達，而9點的時候著名美食店鋪前方已經大排長龍。每家店只要賣完就會收攤，所以儘量早點抵達吧。

沃德　別冊 MAP P12A3

Kaka'ako Farmers' Market

舉辦日：每週六
舉辦時間：8～11時

在用餐區悠閒度過

超過50間店家之中，有一大半都在販賣有機商品。這裡除了有新鮮蔬菜，還有卡車上備了烤箱，販售剛出爐的麵包，以及手打義大利麵、奶昔等，餐點跟飲料的種類都很豐富。另外還有可欣賞現場音樂演奏的用餐區。

DATA 交威基基車程10分 住沃德批發商場（→P68）停車場 ☎808-388-9696 時週六8～12時

1．可取代椒鹽使用的百香果辣椒粉。一袋裝$9
2．「Life is Sweet」夏威夷風味法式馬卡龍各$2
3．用扶桑花、生薑製成富含維他命C的冰涼飲品$3.50　4．市集裡有許多在地人，散發出悠閒的氣氛

阿拉莫阿那　別冊 MAP P12A2

Honolulu Farmers' Market

舉辦日：每週三
舉辦時間：16～19時

販售許多有益身體健康食品的黃昏市集

在此約有30間，販售有機栽培的水果、蔬菜和有機食品等店家。是令追求健康者欣喜的市場。雖然規模不大，但因為交通便利，也有人會在工作結束後來購買食材。

DATA 交威基基車程10分 住777 Ward Ave. Neal S. Blaisdell Center內 ☎808-848-2074（Hawaii Farm Bureau）時週三16～19時

1．「Aikene Plantation」的咖啡豆巧克力$10是熱門伴手禮　2．「All Hawaiian Honey」的Kahaluu蜂蜜$6～　3．「Gold Fire」的Keopu咖啡冰淇淋$3.75　4．放上威瑪納諾產蘑菇的「Bonfire Pizza」的蘑菇披薩$12　5．最適合空腹前往

威基基　別冊 MAP P9D3

凱悅農夫市集
Hyatt Regency Farmers' Market

舉辦日：每週二、四
舉辦時間：16～20時

邊走邊吃夏威夷名產

黃昏時在威基基海灘凱悅度假村舉辦。售有可拿回房間享用的盒裝水果與沙拉、甜點等眾多種類商品，親民的價格也令人開心。另有許多夏威夷名產如椰子、火龍果、芋頭、夏威夷炸甜甜圈等等。

DATA 交皇家夏威夷中心R.H.C.步行6分 住H威基基海灘凱悅度假村及水療中心（→P120）1F ☎808-923-1234 時週二、四16～20時

1．極致南國氣氛！椰子汁$5　2．含有大量多酚的火龍果和楊桃$3　3．包著大量椰子奶油內餡的夏威夷炸甜甜圈$1.75　4．芋頭珍珠甜點$2　5．位於1F中庭，可輕鬆前往

【 邊玩邊學夏威夷傳統！】

在當地體驗
夏威夷文化！

在海外也十分受歡迎的夏威夷文化，而在夏威夷當地，有許多商店或文化中心舉辦的文化教室。
要不要化身為夏威夷女孩，沉浸在阿囉哈精神之下呢？

Hula 草裙舞

愈了解愈加深奧的草裙舞。可透過正式的課程從基礎開始扎實學習，因而大受歡迎。

威基基　別冊MAP P11D4

Hula Shack

在綠意盎然的公園裡學會草裙舞

每週在卡皮歐拉尼公園的凱馬納海灘附近舉辦的晨間草裙舞課程。由草裙舞資歷19年的瑪麗老師親切地指導，還能和當地人一同盡情地跳舞。最好事先預約。

> DATA 交卡皮歐拉尼公園的網球場附近 ☎808-398-8423 金個人課程／團體課程$100／1小時（1人～）、大溪地草裙舞$100／30分。依希望授課日期調整時間

在大自然中，一邊感受著「氣」，一邊跳舞！

1.清爽的早晨，在公園中跳著草裙舞，心情也截然不同！請穿著容易活動的衣服
2.學習基本舞步之後，進入主題曲編舞。記得舞步後樂趣也會倍增！
3.資深的瑪麗老師笑容充滿魅力

【 也可以參加這裡的課程 】

 威基基 **皇家夏威夷中心**
Royal Hawaiian Center

別冊MAP●P8B3

每週兩次，由草裙舞大師免費教學1小時的課程。在寬廣的中庭，當面授予基礎至應用的舞步。幸運的話也有可能受到老師的親身啟蒙指導。

初學者也能夠安心參加的正式課程

> DATA 住皇家夏威夷中心R.H.C.（→P70）內「Royal Globe」廣場 時週一、二、五為10時～11時、週三為16時～17時 金免費

威基基 **Waikiki Community Center**

別冊MAP●P11C4

草裙舞大師（Kumu Hula）Nalani Keale的課程十分受歡迎，甚至有日本人到此長期學習草裙舞。

輕鬆地參加吧

> DATA 交皇家夏威夷中心R.H.C.步行15分 住310 Paoakalani Ave. ☎808-923-1802 時視課程而異 休無休（Nalani Keale老師只有在週一、週三開課） 金$10～ URLwaikikicommunitycenter.org/

 草裙舞由古代傳承至今，分為伴隨打擊樂器韻律跳動的傳統「Kahiko」，以及配合烏克麗麗跳動的現代「Auana」2種。古代夏威夷人沒有文字，用草裙舞作為溝通的方式。

Ukulele 烏克麗麗

攜帶便利，不管在哪裡皆可演奏的烏克麗麗十分受歡迎。從簡單的曲子開始學習吧。

威基基　別冊MAP P8B4

Ukulele Puapua

售有多式多樣的烏克麗麗

店內售有從適合入門者到高級者的烏克麗麗，就算只是逛逛也會很開心。在每天舉辦的免費課程（每次30分）中，將親切地指導您學會彈奏一曲。

1.2.不需預約的免費課程中，會指導您彈奏基本的4個和弦。店內陳列著各式各樣的烏克麗麗，體驗免費課程之後令人非常想買。建議第一次接觸烏克麗麗的人購買初學者套組$99.99

DATA ⊗皇家夏威夷中心R.H.C.步行4分 ⊕2255 Kalakaua Ave. ⒽSheraton Waikiki 1F ☎808-923-9977 ⊕8時～22時30分（免費課程僅至16時）⊕無休 ⦿收費課程：一次45分$45

Ronson老師（左）與Given老師（右）

也可以參加這裡的課程

McCully

PoePoe Hawaiian Culture Center

別冊MAP●P13C1

在此可接受由Keith Nakaganeku老師在內，豪華教師群所開設的烏克麗麗課程。幾乎所有課程都可以讓初學者參加。

也會細心教導初學者，可以放心上課

DATA ⊗威基基車程5分 ⊕1750 Kalakaua Ave. #206 ☎808-312-4381 ⦿正式課程$25／45分（6次回數卷，每天開課），個人課程$40～／1小時（視講師而異）※需要透過網頁或電話預約 ⓊRLen.poepoehcc.com/

Quilt 拼布

夏威夷傳統手作拼布。各個象徵自然的花草圖案分別代表了不同含意。

威基基　別冊MAP P8B2

Mea Aloha

夏威夷的傳統藝術

以自然為主題的手作拼布相當受歡迎，在木元老師的指導下能夠輕易地體驗手作拼布。若購買布框組可以免費上課。

1

DATA ⊗皇家夏威夷中心步行1分 ⊕2222 Kalakaua Ave.Gallreia Tower 8F ☎808-945-7811 ⊕10時～18時30分（週日為12～18時）⊕無休 ⦿材料套件$31.40～ ※週日需預約

1.附有木製布框的套組$31.40。非常適合當作旅行伴手禮 2.爽朗的老師會親切地教學，儘管放心地上課 3.寬廣的店內裝飾著許多拼布作品

大家一起去吧！
夏威夷特產
趣味主題樂園

歐胡島上有許多洋溢夏威夷獨特魅力的主題樂園。
在此一口氣介紹使人忘卻時間、可以玩耍一整天的推薦主題公園。

拉耶 別冊MAP P3C1 玻里尼西亞文化中心
Polynesian Cultural Center

可體驗玻里尼西亞的樂園村

會介紹包含夏威夷在內，隸屬於玻里尼西亞的7個島嶼各自魅力的主題公園。在園內各島可觀賞各式各樣的表演秀，或體驗傳統火焰秀與草裙舞。夜間特別表演「Ha: Breath of Life」是必看的重點節目。

DATA 交威基基車程1小時10分
住55-370 Kamehameha Hwy.
☎808-924-1861時12～21時(樂園村～18時)
休週日 金標準雙人套票$142.09
(含飯店接送、團體園內導覽、自助晚餐、夜間秀、稅)等
URL www.polynesia.com/

1.魄力十足的火焰舞蹈令人目不轉睛 2.在夏威夷式野宴餐廳中可享用傳統夏威夷菜色自助餐 3.由超過100人演出的壯觀表演「Ha: Breath of Life」

瓦希阿瓦 Wahiawa 別冊MAP P2B2 杜爾鳳梨園
Dole Plantation

品嘗整顆夏威夷特產

因加工、販賣生鮮果實而聞名的主題樂園。來挑戰獲得金氏世界紀錄認證的世界最大迷宮「Maze」($6)吧。另有各式各樣的伴手禮，如鳳梨糖果和T-Shirt等。

DATA 交威基基車程45分
住64-1550 Kamehameha Hwy. ☎808-621-8408
時9時30分～17時30分(遊樂設施為～17時。夏季會延長時間) 休無休 金免費入園
(鳳梨快速列車$8.50、4～12歲$6.50) URL www.doleplantation.com/

1.鳳梨快速列車在9時30分至17時之間，每30分鐘發一班車。所需時間為20分鐘 2.擺盤豪華的甜點「鳳梨精神Pineapple Split」$24.95 3.一年超過100萬人造訪的熱門主題樂園

小小資訊 在「玻里尼西亞文化中心」裡，設有導遊隨行的私人團體行程「超級大使套裝」($219.95，所需時間約9小時)等等，能夠不用顧慮團體行動，以自己的步調遊玩。

New Open!

呼基拉市場
拉耶

Hukilau Marketplace

別冊MAP●P3C1

最適合兜風途中順道一訪

誕生於玻里尼西亞文化中心一隅的美食與購
物景點，重現了1940年代的懷舊空間。在此
亦可體驗橡皮艇等活動。

1.因為不需要進入
玻里尼西亞文化中
心，所以可在兜風
旅途中順道一訪
2.Pounders Rest
aurant的鴨肉&酪梨
BLT$17

DATA 交玻里尼西亞文化中心，同(→P50)
時11～22時 休週日 金免費
URLhukilaumarketplace.com

古蘭尼牧場
古蘭尼 別冊MAP P3C2

Kualoa Ranch Hawaii

在歐胡島最大的牧場享受大自然

因《侏儸紀公園》的拍攝地點而聞名的廣闊綠色牧
場。在此能夠體驗騎馬行程或四輪越野車等活動。
行程需預約。

1.盡情漫步於壯闊的柯
歐勞山脈 2.使用在此
畜養牛肉製成的漢堡
Chinaman's $11.50
一定要享用

DATA 交威基基車程50分 ●阿拉莫阿那中心搭乘55號
巴士往地90分 住49-560 Kamehameha Hwy. ☎808-
237-7321 時7時～17時30分 休無休 金冒險套裝行程
$149～(騎馬行程或四輪越野車、2種體驗活動，含自助
餐)，含往返接送$159～ URLtw.kualoa.co/

夏威夷水上樂園
卡波雷 別冊MAP P2B4

Wet`n` Wild Hawaii

推薦給喜愛刺激遊樂設施的人！

占地約35000坪的廣
大面積，夏威夷首
屈一指的水上主題
樂園。擁有滑水道、
人工衝浪等15種
以上爽快且魄力十
足的遊樂設施。

DATA 交威基基車程40分
住400 Farrington Hwy.,
kapolei ☎808-674-
9283 時10時30分～15時
30分(週六、日～16時)※
價格視日期而異 休週二、三
(視日期而異) 金1日券成人
$49.99、身高106公分以
下$37.99 URLwww.wetn
wildhawaii.com/

設有色彩繽紛的泳池與滑水道

檀香山動物園
威基基 別冊MAP P11D4

Honolulu Zoo

歐胡島最棒的動物天堂

占地約17萬平方公尺的動物園。從夏威夷特有物種
到大型哺乳類動物，約有900種動物。幾乎所有動
物都野放於園內。

DATA 交皇家威
夷中心R.H.C.步行15
分 住151 Kapahulu
Ave. ☎808-971-
7171 時9時～16時
30分 休無休 金$14，
監護人陪伴且12歲以
下者$6，2歲以下免
費 URLwww.honolu
luzoo.org/

有很多小朋友喜愛的動物！

威基基水族館
威基基 別冊MAP P7C4

Waikiki Aquarium

瞧瞧夏威夷的海洋吧

此處展示400種以上太
平洋海洋生物。在此能
夠參觀重現太平洋海景
的水槽以及世界最大的
硨磲貝。另有提供語音
導覽機的租借服務。

1.色彩鮮艷的紅薄荷神仙
魚 2.水族館裡最受歡迎
的夏威夷僧海豹

DATA 交皇家夏威夷中心R.H.C.步行10分 住2777
Kalakaua Ave. ☎808-923-9741 時9時～17時(最晚16時
30分前入館) 休12月第2個週日 金$12、65歲以上、4～12
歲$5，3歲以下免費 URLwww.waikikiaquarium.org/

豐富的歷史與能量景點
還有很多很多！
檀香山的好景點

在此介紹保存了夏威夷歷史、文化的文化設施，以及著名能量景點等等，
來到夏威夷必訪的精選景點，說不定會成為深度之旅喔。

接觸夏威夷的
歷史與文化

Kalihi ／ 別冊 MAP P6A2

比夏普博物館
Bishop Museum

可學習夏威夷王朝歷史與自然史

卡美哈美哈王族的子孫——Pauahi公主的丈夫Bishop於1889年設立。收藏了約200萬項的文化工藝品與文獻、照片等物品，以夏威夷為中心，傳遞著太平洋區域的歷史，是夏威夷最大的博物館。另也設有星象儀等設備。

1．懸吊在本館3F天花板上的巨大鯨魚標本　2．歷代國王穿過的羽毛披風最值得一看！　3．自成立初期以來未曾變動過的挑高大廳

語音導覽行程
參加費用包含在入場費用中。●館內行程（約25分）除解說展示品外亦會介紹夏威夷王朝的歷史。時10時30分～、11時30分～、13時30分～、14時30分～

DATA　交威基車程20分　●若搭乘巴士則從威基搭2號巴士50分，在N.Sch Kapalama Ave.轉角下車步行5分　住1525 Bernice St.　☎808-847-3511　時9～17時（最晚16時30分前入館）　休無休　金$19.95、4～12歲$14.95

市中心 ／ 別冊 MAP P15C2

伊奧拉尼宮
Iolani Palace

夏威夷王朝的珍貴文化遺產

1882年時由Kalakaua國王所建。在此曾舉辦招待世界各國來賓的晚餐會與舞會，1893年夏威夷王朝滅亡後則使用作夏威夷州的議事堂。可參觀華麗的建築物內部空間，例如修復工程結束後，至今仍呈現輝煌夏威夷王朝的王座大廳。

語音導覽行程
建議透過電話或官方網站預約。●中文導覽行程 $21.75　時最晚於一個禮拜前於官網預約

DATA　交威基車程10分　●若搭乘威基觀光導遊巴士為紅色路線35分，在夏威夷州政府廳前下車，步行即到　住364 S. King St.　☎808-522-0832（預約）　時9～16時　休週日　金導覽行程$21.75、5～12歲$6、4歲以下須有大人陪同並遵照官方規定坐在嬰兒車裡等　URL www.iolanipalace.org

---

市中心 ／ 別冊 MAP P12A1

檀香山美術館
Honolulu Museum of Art

以夏威夷最多的收藏品自豪

此美術館於1927年設立，展示著藝術品收藏家Cooke夫人自世界各國收集的藝術品。現在收藏有畢卡索與梵谷、葛飾北齋等東西方藝術家共約50000件以上的藝術品。

DATA　交威基車程10分　住900 S. Beretania St.　☎808-532-8700　時10時～16時30分（週日為13～17時）　休週一　金$10、17歲以下免費　URL www.honolulumuseum.org

---

小小資訊

檀香山美術館在每個月的第1個週三、第3個週日可免費入場。另外，1～10月每個月最後1個週五的18～21時舉辦的「夜晚藝術ARTafterDARK」，依每月主題舉辦娛樂活動。

· 在療癒景點充電

瓦希阿瓦 別冊 MAP P2B2 **Kukaniloko Birthstones**

神聖岩石堆是王族女性生產之地

位於歐胡島中心，稱為「島嶼肚臍」的神聖之地。據說此地的岩石中有緩和痛苦的能量寄宿其中，許多王族女性皆在這裡的岩石上生產。現在成了為孩子祈福的觀光景點。

能量景點小筆記
在入口左右兩側各排列著18顆石頭，據說代表了見證分娩的人數。

> DATA 交威基車程45分：走卡美哈美哈高速公路，通過瓦希阿瓦之前的橋，下一個紅綠燈（Whitmore Ave.十字路口）左轉

1.傳說走過整齊排列的石頭後能夠消除疲勞
2.抵達時首先行個禮以表示敬意

艾亞 別冊 MAP P4A2 **Keaiwa Heiau**

神職人員治療傷病的聖地

此聖地之夏威夷語是「神秘的」的意思。據傳這裡以前是稱作卡夫納Kahuna的神職人員用藥草來治療外傷或疾病的地方，現在是州立公園，為當地人的休憩場所。

> DATA 交威基車程40分：位於Aiea Heights Dr.山頂的州立公園內

能量景點小筆記
為了各種目的而建造的神殿（Heiau），在夏威夷諸島中，這裡是至今唯一仍存在的「療癒神殿」。

1.現在仍有為尋求療癒的人們來獻上花圈
2.注意不能踏進被石頭圍繞的地方

可買到護身符的觀光景點

Kalihi 別冊 MAP P6A2 **夏威夷金刀比羅神社·夏威夷太宰府天滿宮**
Hawaii Kotohira Jinsha-Hawaii Dazaifu Tenmangu

由日本十分著名的香川縣金比羅宮，以及福岡縣太宰府天滿宮本殿延伸出的分支神社。此外還有水天宮等7個神社，許多觀光客紛紛造訪。

DATA 交威基車程15分 住1239 Olomea St.
☎808-841-4755 時8～16時 休無休

最適合送禮的護身符$7

市中心 別冊 MAP P14A1 **夏威夷出雲大社**
Hawaii Izumo Taisha

著名的姻緣之神，是島根縣出雲大社的分社，自1906年鎮座於此。居住在夏威夷的日本人們十分喜愛這裡。

DATA 交威基車程15分 住215 N.Kukui St. ☎808-538-7778 時8時30分～17時 休無休

如果在日本和夏威夷都祈禱過，效果可能會變成2倍？結緣護身符$8

體驗夏威夷 還有很多很多！ 檀香山的好景點

在這裡度過愉快的夜晚♥

夜間娛樂景點

被夕陽染紅的太平洋、傳統音樂與舞蹈秀等，檀香山的夜間娛樂活動多彩多姿。
其中也能夠免費參加的活動，盡情享受南國夜晚吧。

🌺 夏威夷式野宴＆草裙舞

夕陽下的表演秀氣氛絕佳

威基基 ／ 別冊MAP P9D3

庫希奧海灘草裙舞秀
Kuhio Beach Hula Show

免費觀賞的草裙舞表演

位於鑽石頭山一側的庫希奧海灘，會舉辦免費的草裙舞與音樂演奏。

DATA ✕皇家夏威夷中心R.H.C.步行7分 ⊞庫希奧海灘Kuhio Beach ☎808-843-8002 ⏰週二、四、六18時30分～19時30分(11月～1月為18～19時。雨天或天氣惡劣時停辦) ⊘週一、三、五、日 ⊛免費

威基基 ／ 別冊MAP P13D3

威基基海灘星光盧奧盛宴
Waikiki Starlight Luau

週五會施放煙火

週五19時～19時45分會舉辦「Rocky Hawaiian Rainbow View」$20，表演最後會施放煙火。

魄力十足的火焰舞蹈

盡情享用豪華野宴

飯店屋頂上舉辦的Luau Show。可欣賞現場演奏與草裙舞秀，並享用在地蔬菜製成的晚餐。

DATA ✕皇家夏威夷中心R.H.C.步行15分 ⊞⌂夏威夷威基基海灘希爾頓度假村(→P120)屋頂 ☎808-941-5828 ⏰17～20時(雨天時停辦) ⊘週五、六 ⊛$99(含服務費，不含稅，包含2杯飲料與晚餐)※接近舞台的黃金圓環座位Golden Circle $125，11歲以下半價，3歲以下免費

🐟 船上晚餐

市中心 ／ 別冊MAP P15C4

五星級夕陽爵士樂晚餐
Five Star Sunset Dining & Jazz Cruise®

豪華遊輪上享受浪漫氛圍

可在個人座位上享用法國晚餐的豪華遊艇。男性必須穿著長褲。

DATA ✕威基基車程10分 ⊞Aloha Tower Market Place 8號碼頭發抵 ☎808-983-7827(檀香山之星Star of Honolulu) ⏰17時30分～19時30分(週五為～20時30分) ⊘無休 ⊛$197。若需接送服務需另付費，巴士$12／每人，豪華轎車$68／每人(2人～) ※12歲以下無法乘船，需預約

最晚須在出航前45分鐘完成報到手續

🐟 觀賞夜景

瞭望白天和夜晚的不同魅力，必看的夜景

Tantalus ／ 別冊MAP P6B2

坦特拉斯山觀景台
Tantalus Lookout

一覽威基基街道夜景

在此可瞭望威基基街道夜景。由於霓虹燈的顏色有規定，整片街景都被溫暖的橘色燈光包圍，十分美麗。另有附晚餐的行程。

DATA ✕威基基車程20分

購物

泳裝、度假服飾、名牌包包etc.⋯

好多刺激少女心的超可愛品項

通通都在夏威夷。

那麼,今天要去買什麼呢!?

務必在當地購買
繽紛色彩&人氣泳裝！

泳裝是海灘上的必備單品，在當地購買是聰明的選擇。
有許多在其他地方看不到的繽紛配色和熱門設計等等，看著看著就忍不住想買。

A 顏色鮮艷不易脫落的繞頸綁帶式和雙面設計。上、下半身各$75

E 以金色綴飾為焦點，簡單且適合大人的泳衣。$198

A 上半身容易活動的運動型泳衣。上、下半身各$75

B 有施華洛世奇水晶點綴的泳衣。$198

B 鮮艷粉紅色令人印象深刻的紮染比基尼。$182

B 大量的流蘇會產生胸膛加大的視覺效果。$135

A 別冊MAP P7C4　●威基基　**Pualani**

優異的機能 & 設計
因為使用了耐用且能緊密貼合肌膚的伸縮性材質，穿著感覺極為舒適。另外還有能讓身形顯得更漂亮的效果。商品即便花樣相同也備有多種不同顏色。

DATA 交皇家夏威夷中心R.H.C. 步行25分 住2863 Kalakaua Ave. H The New Otani Kaimana Beach Hotel新大谷凱馬納海濱飯店1F ☎808-923-0753 時9～19時 休無休

B 別冊MAP P8B3　●威基基　**Allure Swimwear**

選擇潮流時尚泳裝
從歐洲品牌，到近來很受歡迎的中南美洲品牌，這裡售有其他地方無法購得的泳裝。除了比基尼還有連身泳裝和坦基尼、度假風連身裙等多樣服飾。

DATA 住皇家夏威夷中心R.H.C.（→P70）C館1F ☎808-926-1174 時10～22時 休無休

小小知識　請注意美國和臺灣的服裝SIZE標示不同（→別冊P21）。在許多店裡，泳裝並非上、下成套，而是可以自由搭配顏色與花樣，分別購買上、下半身泳衣。夏威夷女孩風格就是享受自由搭配流行。

C 不會和其他人撞衫的繽紛圖案，可以當作第二套泳衣。上半身$94、下半身$90

C 提亞流行將截然不同的顏色大膽配在一起。上半身$94、下半身$109

C 白底凸顯了紅色線條的泳衣，既簡單又可愛。上半身$47、下半身$47

F 淺色搭配不會太甜美可愛的紅色花樣是最大特色。上半身$113、下半身$109

D 雙面泳衣，嶄新風格是其特徵。上半身$80、下半身$85

D 能夠讓身體線條呈現得更苗條的設計。上半身$80、下半身$85

E 南國風的綠色葉片圖案。上半身$118、下半身$110

A 短褲型泳衣與有鋼圈的比基尼。上下半身各$80

F 白色×藍色的對比與奢華吊飾。上半身$122、下半身$106

C 別冊 MAP P8A4 ●威基基
Canyon Beachwear

聖塔莫尼卡的海灘服飾登陸！
以「無論哪種身材都合身的泳裝」為概念，源自加州的品牌首度登陸夏威夷。種類豐富的商品獲得廣大消費者的喜愛。

DATA 交皇家夏威夷中心R.H.C.步行4分 住威基基海灘大道（→P72）1F ☎808-924-1619 時10～22時 休無休

E 別冊 MAP P9C4 ●威基基
Rebecca Beach
DATA →P61

D 別冊 MAP P9C3 ●威基基
San Lorenzo Brzaillian Bikinis

售有大量的性感設計比基尼
透過大膽的剪裁，凸顯性感的巴西比基尼專賣店。引人目光的設計豐富多樣。

DATA 交皇家夏威夷中心R.H.C.步行4分 住2356 Kalakaua Ave. Collections of Waikiki（→P74）at Moana-Surfrider1F ☎808-237-2591 時9～23時 休無休

F 別冊 MAP P8B3 ●威基基
Pink Sand
DATA →P70

最適合搭配泳裝
完美海灘風格

夏威夷有各式各樣可搭配泳裝的品項，以及適合海灘的潮流物品。
參考夏威夷女孩的穿著，全身自由穿搭出不輸給夏威夷女孩的海灘風格吧♪

coordinate

穿上泳裝罩衫或使用小單品創造出更上一層的海灘流行。寬鬆的連身裙可以快速穿脫，最適合穿到海灘上。

成熟的輕鬆海灘穿搭

以紫色為主題的搭配。適合成熟女性，特徵是不會過於誇張的配色。「Hula Bay Hawaii」推出的3件式比基尼$129.99、無袖連身裙$49.99、「Dimmi」的涼鞋$59.99

基本的同花色整體穿搭

採用和泳裝相同設計的低領背心裙，因此可安心地搭配。再搭配小單品的顏色就更完美了。「Hula Bay Hawaii」原創低領背心裙$149.99，泳裝上下各$39.99、藤編包$69.99、「ORIENT」的涼鞋$59.99

運動混搭休閒風

寬鬆且簡素的長裙搭上帽子和南國圖案的手拿包，輕鬆化身夏威夷女孩！
單寧長裙$150、圖案適合海灘的帽子$30、短版紮染背心$80、和Samudra合作推出的人氣手拿包大$65、小$48

 A ●威基基

Turquoise

別冊MAP●P8B2

以洛杉磯品牌為中心，販售最新海灘流行服飾的選貨店。另外也有各式各樣男裝與童裝、生活風格物品等。

DATA 交皇家夏威夷中心R.H.C.步行3分 住333 Seaside Ave. ☎808-922-5893 時9〜23時 休無休

B ●威基基

Hula Bay Hawaii

別冊MAP●P9D3

彈性好、耐穿的品牌原創泳裝相當受歡迎。售有各式各樣的包包、涼鞋以及適合海灘的洋裝等各樣的精選商品，種類相當多。

DATA 交皇家夏威夷中心R.H.C.步行6分 住普阿雷拉妮水漾購物商店(→P72)1F ☎808-922-3811 時9〜23時 休無休

 小小資訊 「Turquoise」和「Specialme」裡除了女性服飾之外也有許多男性服飾，推薦情侶或全家人一同前往購物，大家可以在店內一同討論如何穿搭。

堅持使用高級素材的成熟海灘風格

隨意披上觸感良好的素色襯衫，簡素又穿搭合宜的海灘風格。特大尺寸的襯衫式連衣裙$179、「One Teaspoon」的短褲$112、可愛的比基尼$222、與「AVALON」合作推出的包包$280、涼鞋$34

從海灘去吃午餐GO！經典度假風格

極度舒適的連身褲配上草帽和流行的手拿包，令女性魅力上升！「Gilla」的連身褲$110、「Wallaroo」的可折疊草帽$49、「Noho Design」的手工麻製手拿包$60

藉由注重放鬆的休閒風格呈現夏威夷在地氣氛

雖是休閒潮流風格，卻絕妙地使用顏色製造反差。利用衣服LOGO圖案創造出夏威夷的感覺。「Specialme」的原創T恤$39和側肩包$25、「the critical slide society」的條紋短褲$49、最後步驟是以手工完成的「REAN」太陽眼鏡$22

襯托夏威夷藍天碧海的亮麗穿搭

主角是在海灘上很亮眼的艷麗連身裙。以不過於浮誇的泳裝增添其成熟度。夏威夷設計師品牌「INDAH」的洋裝$139、顏色別緻的比基尼$218、「TKEES」的金色涼鞋$54、點綴用的太陽眼鏡$185

Ⓒ ● 威基基
Specialme

別冊MAP●P8A3

這裡販售許多可當作外出服，簡單又有品味的海灘流行服飾。擁有很多可以感受到對素材與細節有所堅持的商品。

DATA 交皇家夏威夷中心R.H. C.步行5分　住2113 Kalakaua Ave.　☎808-926-5232　時9〜20時　休無休

Ⓓ ● 威基基
THE SEA CLOSET

別冊MAP●P8A2

由洛杉磯等地進貨高品味服飾的話題精品店。在此能夠看到成熟的城市風與休閒海灘風的兩種風格服飾。

DATA 交皇家夏威夷中心R.H. C.步行5分　住403 Kaiolu St. ☎808-744-2037　時10〜20時　休無休

更上一層的購物體驗
女性魅力增加120%
度假流行服飾

令人想在耀眼的陽光下穿出適合自己的度假流行風格服飾。本書介紹
甜美風至時尚風等4種推薦風格，打扮成為街上引人注目的時尚達人吧。

 威基基　別冊MAP P11C4　　甜美休閒風

Angels by the Sea Hawaii

全身整體穿搭出
散發女人味的休閒風格

販售以夏威夷海灘別墅為主題，由老闆親自設計
的流行服飾與精選精品。其服飾之特色是以花、
植物與貝殼等自然為主題的甜美設計＆配色，以
及穿起來令人放鬆的舒適度。以海玻璃製作的飾
品也相當受歡迎。

1.服飾圖樣皆為原創
設計　2.淺色與甜美
設計突顯出女人味
Lanikai Dress$95
3.可愛的兒童連身裙
$49　4.手工繡花自
製包包$59

DATA　交皇家夏威夷中心
R.H.C.步行10分　住H威基基萬
豪溫泉度假酒店(→P120)1F
☎808-922-9747　時8～22時
休無休

威基基　別冊MAP P8A2　　輕鬆休閒風

Lilly & Emma

優雅＆異國情調風
還有活潑的波希米亞風

從洛杉磯購入的異國情調流行風格商品，以及印
上夏威夷風標誌的品牌原創包，十足挑動女性
購物慾的人氣商店。由在地設計師所設計的珠
寶，充分展現了夏威夷風格。另外也有販售男性
服飾。

DATA　交皇家夏威夷中心R.H.
C.步行4分
住2142 Kalakaua Ave.
☎808-923-3010
時10～23時　休無休

打扮得
優雅迷人

1.相當受歡迎的水纜
手鍊　2.從洛杉磯購
入的繞頸綁帶洋裝
$60　3.原創包包分
為大小2種尺寸$18～
4.夏威夷設計師製作
的飾品，其環$50、
鍊墜$70

 小小知識　在四季如夏的夏威夷，有許多可愛又便宜的連身裙。每家店的價格大約都在$30~$100左右，
即可買到走在潮流尖端的裙子。但是，如果只看尺寸大小無法保證合身，請務必要試穿看看。

威基基 別冊MAP P9C4 | 都會度假風

Rebecca Beach

更高級的極致海灘服飾

除了在地品牌，也有販賣
在美國越來越受關注的設
計師商品的選貨店。店裡
有泳裝、T-Shirt、連身裙
和包包等等，適合在海灘
度假村使用的商品琳瑯滿目。另外也不能錯過色
彩繽紛的海灘鞋。從素材與設計都可看出其商品
的品質之高。

DATA 交 皇家夏威夷中心R.H.C.步行1分
住Collections of Waikiki(→P74)at Royal Hawaiian 1F
☎808-931-7722 時9～21時 休無休

1.在沙灘上亮麗好看的裙子$185 2.「Mara Hoffman」
的連身裙$267，領子上的繡花十分漂亮 3.受歡迎的短褲
$133，可與襯衫搭配 4.有許多部週且機能優異，並顯得
奢華的服飾 5.粉紅色點綴的巴拿馬帽$196
6.「havaianas」的海灘鞋$29

化為當地人
的感覺

威基基 別冊MAP P8B2 | 摩登島嶼風

UNIBAZAR

海灘與都會均適合的選貨店

除了女裝與男裝、童裝，也販賣雜貨的選貨店。
流行服飾以洛杉磯品牌為主，販售各式各樣適合
度假穿的衣服。

DATA 交皇家夏威夷中心R.H.
C.步行2分 住345 Royal hawa
iian Ave. ☎808-923-8118 時
11～23時 休無休

1.薄荷綠度假風束腰連身裙$79 2.名媛喜愛的「Goddis」
短褲$136 3.居住於夏威夷的藝術總監「shu2」的手拿包
$39

威基基 別冊MAP P9C2 | 甜美成熟風

Muse by Rimo

甜美連身裙風格就在這

擁有原創設計以及日本老闆從洛杉磯等地購入的
商品，無論哪一件商品都滿滿呈現著女性可愛風
格。每週皆有新商品進貨。

DATA 交皇家夏威夷中心R.H.
C.步行5分 住2310 Kuhio Ave.
☎808-926-9777 時10～23時
休無休

記得也看看
新商品

1.適合海灘與都會的
上衣$39與下半身褲裝
$39 2.內為珊瑚色的
雙面連身裙$105

西側Ewa Wing的新店家終於陸續登場！

夏威夷最大規模的購物中心
阿拉莫阿那中心

這裡是到夏威夷必訪的購物中心，除了約300家商店與餐廳，
還有約80家店於2015年11月在西側Ewa Wing登場。快快確認最新資訊吧！！

阿拉莫阿那中心 攻略要點

 掌握方向感

在巨大的購物中心裡，設有Macy's梅西百貨、尼曼馬庫斯Neiman Marcus等大型商店位置的指示看板，一邊留意這些資訊一邊確認自己的所在地吧。

 可以免費使用Wi-Fi！

登錄阿拉莫阿那中心的免費電子報eVip俱樂部後，就可以連上無線網路「AlamoanaCenter-Free」，好好加以活用吧。

 查詢免費活動！

在1F中心舞台處每天13時起有草裙舞秀。另外還有時尚秀等，一年舉辦800場以上的免費活動。

 確認巴士＆觀光導遊巴士的乘車處

往威基基的巴士從Ala Moana Blvd.出發。威基基觀光導遊巴士在Kona St.有停車場，但是要注意這裡是下車專用的。另外也要確認末班車的發車時間。

Kapiolani Blvd. ⬆山側（北）
往Saks Fifth Avenue OFF 5TH的人行道
Nordstrom(2~4F)
Foodland Farms(1F)
Kona St.
阿拉莫阿那廣場
Saks Fifth Avenue OFF 5TH
觀光導遊巴士停車場（僅下車）
梅西百貨(1~4F)
西側擴建區域
Bloomingdale's(2~4F)
Makai Market FoodCourt(1F)
巴士總站
尼曼馬庫斯(2~4F)
觀光導遊巴士粉紅路線停車場
Ala Moana Blvd. ⬇海側（南）
至威基基400公尺→

※樓層圖請參考別冊P16

阿拉莫阿那　別冊MAP P13C2

阿拉莫阿那中心
Ala Moana Center

夏威夷最大！購物天堂

高級品牌、快速時尚、雜貨與餐廳等，網羅了各式各樣的商家。西側擴建區域Ewa Wing開幕後整體內容更加豐富。

DATA　交威基基車程5分　住1450 Ala Moana Blvd.　☎808-955-9517　時9時30分~21時（週日為10~19時）　休無休　時視店鋪而異
URL www.alamoanacenter.tw/

 Check位於西側Ewa Wing的店家！

⇒進駐的店鋪請參考別冊P16-17

 2015年11月開幕　**Bloomingdale's**

紐約的老牌百貨公司在眾所期待下，於阿拉莫阿那開幕！

DATA ☎808-664-7511　時9時30分~21時（週日為10~19時）　休無休

 2016年3月開幕　**Nordstrom**

「Nordstrom」（→P63）全新改裝遷移至西側Ewa Wing。

 2016年7月開幕　**Foodland Farms**

販賣在地美食與有機產品的大型超市誕生。

62

 小小資訊　2016年夏天於西側Ewa Wing開幕的Japan Village Walk，是日系百貨公司「白木屋」的銷售新企畫。設有約800個座位可愜意享用日本菜色的攤販村，以及京都小路風格的購物小巷等等。

Check 新開幕的店家

3F Anthropologie

 2015年2月開幕

雅致生活風格的商店

除了使用優質素材的高品味服飾,另有販售大豆蠟燭與香水噴霧、書籍等雜貨。並有各式各樣色彩鮮艷的馬克杯和紅酒杯、盤子等餐具類商品,提倡高雅的生活風格。

DATA ☎808-946-6302 時9時30分~21時(週日為10~19時) 休無休

1.使用高級布料的連身裙$168 2.上下半身不同組合的當季泳裝 3.可作裝滿擺飾的大豆蠟燭每個$18 4.各類飾品如耳環$48等等 5.觸感舒適的T-Shirt$68

2F Michal Negrin

觸動少女心的羅曼蒂克世界

以獨特的美麗設計而知名的以色列設計師夏威夷1號店。在散發羅曼蒂克、古色古香氣息的空間裡,陳列著的商品全部皆為獨一無二的手工製品。

DATA ☎808-955-5652 時9時30分~21時(週日為10~19時) 休無休

1.其他地方很難找到有施華洛世奇水晶點綴的束腰上衣$606 2.骨董風的優雅腕表$394

2F Oncöur

高級的包包品牌

來自新英格蘭的高級皮製品品牌旗艦店。販售採用了嚴選歐洲製皮革製作的包包。

DATA ☎808-955-6090 時9時30分~21時(週日為10~19時) 休無休

法國製小牛皮包包$650

2F REDValentino

質感卓越的鮮艷顏色

義大利名牌「范倫鐵諾Valentino」的姊妹品牌。色彩繽紛且具時尚感的設計相當受歡迎。

DATA ☎808-944-2556 時9時30分~21時(週日為10~19時) 休無休

雅致的雨鞋$295

Check 2大百貨公司!

搬遷至 Ewa Wing

1~3F Nordstrom

以鞋子專賣店起家的大型百貨公司。從高級流行服飾至休閒服飾等,販賣各種商品。

DATA ☎808-953-6100 時9時30分~21時(週日為11~19時) 休無休

「Dior」的高跟鞋$710

2~4F 尼曼馬庫斯
Neiman Marcus

於1907年創業,率先引進流行商品的老牌百貨公司。售有各式各樣其他地方未進貨名牌鞋款的頂尖大型百貨公司。

DATA ☎808-951-8887 時10~20時(週六為~19時、週日為12~18時) 休無休

「Honolulu Cookie Company」的尼曼馬庫斯限定蝴蝶餅乾禮盒$10

2F J. Crew-on-the-island

美麗休閒服飾就在這裡

因高品質素材和簡單的設計
而獲得廣大消費者支持的基
本休閒品牌。享受成熟大人
的穿著風格吧。

DATA ☎808-949-5252
時9時30分～21時（週日為10～
19時） 休無休

1．毛衣$79.50、平底鞋$165、項鍊$138 2．男性百慕
達式短褲$75

1．胸罩$54.50、內褲$12.50
2．性感風格胸罩$68.50、內
褲$24

2F 維多利亞的秘密
Victoria's Secret

性感＆可愛的內衣

因勾動女人心的多樣設計而受大受歡
迎的內衣品牌。另有販售化妝品與居
家服飾的副牌「PINK」。

DATA ☎808-951-8901 時9時30分
～21時（週日為10～19時） 休無休

1F Valerie Joseph Boutique

可愛的在地流行服飾

出身夏威夷的設計師Valerie的人氣
商店。在此可以尋獲適合小麥色肌
膚、色彩繽紛且活潑的服飾與小配
件。

DATA ☎808-942-5258
時9時30分～21時（週日為
10～19時） 休無休

1．色彩艷麗的洋裝$69搭配
項鍊$79展現著華風。
2．色彩豐富的項鍊2個$10

2F CH Carolina Herrera

在夏威夷1號店搶先獲得新商品

世界級大明星也是該品牌粉絲。最受歡
迎的是稱為俄羅斯套娃包的同款5種尺寸
的皮革托特包。

DATA ☎808-947-1768 時9時30分～
21時（週日為10～19時） 休無休

1．收納空間多，富機能性皮革鍊包
「Americano」$335 2．簽名包「俄羅
斯套娃」小$540～

2F Tori Richard

大人的夏威夷風格

1956年創業的老牌精品店。販售以優質棉花和
絲綢製作的成熟度假風服飾，復古風的印花圖
案非常吸引人。

DATA ☎808-949-5858 時9時30分～21時（週
日為10～19時） 休無休

1．令人想要穿到海灘的連身
迷你褲$112
2．適合在夏威夷晚餐時穿著
的復古連身裙$335

小小資訊 在西側Ewa Wing開了作為海灘波希米亞風流行尖端，
深受名媛喜愛的個性選貨店「Planet Blue」夏威夷1號店！

3F Cinnamon Girl

1.異國民族風的上衣 $59　2.百搭背心$54

母女一同享受度假風格

販售多種凸顯女性魅力洋裝的在地品牌。幾乎所有洋裝都有小孩尺寸，所以可以享受穿著母女裝的樂趣。

DATA ☎808-947-4332　🕙9時30分～21時（週日為10～19時）　休無休

可愛的雜貨伴手禮

2F Bath & Body Works

美國的人氣護膚品牌

販售以水果風味等香味為特色的身體保養商品，在美國本土約有1800間商店。包裝多彩繽紛也很受歡迎。

DATA ☎808-946-8020　🕙9時30分～21時（週日為10～19時）　休無休

1.身體乳液$12.50　2.3.基本款伴手禮──抗菌凝露各$1.75．盒裝$3.50～5.50

3F Williams Sonoma

高品質的廚房雜貨

著名主廚也愛用的高級廚房用品。販售時尚設計的獨創雜貨，以及從世界各地嚴選的進口食材等等。

DATA ☎808-951-0088　🕙9時30分～21時（週日為10～19時）　休無休

1.洗手乳$12.95，滋潤因工作經常碰水而乾裂的手　2.普普風圖案的杯子蛋糕杯模各$4.95

1F Auana Quilts

絕佳的日常用拼布製品

可隨興使用的抱枕、包包、化妝包等夏威夷傳統拼布製品就在這裡。另外也接受枕頭套的客製訂單。

DATA ☎808-955-9550　🕙9時30分～21時（週日為10～19時）　休無休

1.拼布風的奶油壺（小）$8.95
2.熱門的夏威夷州旗圖案抱枕$97.75

Check!

適合送禮！夏威夷限定紅茶包

1F 碧綠紅茶苑
Lupicia

常備販售200種紅茶的紅茶專門店，2014年4月更換全新包裝。夏威夷限定茶葉最適合當作伴手禮。很貼心地附有說明書。

1.內含芒果與椰子果肉的「Hua Ki」$9.50
2.椰子與香草風味的「Lanikai」$9.50
3.芭樂紅茶加上玫瑰的「Kuuipo」$9.50

DATA ☎808-941-5500　🕙9時30分～21時（週日為10～19時）　休無休

Makai Market美食廣場
Makai Market Food Court

匯集各國菜色的便利美食廣場

2014年11月重新裝潢，位於面海側1F的廣闊美食區。在此除可品嘗當地菜色，還有拉麵、甜點等各式各樣菜色。購物途中可以進來用餐，十分方便。

DATA ☎視店鋪而異 時9時30分～21時（週日為10～19時）※視部分店家而異 休無休

「Fat Greek」牛肉與羊肉的希臘旋轉烤肉

可輕鬆品嘗到道地的希臘菜色廣受好評。自家調配醬汁非常美味的希臘旋轉烤肉，是最受歡迎的菜色！

$12.95

品嘗夏威夷產鮑魚

「Kona Abalone」鮑魚Poke蓋飯

可輕鬆品嘗以海洋深層水在夏威夷養殖的高級鮑魚。另有鮑魚生魚片$15等菜色

$11

「Jamba Juice」的阿囉哈鳳梨奶昔、蘋果綠奶昔

含有無脂肪冷凍優格的奶昔超美味！

柯哈拉店也有販售

$4.69　$4.29

令人上癮的蒜味

$10.75

「Yummy Korean BBQ」的韓式拌飯

廣受喜愛的韓國家庭風味菜色，可從種類豐富的配菜中挑選享用

選擇5種配菜

「I Love Country Cafe」蒜味奶油蝦飯

在歐胡島展店6間的熱門簡餐店。售有道地夏威夷的必吃餐點

$6.25

「Charley's Grilled Subs」的加州烤雞

美國東岸風味的三明治專賣店。大快朵頤熱呼呼的三明治吧！

$12.95

白木屋 屋台村
Shirokiya Yataimura

目標是歡樂時光的啤酒！

位於日系百貨公司內的攤販村。除了主要的日本料理之外，還有其他各式各樣的菜色。在17時30分～21時的歡樂時光，平時$3的生啤酒只要$1！販售家常定食簡餐的「ホノルル食堂 美味」也十分受歡迎。

DATA 交白木屋2F ☎808-973-9190 時9時30分～22時 休無休

1.午餐時段與18時以後人潮非常多 2.「BUD LIGHT」在歡樂時光只要$1。「富士山カレー」的糯米粉炸雞1個$1.50

2

Islands Fine Burger & Drinks

享用道地美國風味

誕生於加州的餐廳，分量十足的漢堡超受歡迎。另外也非常推薦以熱帶海灘屋為主題設計的裝潢，以及夏威夷才有的特別餐點。

DATA ☎808-943-6670 時11～22時（週五、六為～23時、週日為～21時）休無休

1.店內為南國休閒風格
2.「Kīlauea」炸洋蔥的香味令人上癮$12.89

小小資訊　位於阿拉莫阿那中心4F的用餐區域「Ho'okipa Terrace」裡有許多美味的餐廳，午餐時段都大排長龍。如果要避免人潮的話就在14～15時左右前去吧。

這些也要Check !!

3F Mariposa

從窗戶往外瞭望的景色也十分美麗

位於尼曼馬庫斯Neiman Marcus 3F的熱門餐廳。這裡的菜色是活用了夏威夷產及各國食材原味的環太平洋菜色。從此處可望見阿拉莫阿那公園與海灘，風景十分美麗，要是能預約到露天座位就太幸運了！

DATA 住Neiman Marcus 3F ☎808-951-3420 時11～21時 休無休

即使事前預約也難確保的露天座位

洗鍊高雅的明亮空間

用燉煮豬五花肉佐百香果護帆立貝搭配出Pork belly & Seared Scallops$17

4F Mai Tai Bar

喝著雞尾酒沉醉於現場音樂演奏

可於購物途中隨興進入的開放式酒吧，總是有許多當地人在裡頭，十分熱鬧。特別是在歡樂時光能以超值價格購得雞尾酒和小菜，因此人特別多。每天晚上有2次現場演奏。

DATA ☎808-947-2900 時11時～翌1時 休無休

1天有2次超值的歡樂時光

歡樂時光info
時16～19時、20～23時（僅飲料特價）。小菜大份$6～、啤酒$3～。

1.開放的空間最適合休息 2.歡樂時光中炸魷魚等小菜$6～8 3.受歡迎的雞尾酒IcyMaiTai與馬丁尼$5～

Eggs' n Things

別冊MAP P12B2

阿拉莫阿那中心就在旁邊!!

熱門鬆餅店就在附近

總是大排長龍的熱門鬆餅店的阿拉莫阿那分店。販賣自1974年創業以來口味不變的鬆餅與雞蛋菜色。另外還有威基基店、總店的Saratoga店2家店鋪。（→P88）

DATA 住451 Piikoi St.阿拉莫阿那廣場1F ☎808-538-3447 時6～22時（週五、六為～24時）休無休

滿滿的奶油與放上大量切碎鳳梨丁的鬆餅$12.75

從2F搭電梯 Longhi's

自豪的全席海景

能瞭望海景的半開放式義大利菜色餐廳。親民的價格非常適合帶全家人一同前往。

DATA ☎808-947-9899 時8～22時（週六、日為7時30分～）休無休

1.Crab CakeBenedict $21，在切成薄片烤過的法國麵包上蟹肉餅 2.由停車場側的2F搭乘電梯至4F

再開發的受矚目區域
沃德的地標
沃德村

鄰近阿拉莫阿那西側，正在進行再開發的沃德區。位於中心的沃德村裡，有折扣商店與個性商店進駐，是目前正受矚目的觀光景點。

沃德 | 別冊 MAP P12A3
沃德村
Ward Village

設有豐富娛樂設施的大型購物中心

超過135家商店與餐廳集結於5棟建築的的複合式設施。也有電影院或電玩中心，週末時有許多人攜家帶眷造訪，十分熱鬧。

※詳細樓層圖請參考別冊P20

DATA 交威基基車程7分。停車場入口位於Auahi St.、Ward Ave.與Kamakee St.。沃德購物中心等地內有代客泊車服務。●威基基搭乘19、20、42號巴士約15～20分 住1240 Ala Moana Blvd. ☎808-591-8411 時10～21時（週日為～18時）。視店鋪而異 休無休

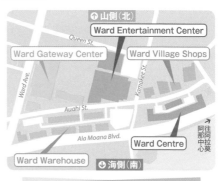

山側（北）
Ward Entertainment Center
Queen St.
Ward Gateway Center
Ward Village Shops
Ward Ave.
Kamakee St.
Auahi St.
Ala Moana Blvd.
Ward Centre
往阿拉莫阿那中心
Ward Warehouse
海側（南）

沃德村攻略要點

由於廣闊的沃德村裡有5棟建築物，最好事先確認想要去的店家並規劃好移動路線。另外，因為時常有新店開幕，可以預先上官網查詢相關資料。
URL www.wardvillageshops.com

在特價商店大血拚

沃德村商場
Nordstrom Rack

高級名牌打3～7折！

老牌高級百貨──Nordstrom（→P63）的特價商店。服飾與鞋子、小物等種類繁多的商品，最多可優惠到百貨公司價格的3成。

DATA 住Ward Village Shops 1、2F ☎808-589-2060 時9時30分～21時（週五、六為～22時、週日為10～19時）休無休

1．引人目光的珠寶項鍊$18.97 2．色彩明亮的連身裙$39.97 3．皮革肩背包原價$295，只要$159.97！

沃德村商場
T.J. Maxx

以便宜價格買到名牌商品

在美國展店100家以上的大型折扣商店，尤其要看看奢華品牌集結的「Runway」區。

DATA 住Ward Village Shops 3F ☎808-593-1820 時9～22時（週日為10～20時）休無休

1．漆皮樂福鞋定價$240降至$49.99 2．左前裙擺打摺具特色的印花裙$19.99 3．超人氣美國品牌包包$159

小小資訊 沃德村每個月第2個週日的10～13時會舉辦「Courtyard Brunch」，依每次的主題可品嘗到熱門餐廳的菜色。門票可事先從網站購買。詳情請上 URL www.wardvillageshops.com 確認。

Red Pineapple
沃德購物中心

選購各式各樣的特色雜貨

由女性老闆嚴選出廚房用具、文具、兒童玩具等既可愛又特別的物品。老闆會從紐約、洛杉磯、亞洲等地選購商品。

DATA 住Ward Centre1F
☎808-593-2733 時10～21時（週日為～18時）休無休

1．從頭頂上的洞插入花朵的花瓶$70　2．受矚目的藝術家「Nick Kuchar」設計的多種海報　3．烘烤嬰生用杯子蛋糕的杯模$16　4．印上夏威夷日落風景的手拿包$60

特色雜貨就在這裡

Pier 1 Imports
沃德村商場

店內盡是品味卓越的商品

從室內擺飾、廚房到臥室用品等等，選出多國風格的商品。令人想仔細地逛逛店內，選購自家用品或送禮商品。

DATA 住Ward Village Shops 1F
☎808-388-1212 時10～21時（週日為～19時）休無休

1．原創品牌乾燥花$18
2．馬克杯$18.95
3．各種顏色的玻璃廣口瓶組$24.95

Bed Bath ＆Beyond
沃德購物中心

美式生活雜貨店

除了寢具與衛浴用品，還有廚房用具、寵物用品等各項商品一應俱全的居家用品店。也有許多創意商品，只是看看也覺得很有趣。

DATA 住Ward Centre1、2F
☎808-593-8161 時9～21時（週日為～20時）休無休

1．遇到冷水會凝固、遇到熱水會變軟的廚房用海綿$4.09　2．杯子蛋糕專用的保存杯$3.49
3．女性的憧憬！完成夢想中公主床的帳幔$55.99

美食景點

Paina Café
沃德批發商場

在地風格咖啡餐廳

店內有生魚薄片拌飯、素食餐盤午餐、三明治等許多健康取向的菜色，很受當地人們喜愛的咖啡廳。

DATA 住Ward Warehouse1F
☎808-356-2829 時10～21時（週日為～18時）休無休

1．放入大量水果的巴西莓果碗（小）$6.15
2．新鮮生鮪魚片拌飯搭配芥末美乃滋的美味科瓦洛碗Kewalo Bowl $9.25

Waiola Shave ice
沃德批發商場

自家製的清爽刨冰

使用以紅蔗糖製糖水的刨冰專賣店。使用新鮮食材，紅豆都是當天熬煮，冰品口味清爽。

DATA 住Ward Warehouse1F ☎808-591-9922
時10時30分～20時30分（週日為10～18時）休無休

1．淋上藍色夏威夷與草莓2種糖漿$3
2．沃德店限定的芒果牛奶冰$5

藝術街道 Kaka'ako

從沃德村步行5分左右的Kaka'ako地區，是有許多牆壁彩繪的街道。Fresh cafe（→P87）與Bevy（→P109）等時尚的咖啡、酒吧與相關活動也越來越多，記得Check！

DATA 交威基基車程8～15分。從威基搭乘巴士19、20、42號約15～20分。在Ala Moana Blvd.或Ward Ave.下車 別冊MAP●P6B3

觀賞街頭藝術也很有趣

威基基的中心地！
最新潮流大匯集
皇家夏威夷中心

面向主要熱鬧道路，威基基地標般存在的購物中心，總是有許多熱門的主題。
每次前往都會有新發現，當地人與觀光客眾多，十分熱鬧。

威基基　別冊 MAP P8B3

皇家夏威夷中心
Royal Hawaiian Center

必訪的購物景點

從一流品牌至熱門流行服飾，集結眾多購物魅力於此的購物中心。不但地點位置優越，還有各式各樣的美食菜色和免費活動可參加。

DATA　住2201、2223、2301 Kalakaua Ave.
☎808-922-2299　時10～22時(視店鋪而異)
休無休

※詳細樓層圖請參考別冊P18

免費文化體驗課程

皇家夏威夷中心舉辦許多免費體驗課程，如草裙舞、花圈製作、Lomi Lomi按摩等。從週一到週六有各式各樣的課程，任何人都可以在課程當天申請參加。詳情請參考官方網站。
URL www.royalhawaiiancenter.com/info/culturalprogramming

花圈製作課程上限25人

熱門的新開幕商店

B館 1F　**Pink Sand**

和Tiare Hawaii合作推出的連身裙

以勾動女人心的粉彩色自豪

粉紅色牆壁上吊著閃亮吊燈的可愛精品店，一定要看看與「Tiare Hawaii」所合作推出最適合度假的亮麗連身長裙。另外也不能錯過令人有明星般感受的帽子，以及帶有蝴蝶結的迷人泳裝。女性魅力更上一層。

DATA　☎808-922-4888　時10～22時　休無休

1.迷你連身裙$108　2.彩色條紋包包　3.腰上蝴蝶結奪去海灘人群目光的比基尼。上半身$103、下半身$85　4.具有讓臉部縮小視覺效果的帽子$218

小小資訊　皇家夏威夷中心會定期於中庭「Royal Grove」舉辦夏威夷傳統現場音樂會、古典草裙舞秀「Hula Kahiko」等娛樂表演。

順路吃美食

B館 2F ### Paina Lanai Foodcourt

隨時皆可享受餐點的美食區。可品嘗餐盤式午餐、麵類、漢堡等各種餐點。

「Mahaloha Burger」的瑞士酪梨漢堡$7.45

DATA 時10～22時 休無休

「Pho Factory」的越南雞肉河粉$8.19

B館 1F ### Island Vintage Shave Ice

夏威夷著名的咖啡連鎖店在2014年7月開幕的刨冰專賣店。用了許多水果，還有豐富配料。

草莓和百香果加上麻糬、粉圓等配料$7.85

DATA ☎808-922-5662
時10～22時 休無休

抹茶和柚子加上紅豆、煉乳$7.85，簡單的雙重風味刨冰$4.25～

在地人喜愛的品牌

B館 1F ### Fighting Eel

誕生於夏威夷的品牌

誕生於市中心的熱門在地品牌威基店。穿來舒適的簡單設計是該店服飾的特色。

DATA ☎808-738-9295
時10～22時 休無休

1.原創A字型連身長裙 Dress Stella$136
2.印有原創設計圖案的單寧托特包$28

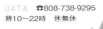

C館 2F ### Aloha Aina Boutique

匯集了在地設計師商品

主要販售在地設計師品牌的選貨店。店內有許多「Tiare Hawaii」的長版連身裙與飾品。

DATA ☎808-924-4333
時10～22時 休無休

1.「Tiare Hawaii」的露肩連身裙$92 2.「JANA LAM」的手拿包$75和小包包$45

受矚目的個性商店

A館 1F ### Gaga Milano

來自米蘭的個性手錶

基於「將1900年代的懷錶化作手錶」的概念製成的手錶，每只手錶都具有獨特的設計。另外也有夏威夷限定款。

玫瑰金的高雅薄錶帶款 $1240

DATA ☎808-924-7040
時10～22時 休無休

五顏六色的文字錶盤。受歡迎的計時媽表 $1620

A館 2F ### SPARK

別錯過有所堅持的選貨店！

威基的人氣選貨店。由老闆等人親手設計製作的原創T-Shirt，還有獨一無二的飾品也相當受歡迎。

DATA ☎808-923-1950
時10時～22時30分
休無休

復古的草裙舞搖頭公仔組合 $135

1.能帶來幸福的用飾手環各$38.99
2.T-Shirt$19.99

威基基周邊購物中心

盡情遊樂購物天堂！

Kalakaua Ave.沿路，散落著集結魅力商店的大型購物中心。
在此尋找您想購買的品牌或禮品，享受購物之旅。

·威基基海灘大道

1F Pull-in

來自法國的內衣品牌

法國著名的內衣品牌首次登陸夏威夷，使用了也可作為泳裝的衣料所製成的時髦服裝品項也很多。另外也有許多有特色的男性內衣。

DATA ☎808-664-0306 時9～23時 休無休

1.既可當成內衣也可當作健身服飾。上半身$39.99、下半身$29.99 2.也可愛的男用內衣$39.99

1F Quiksilver

各式各樣受夏威夷女孩喜愛的Roxy商品

衝浪發祥地夏威夷不可或缺的王道品牌。匯集了衝浪風流行服飾。靠著擁有豐富女性服飾產品的Roxy，加入夏威夷女孩的行列吧！

DATA ☎808-921-2793 時9～23時 休無休

1F Truffaux

與獨一無二的巴拿馬帽邂逅

厄瓜多的老練職人製作的正統巴拿馬帽專門店。附有客製化的貼心服務，可將帽子尺寸調整至最適合的頭圍大小。

DATA ☎808-921-8040 時9～23時 休無休

1.3色編織的休閒Mardi Gras帽$155
2.Casablanca卡薩布蘭卡帽$145

1.鞋墊穿起來很舒適$29
2.鮭魚粉紅色的Logo十分可愛$20

威基基 別冊 MAP P8A4 威基基海灘大道
Waikiki Beach Walk

長約250公尺的購物大道

Lewers St.沿路上店家綿延不斷，為開放式的購物區域。約有50間販售夏威夷流行服飾與雜貨的商店，以及優雅氣氛的餐廳。另外也有快餐車與市集。

DATA ⊗皇家夏威夷中心R.H.C.步行4分 住226～227 Lewers St. ☎808-931-3593 時視店鋪而異 休無休

威基基 別冊 MAP P9D3 普阿雷拉妮水漾購物商店
Pualeilani Atrium Shops

在飯店內來場個性商店之旅

以連接2棟大樓的露天中庭為中心，聚集了60家以上的店鋪。已經跨越了飯店內商店領域般的購物中心，可盡情購物到深夜。

DATA ⊗皇家威夷中心R.H.C.步行6分 住H威基基海灘凱悅度假村及水療中心（→P120）☎808-923-1234 時視店鋪而異 休無休

 小小資訊 「普阿雷拉妮水漾購物商店」網站URL www.pualeilanishops.com/hawaii/ 有放各店家的折價券，只要印下來拿給店家看，就能享受結帳時15%折扣之類的優惠。

普阿雷拉妮水漾購物商店

1~2F Urban Outfitters

加州熱門商店的1號店登場！

店內有許多低調色系的寬鬆風格服飾，簡素的內衣也非常受歡迎。2層建築的店內有化妝品和身體保養產品、書本、唱片等各式各樣的雜貨。

DATA ☎808-922-7970 時9～23時 休無休

1．有各種低調色系的連身裙$79 2．內衣，上半身$39、下半身$8 3．太陽眼鏡$14 4．在乾燥的肌膚噴上玫瑰冰噴霧$16

1F Cookies Clothing Co.

以多采多姿的流行服飾盡情享受度假

能以平價購買到可愛又性感的流行服飾，也有許多配件小物可供整套穿搭。鮮豔的服飾與夏威夷最為搭配。

DATA ☎808-922-2665 時9～23時 休無休

1．在海灘上亮眼的鮮豔連身裙$98.95 2．內衣$12，有各式各樣的顏色款式 3．有可愛白色線條的帽子$24.95 4．特大耳環$18

1F Sanuk

夏威夷首間直營店

穿上使用瑜珈墊素材的舒適海灘鞋來休息。除了瑜珈系列商品，也會陸續進貨夏威夷限定款式等新產品。

DATA ☎808-924-4332 時9～23時 休無休

1．夏威夷風的色彩鮮豔夾腳拖$36
2．Spring Water 楔型厚底涼鞋$40

1F UGG Australia

超人氣羊皮雪靴

夏威夷直營1號店。經典的羊皮雪靴非常受歡迎，幾乎一進貨就立刻賣完。產品種類豐富，也有兒童和男性系列產品。

DATA ☎808-926-7573 時9～23時 休無休

1．在鞋墊上使用了舒適綿羊皮的漂亮休閒鞋MANDI$120 2．翡翠綠色的貝利鈕扣系列靴子相當受歡迎$135

這些也要Check！

客製海灘鞋

Flip Flop Workshop中有可以客製自己鞋子的店家！選擇鞋底、綁帶和飾品後，就可以做出自己專屬的鞋子。不加飾品的話$22。別冊MAP●P9D3

Flip Flop Workshop

DATA 住普阿雷拉妮水漾購物商店(→P72)1F ☎808-896-0833 時9～21時 休無休

選擇飾品$1～，此款式成人拖鞋約$30

停不下來的購物慾望

還有不只這些！更多購物景點

在購物天堂夏威夷還有很多購物中心。由於各個購物中心的風格與特色不同，透過互相比較，尋找想去的店家吧！

威基基　別冊 MAP P8・9 B～D3・4　Collections of Waikiki

著名飯店的購物景點

由4個飯店的購物區域所組成的總稱。從一流名牌到在地品牌，這裡有著各式各樣的商品。

DATA 交皇家夏威夷中心R.H.C.步行1～4分 住2255 kalakaua Ave. HSheraton Waikiki威基基喜來登酒店1F●H威斯汀莫阿納衝浪者溫泉度假酒店(→P119)1、2F●威基基皇家夏威夷豪華精選度假飯店(→P119)1F●120 Kaiulani Ave. HSheraton Princess Kaiulani 1、2F ☎時視店鋪而異　休無休

鞋子　Flip Flop Shops

豐富多樣的海灘鞋

販賣各式各樣海灘鞋的鞋子專賣店。店內商品以「Havaianas」和「Ipanema」為主。也可以看看他們的工作坊(→P73)。

DATA 住H威斯汀莫阿納衝浪者溫泉度假酒店1F ☎808-237-2590　時9～22時 休無休

1.「Havaianas」的涼鞋$28.95
2.皮製涼鞋$93.95

流行服飾　Vivienne Westwood

個性十足的英國品牌

夏威夷第一間旗艦店。店內有高級的紅標商品與青年休閒系列的「Anglomania」商品。

DATA 住H威斯汀莫阿納衝浪者溫泉度假酒店1F ☎808-744-5402　時10～22時休無休

1.限定帆布包$110　2.與Melissa X Anglomania合作推出的靴子$220

流行服飾　Waikiki Beachboy

設計絕佳的海灘服飾

販售高級海灘服飾的選貨店。店內售有「Maaji」、「Pualani」等等眾多熱門品牌。

DATA 住HSheraton Waikiki威基基喜來登酒店1F ☎808-922-1823 時8～22時　休無休

1.原創鴨舌帽$22
2.「Pualani」的比基尼：上半身$85、下半身$69

美妝　Malie Organics

來自考艾島的化妝品

以茉莉花、素馨等夏威夷花香為特徵的有機美妝品牌。

DATA 住H威基基皇家夏威夷豪華精選度假飯店1F ☎808-922-2216　時9～21時

1.加入夏威夷產咖啡精華液的抗衰老乳霜$45　2.身體乳液4瓶組$39

咖啡廳　檀香山咖啡 Honolulu Coffee

特約農家生產的高品質咖啡

每天少量烘焙的嚴選咖啡豆。從100% 科納咖啡到平價產品，提供多種類的夏威夷咖啡。

DATA 住H威斯汀莫阿納衝浪者溫泉度假酒店1F ☎808-926-6162 時6時～22時30分　休無休

1.全6種的巧克力各$7.95　2.奶霜科納咖啡$6.95 (右)，拿鐵$4～ (左)

 小小資訊　「威開雷超級商場 Waikele Premium Outlets」一年約舉辦8次特賣，能依平常暢貨中心的價格再打折的價格買到，非常划算。每年的特賣時間都不同，要記得事先確認。URL www.premiumoutlets.com/sales/index.asp

匯集夢想品牌商店的T Galleria

威基基 別冊 MAP P8B2

T Galleria Hawaii by DFS

不可錯過的限定商品

位於威基基中心的夏威夷唯一公認免稅店，無須在意稅金盡情地享受購物。也有許多T Galleria限定的商品。

DATA 交皇家夏威夷中心R.H.C.步行1分 住330 Royal Hawaiian Ave. ☎808-931-2700 時10時～22時30分 休無休

1.benefit的美妝套組「first class flirts」$26
2.DFS限定托特包$128～

柯哈拉 別冊 MAP P7D2

柯哈拉購物中心
Kahala Mall

高級街區的時尚購物中心

眾所皆知，位於悠閒住宅街區柯哈拉的購物中心。在洗鍊的高等品味選貨店與超市，體會夏威夷貴婦的感受。

DATA 交威基車程15分 住4211 Waialae Ave. ☎808-732-7736 時視店鋪而異 休無休

附設有機產品超市與全食超市（→P80）

1F Fighting Eel

源自夏威夷的摩登品牌

誕生於市中心的人氣在地品牌，在柯哈拉購物中心也有設店。穿著感覺舒適、設計簡單的服飾相當受歡迎。

DATA ☎808-738-4912 時10～21時（週日為～18時）休無休

1.吸引街道人群目光的「ava-sky」連身裙$132
2.品牌原創設計手拿包$20 3.個性的「ava-sky」短褲$97

1F 33 Butterflies

漂亮的休閒服飾

使人感覺置身閣樓的店內空間，陳列著紐約與洛杉磯當季熱門設計師品牌的服飾。時尚的個性精品，並有各式各樣的包包和涼鞋。

DATA ☎808-380-8585 時10～21時（週日為～18時）休無休

1.「Gypsy05」的涼爽連身裙$146
2.高級皮革簡素托特包$504

1F The Complete Kitchen

獨特的廚房服飾

由2位主婦於夏威夷所創立的廚房用品店。可愛又具高度實用性的廚房用品與增添飯桌趣味的雜貨，最適合當作特色禮品。

DATA ☎808-737-5827 時10～21時（週日為～18時）休無休

1.在夏威夷很常見，印上SPAM肉罐頭插畫的隔熱墊$35 2.色彩豐富又可愛的剝玉米器$10

威開雷 別冊 MAP P2B3

威開雷超級商場
Waikele Premium Outlets

逛逛夏威夷最大的Outlet

號稱夏威夷規模No.1的巨大暢貨中心，以美式休閒風格為主的人氣品牌，平均打3～7折。

DATA 交威基基車程35分。若搭乘完全預約制的威基基觀光導遊巴士威開雷行程（→P128）約需1小時 住94-790 Lumiaina St. ☎808-676-5656 時9～21時（週日為10～18時）休無休

用人氣品牌商品增添成熟可愛風

帶來夏威夷氣氛
T-Shirt&海灘鞋

說到夏威夷，在當地購買T-Shirt&海灘鞋，惬意地度過休假時光是最棒的。
在此介紹一系列目前在夏威夷廣受矚目的熱門品牌必購商品。

 ·T-Shirts

簡單又可愛

A 可愛的原創角色
T-Shirt$19

B 島內商店頗受
歡迎的海藍色
T-Shirt$27.95

H 人氣品牌原創
文字T-Shirt$36

K 易穿搭的品牌
原創T-Shirt$42

C 可愛的鳳梨圖案
T-Shirt$38

B 威基基限定
的柔軟觸感
T-Shirt$33.95

A ●威基基
88Tees

別冊MAP●P8A3

幾乎讓人迷路的寬敞店內空間，包含可愛的店家吉祥物Yaya圖案在內，陳列著大量的原創T-Shirt。每天都有新品進貨，另外也有運動衫。

DATA 交皇家夏威夷中心R.H.C.步行1分 住2168 Kalakaua Ave. ☎808-922-8832 時10～23時 休無休

B ●威基基
Happy Haleiwa

別冊MAP●P8B2

本店位在北海岸，務必看看該店吉祥物Happy的限定商品。使用稱作Alternative材質製作的T-Shirt穿著感受極度舒適。

DATA 交皇家夏威夷中心R.H.C.步行3分 住355-B Royal Hawaiian Ave. ☎808-926-3011 時10～23時(週日為～22時) 休無休

C ●威基基
Nalu Hawaiian Spirit

別冊MAP●P8B2

由在夏威夷長大的日本設計師所創立，在其他地方未販售的生活風格品牌。有許多以夏威夷為主題的圖案T-Shirt和帽子。

DATA 交皇家夏威夷中心R.H.C.步行2分 住353 Royal Hawaiian Ave. ☎808-922-3070 時11時～10時30分 休無休

 小小資訊 「Nalu Hawaiian Spirit」的「Nalu」以夏威夷語來說就是「海浪」的意思。
手工T-Shirt飽含著設計師以「想為夏威夷做些什麼」的想法，廣受消費者支持。

Sandals & Cap

也別忘了看看
高跟涼鞋

質感很好的麂皮
高級海灘鞋
$89.95

恰到好處的高度讓腳看起
來更漂亮$74.95

C
白色與粉紅色的
搭配最適合可愛
女生$26

G
適合海灘的文字
Logo帽$30

I
明亮的鮭魚粉紅色與紅鶴
圖案的海灘鞋$45

也有花紋

C
自拍或照鏡子時會看到
「ALOHA」字樣的引人
目光帽子$32

I
繽富色彩鳳梨花紋
「Ipanema」海灘鞋
$24

J
在綁帶上打洞$1～就可
有各式各樣的變化。海灘
鞋大人$22、兒童$18

E
可愛的夏威夷南國花紋
海灘鞋$30

E
搭配海灘的熱門
粉紅色系海灘鞋
$30

A
運動衫風T-Shirt
也受男性歡迎
$29

C
優美線條且穿著
舒適的T-Shirt$38

F
白底對比黑字
Logo，簡單又
時的的T-Shirt$39

購物 T-Shirt & 海灘鞋

D ●威基基
The Island Slipper

別冊MAP●P8B3

1964年創業，堅持持續在夏威夷製
作的手工海灘鞋老店。因其高品質
與舒適度而獲得好評。

DATA 住皇家夏
威夷中心R.H.C.
（→P70）A館2F
☎808-923-2222
時10～22時
休無休

E ●威基基
Island Sole

別冊MAP●P9C3

在夏威夷共有6間店的鞋店。販售
「Ipanema」、「TOMS」、
「Olukai」等品牌，精選穿來舒適
且五彩繽紛的海灘鞋。

DATA 交皇家夏威
夷中心R.H.C.步行3分
住2235 Kalakaua
Ave.HOutrigger
Waikiki Beach Resort
1F☎808-275-4451
時8～23時 休無休

F　Speacialme →P59

G　Turquoise →P58

H　Lilly & Emma →P60

I　Rebecca Beach →P61

J　Flip Flop Workshop →P73

K　Fighting Eel →P71、75

選擇真正值得買的產品！

著名店鋪的招牌美食
精選伴手禮

夏威夷有許多美食伴手禮，如巧克力與餅乾、科納咖啡等等。
在此依種類一次通通介紹其中真正「必買」的招牌商品！

餅乾

目前大受歡迎的夏威夷餅乾。
人氣品牌紅透半邊天！

冰起來吃
也美味！

內含10種
口味！

Fruit Bars禮盒組 $9.75

百香果、墨西哥萊姆、檸檬3種
口味的水果餅乾棒組合 B

**Punahele Purse
$8.95**

迷你提袋型的可愛包裝大
受歡迎 A

小巧的餅乾
容易入口

**Small Tin
Traditional Bite
Size $13**

有巧克力脆片與葡
萄乾等6種綜合口味
B

**Macadamia Nut Shortbread
- Dipped Combo $21.50**

包進夏威夷豆的奶油酥餅，並沾上3
種口味的巧克力 C

有15種口味

**鳳梨造型禮盒
$22.95**

鳳梨造型的盒子非常可愛，
讓人吃完以後也想拿來作
裝飾 A

**杏仁蜂蜜焦糖
$13.50**

傳統杏仁與焦糖的組
合超級棒 D

清爽的口感很讚

鹹味是
一大特色

**Milk Chocolate Covered Caramel
Brownie with Hawaiian Sea Salt $21.50**

將布朗尼裹上巧克力醬，
再撒上夏威夷海鹽 C

A ●威基基

Honolulu Cookie Company

別冊MAP●P9D3

使用高級奶油與小麥粉、水果醬製
作的鳳梨造型奶油酥餅非常受歡
迎。

DATA ⊗皇家夏
威夷中心R.H.C.
步行 6分 住普
阿雷拉妮水漾購
物商店(→P72)
1F ☎808-921-8300 時9～23時
休無休

B ●威基基

The Cookie Corner

別冊MAP●P8B4

在當地連續6年獲選為「夏威夷餅
乾No.1」的店家。以嚴選素材製作
出的餅乾既鬆軟又酥脆。

DATA ⊗皇家夏
威夷中心R.H.C.
步行 2分
住Collections of
Waikiki (→P74)
Sheraton Waikiki 1F ☎808-926-
8100 時8時～22時30分 休無休

C ●阿拉莫阿那

Big Island Candies

別冊MAP●P13C2

源自夏威夷島希洛的人氣餅乾品牌
在歐胡島的唯一直營店。從基本款
餅乾到送禮用的餅乾都有賣。

DATA ⊗皇家夏威夷
中心R.H.C.車程5分
住阿拉莫阿那中心
(→P62)1F
☎808-946-9213
時9時30分～21時(週日
為10～19時) 休無休

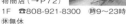

小小
資訊

由於「卡哈拉假酒店」(→P118)的夏威夷豆巧克力是手工製作，所以數量有限。
若要購買建議先寄信預約，E-mail：kahalaboutique@Kahararesort.com

and more… **購買農夫市集的熱門商品！**

Moiliili　別冊MAP P10A2

Made in Hawaii Foods

使用夏威夷成熟水果製作的手工果醬與奶油起司，市集裡排隊人潮不斷。在店內可以悠閒地試吃品嚐。

DATA　交威基基車程7分　住2071A S.Beretania St.　☎808-947-9022　時10時～17時30分(週六、日為～16時)　休無休

芒果果醬
$9.50
濃縮夏威夷產成熟芒果的美味

百香果奶油起司$8.5
百香果又酸又油的味道與奶油起司超搭！

百香果奶油
$8
百香果風味

可可風味絕佳

巧克力

夏威夷豆巧克力果然還是最受歡迎。最近口味種類也變多了。

包裝盒也很可愛

夏威夷豆巧克力
$50（1lb）

滿滿的牛奶、白巧克力、黑巧克力等3種巧克力 Ｆ
※盒子照片僅供參考

巧克力磚
各$6.45

有黑巧克力、牛奶巧克力、柑橘白巧克力3種口味

Duet
$9.95

這禮盒受歡迎的黑巧克力與牛奶巧克力4入 Ｅ

高級飯店的風味

與味道濃郁的巧克力十分搭配

義式脆餅
$15.95

7公分左右大小，容易入口的迷你義式脆餅2個×6包入 Ｅ

咖啡

從價格親民到高級咖啡，擁有多種產品。科納咖啡則是招牌人氣商品。

莊園珍藏圓豆 $29.95
（198g）

僅少量生產，特色為芳醇香氣的100%科納產咖啡豆 Ｇ

100% Ka'u 咖啡
$14.95～

濃醇且具水果酸味，令人上癮的一款咖啡 Ｇ

Ｄ　● 威基基

Royal Hawaiian Cookie

別冊MAP●P8B2

由燒肉店老闆所創造的熱門話題餅乾。在酥脆餅乾加上淋有焦糖的香脆堅果，特色為口感清爽。

DATA 交皇家夏威夷中心R.H.C.步行2分 住339 Royal Hawaiian Ave. ☎808-921-0099 時12～22時 休無休

Ｅ　● 威基基

Malie Kai Chocolates

別冊MAP●P8B3

使用北海岸產可可製作巧克力的專賣店。售有禮盒組與威基基限定口味等眾多商品。

DATA 住皇家夏威夷中心R.H.C.（→P70）C館1F ☎808-922-9090 時10～22時 休無休

Ｆ　● 柯哈拉

The Kahala Boutique

別冊MAP●P7D2

高級飯店裡的精品店。

DATA 交威基基車程15分 住Ｈ卡哈拉假酒店(→P118)1F ☎808-739-8907 時9～19時 休無休

Ｇ　● 威基基

Island Vintage Coffee

別冊MAP●P8B3　DATA→P90

購物　招牌美食伴手禮

感受當地的健康取向氛圍
在自然風超市樂活購物

將有機食品與有機美妝用品融入生活的風格，在夏威夷也相當受歡迎。
在重視健康與環境的人們愛去的超市中，享受自然取向的購物吧。

柯哈拉	別冊 MAP P7D2

全食超市
Whole Foods Market

高級的自然超市No.1

以美國本土為中心展店的自然＆有機食品超市夏威夷店。努力經營販售在地生產的蔬菜與水果，提供新鮮的食材。以「地產地消」為標語，店內由熟食與有機美妝等多種主題區域組成。

DATA　交威基基車程15分
住柯哈拉購物中心(→P75)1F
☎808-738-0820
時7～22時　休無休

以「自然的食品、健康的人類、健全的地球」為宗旨

1.熟食菜菜依早中晚而不同　2.沙拉的菜色十分豐富　3.堆積如山的當地產蔬菜水果　4.秤重販售的有機咖啡　5.也有海鮮類的小菜區域

豐富的原創品牌！

以親民價格提供高品質產品之概念而誕生的商品。

6.很好聞的石菜與香茅香皂1盎司$1.49
7.「365」品牌從日用品到食物等，產品種類豐富。咖啡$7.99
8.也有許多有益身體健康的超級食物。亞麻籽$3.69

熱門品牌商品拿來送禮

從熱門品牌到新品牌商品都有賣，另外也有不少夏威夷產有機美妝產品。

9.在海外也超受歡迎的「John Masters」護髮乳$6.99　10.「Yogi」的茶包可以幫助身體排毒$5.99
11.「Hawaiian Bath & Body」素馨花香潤膚油$12.99

這一區真厲害！

每天都有剛出爐的豐富熟食！

隨時都有20種以上剛做好的小菜。另外也有剛出爐的披薩，以及會幫忙製作三明治的區域。

咖啡吧也開幕了！

提供披薩、壽司、在地啤酒等的咖啡吧「Puka's」也開幕了。可將在熟食區購買的食物拿到這裡吃。時10～21時

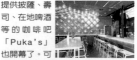

小小
資訊　美國超市有入會限定的會員折扣制度，因為免入會費和年費，即使是觀光客也能當天發卡，建議購物前先在服務台完成入會手續。

80

攜帶環保袋現在已成為常識？

在具有高度環保意識的夏威夷，帶環保袋
去超市已經是習以為常的景象。

1.南國風圖案環保袋$2.99（全食超市）
2.使用有機棉製作的附肩背帶環保袋$19.99，
另有多種顏色（全食超市） 3.印上「Down to
Earth」標誌的環保袋$2.99（Down to Earth）

1   2   3

Moilili 別冊 MAP P10B2

Down to Earth

受素食者歡迎的老店

長年以來獲得鄉民惠顧的素食超市，除了蔬菜與水
果，在此販售的都是有機與自然商品。由於也有販
賣許多夏威夷產商品，最適合在此尋找禮物送給重
視健康的人。

DATA   交威基基車程7分
住2525 S. King St. ☎808-
947-7678 時7時30分～22時
（熟食區為～21時）休無休

在自然風潮流中具有重要地位

1.穀片類產品的豐富度是夏威夷
第一 2.有機栽培的水果是人氣
商品 3.商品依種類擺放，容易
辨別 4.熱的熟食菜色$9.59/磅
（453g）每天替換，約有10種
5.販賣各式各樣的自然美妝產品

2   3   4   5   1

從在地食品到日常用品

從夏威夷在地食品
到有機日用品等，販
售各種類產品。

6   8   7   9   10   11

6.稀有的向日葵與椰子
口味水果堅果棒$2.49
7.從夏威夷島上花朵萃
取出的珍貴蜂蜜$4.99，
適合搭配鬆餅與麵包
8.溫和甜味的草莓口味
軟糖$3.29 9.加了石榴
與藍莓，具有抗氧化功
能的健康水果棒$2.29
10.零咖啡因的洋甘菊
茶TAZO$5.99 11.全
麥麵粉製的綜合鬆餅粉
$5.19

這一區真厲害！

看看營養保健食品與健康食品！

自有品牌的保
健食品有維他
命與礦物質
等，商品種類
豐富。

數一數二的穀物秤重販賣區！

可秤重購買糙
米、燕麥、玉
米片、義大利
麵等所有穀物
類的自助區有
超多商品！

在超市＆便利商店購買超值伴手禮

在地人不可或缺的夏威夷超市和便利商店中，販售著眾多產品，即使每天去逛也不會膩。
在超市和超商裡頭尋找最適合的超值禮品吧。

夏威夷限定點心

科納咖啡風味和堅果真是絕配

◀ "Hawaiian Host" 的夏威夷豆巧克力，莉蘿＆史迪奇包裝版（6盒裝）$20.99 ⓒ

爽脆口感一吃就會上癮！

▶ 以芋頭製作，「Hawaiian Chip Company」的芋頭脆片$7.69 ⓓ

◀ 茂宜產馬鈴薯製作的洋芋片，洋蔥口味$1.89 ⓔ

夏威夷豆

▶ 百香果、芭樂水果乾與堅果綜合點心$4.99 ⓓ

◀ 無添加鹽，能夠嘗到堅果原味的超值包$10.49 ⓑ

▲ Mauna Loa的科納咖啡風味夏威夷豆$4.99 ⓒ

調味料與速食產品

受歡迎的南國風味送禮良伴！

◀ 人氣品牌「Minato」所推出，加入茂宜洋蔥的柑橘醋醬$5.19 ⓑ

◀ 香草咖啡糖漿$4.99，甜味恰到好處的人氣商品 Ⓐ

◀ 用微波爐加熱90秒就可以立刻食用的糙米雞肉飯$1.84

▶ 只要加水就可以立刻煎好，鳳梨與椰子口味的鬆餅粉$1.98 ⓑ

Ⓐ ● 鹽湖
Target

別冊MAP●P4A3

於全美國展店的大型量販店。所有商品的4成左右為自有品牌商品，具高度設計性而受到歡迎。每次和高級品牌合作推出的商品都受到熱門關注。

DATA
交威基基車程35分 住4380 Lawehana St. ☎808-441-3118 時8～24時（週日為～23時）休無休

Ⓑ ● 阿拉莫阿那
Walmart

別冊MAP●P12B1

世界最大的連鎖超級市場。有日常用品、雜貨、電器用品等等，除了生鮮食材之外什麼商品都賣。24小時營業，十分方便。

DATA
交威基基車程7分 住700 Keeaumoku St. ☎808-955-8441 時24小時 休無休

Ⓒ ● 威基基
ABC Stores 37號店

別冊MAP●P9C3

從輕食與點心、飲料，到藥品與夏威夷伴手禮等，販售各式各樣的商品，在夏威夷度假時幾乎讓人每天都想去逛。37號店是最大規模的店！

DATA
交皇家夏威夷中心R.H.C.步行5分 住2340 Kalakaua Ave. ☎808-926-4471 時6時30分～翌1時 休無休

小小資訊　「Target」有各式各樣的品牌合作商品，過去曾和Anna Sui、Liberty of London、3.1 Phillip Lim等品牌合作。每次都和人氣正火熱的品牌合作，因而吸引不少注意。

可愛的雜貨

獨特的普普風
是其魅力所在！

◀ 分為切蔬菜、水
果、番茄的三色刀具
組$9.49 **A**

▶ 在芳香蠟燭的海洋香
氣中療癒身心$7.30。
在家如同置身南國 **D**

◀ 綁在紅酒或
啤酒瓶身上做
記號的瓶環，
8條裝$1～ **F**

▶ 保存開封
後的點心或
調味料的夾
子，3種尺寸
裝$12.99 **F**

NEW OPEN!

Walgreens登陸！

美國藥品連鎖店「Walgreens」夏
威夷旗艦店，於2015年2月登陸阿
拉莫阿那。1F是食品材料與熟食，
2F是醫藥品與美妝、美甲區域。

DATA 交威基基車程7分 住1488
Kapiolani Blvd. ☎808-949-8500
時24小時（藥局為7～22時，週六、日為
8～19時）休無休
別冊MAP●P13C2

1. 熟食區還有壽
司師傅駐點
2. 自助冷凍優格
$4.49～

美妝

◀ Maybelline
的睫毛膏價格
便宜！買來送
給女性朋友吧
$8.59 **D**

▶ 受歡迎的指
甲保養品牌
「Sally Han-
sen」硬甲油
$4.19 **F**

靠這瓶
就不用擔心
出門曬太陽！

▶ 蘆薈與夏威
夷豆油調配而
成的曬後乳液
$13.79 **D**

▶ Revlon的
指甲油。其中
一頭的顏色為
極細刷子，彩
繪指甲用的便
利道具$9.49 **F**

五彩繽紛的配色
增添了趣味

日常用品

◀ 使用了各種
色彩的美式OK
繃，內含3種
尺寸$3.22 **B**

▲ 讓衣服變得柔軟的衣
物柔軟片，香味好聞。
$2.29 **F**

▶ 色彩活潑、攜帶便利
的小巧版牙刷組$1.99
F

▶ 擁有多數愛用者的
Press'n seal（簡易保
鮮膜），可輕鬆將瓶子
密封起來$6.64 **D**

D ● 卡帕胡魯

Safeway

別冊MAP●P11C2

美國的連鎖超市。卡帕胡魯店是夏
威夷最大的店鋪，總面積約6000平
方公尺。除了食品材料、生活雜貨
之外也有熟食與麵包店。

DATA
交威基基車程6分
住900 Kapahulu
Ave. ☎808-733-
2600 時24小時
休無休

E ● 威基基

Food Pantry

別冊MAP●P9C2

位於Kuhio Ave.沿路，主要販售食
品的超市。售有生鮮食品、一次性
洗衣精等多種類日常用品，是長期
旅遊者的好夥伴。

DATA
交皇家夏威夷中心
R.H.C.步行6分
住2370 Kuhio Ave.
☎808-923-9831
時6時～翌1時
休無休

F ● 阿拉莫阿那

Longs Drugs

別冊MAP●P13C2

原為販售醫藥品的藥局，但也有賣
美妝、日用品、食品、伴手禮等滿
滿物美價廉的商品。另請注意特賣
時間。

DATA
交威基基車程5分
住阿拉莫阿那中心
（→P62）2F
☎808-941-
4433 時6～23時
休無休

可愛造型的拼布茶壺保溫套$55.95（Auana Quilts →P65）

以鳳梨為構圖的抱枕$40.50（Auana Quilts →P65）

吸睛的手環$24（左）、$22（右）（Roberta Oaks→P32）

Royal Hawaiian的代表色——粉紅色的泰迪熊$22

Hawaiian goods

濃濃夏威夷風味！
推薦的夏威夷伴手禮

回國後仍想要沉浸在悠閒的夏威夷氣氛⋯
為了完成那樣的願望而製作出的夏威夷風雜貨，
非常適合當作呼喚幸運的幸運飾品。

綠松色的基本款可愛耳環$108～（Noelani Studios →P30）

1950～60年代的草裙舞公仔$30。表情與姿勢都很可愛！

看起來簡潔舒適的凱盧阿標誌$21.80（Soha Living Kailua→P27）

加入扶桑花花瓣的身體去角質膏$29（左）與臉用的身體護膚油$45（右）（Malie Organics →P74）

使用有機甘蔗的黃糖去角質霜（Malie Organics →P74）

「Samudra」的手拿包（大）$65，人氣屹立不搖（Guava Shop→P30）

A ●威基基
TRH Inspired

別冊MAP●P9C4
琳瑯滿目的飯店原創周邊產品
受飯店的暱稱「Pink Palace」啓發，以粉紅色為主題，製作出種種相當受歡迎的周邊產品。

D A T A 交皇家夏威夷中心R.H.C.步行1分 住Collections of Waikiki（→P74）H Royal Hawaiian 1F ☎808-926-7680 時8～21時 休無休

B ●凱盧阿
Ali'I Antiques

別冊MAP●P5D1
尋找稀奇產品
店內有雜貨與飾品、擺飾等各種骨董，滿滿商品陳列在狹小店內的景象實在驚人。

D A T A 交威基基車程35分 住21 Maluniu Ave. ☎808-261-1705 時10時30分～16時30分 休週日

 Royal Hawaiian內的「TRH Inspired」是會挑動少女心的粉紅色寶庫，飯店限定的紅茶與巧克力很適合送禮。

美食

早餐享用軟綿綿的鬆餅，

午餐大快朵頤分量十足的漢堡，

晚餐就奢侈點，到能觀賞海景的餐廳用餐。

在此介紹令人流口水的夏威夷絕品美食。

從早上就開始補充能量！
一網打盡熱門美食！
超美味早餐

悠閒地享用美味早餐，是旅程中最美好的樂趣之一。從豪華的飯店餐廳到方便的外帶餐點，在此搭配圖表介紹各家人氣商店的必吃美食。

Egg Benedict
班尼迪克蛋

威基基　別冊MAP P7C4
Hau Tree Lanai

可一望眼前海灘風景的戶外餐廳

座位圍繞著巨大黃槿樹Hau Tree的戶外餐廳。眼前的凱馬納海灘遼闊無際，能以暢快的氣氛享用早餐。招牌菜色班尼迪克蛋在中午也接受點餐。

分量	★★
景觀	★★★★★
價格	★★

1.6種班尼迪克蛋中最受歡迎的是經典班尼迪克蛋$17
2.在Hau Tree的木蔭下，海浪的聲音使人心情舒暢
3.放上大量水果的夏威夷法式吐司$14，僅供早餐時段點單

DATA 交皇家夏威夷中心R.H.C步行25分 住2863 Kalakaua Ave. H The New Otani Kaimana Beach Hotel新大谷凱馬納海濱飯店 1F ☎808-921-7066 時7時～10時45分、11時45分～14時（週日為12時～）、17時30分～21時 休無休，需預約

French Toast
法式吐司
1

卡帕胡魯　別冊MAP P11C2
Sweet E's Café

魅力早餐匯集

營業時間之內都能享用到夏威夷招牌早餐。在白色和天藍色海洋風格裝潢的店內，從11點開始就能夠享用三明治$9.95～等午餐餐點。

分量	★★
景觀	★★
價格	★★★

2

DATA 交威基基車程7分 住1016 Kapahulu Ave. ☎808-737-7771 時7～14時 休無休

1.夾上藍莓和奶油起司的法國吐司$8.95 2.英國風馬芬蛋糕加上自家製Kalua pig的獨創班尼迪克蛋$11.95 3.以藍色點綴的裝潢非常吸引人

小小資訊　Fresh Café 2號店於2014年6月在市中心開幕（別冊MAP●P14B2）。該店以餐廳形式來提供鬆餅等早餐餐點。

Kaka'ako 別冊 MAP P6B3 # Fresh Café

夾著培根、萵苣、番茄和酪梨的BLTA三明治$7.95。可以選擇自己喜歡的麵包種類

Sandwich 三明治

分量	★★★
景觀	★
價格	★★★★

在地人愛去的時尚咖啡廳

夏威夷人喜歡的咖啡廳。受歡迎的餐點包括夾著新鮮蔬菜與火腿的貝果三明治$7.95～，以及令人飽足的大分量沙拉。另外也設有長凳露天座位。

DATA 交威基基車程8分
住831 Queen St. ☎808-688-8055
時8～21時（週日為9～18時） 休無休

 威基基 別冊 MAP P9C2 # Heavenly Island Lifestyle

使用土雞蛋的傳統農家班尼迪克蛋$13.50。可選擇4種配料

Egg Benedict 班尼迪克蛋

分量	★★
景觀	★
價格	★★★

堅持地產地消的咖啡餐廳

在此可品嚐使用大量夏威夷產有機食材的健康餐點。另外像巴西莓與火龍果等放入大量水果的餐點也非常受歡迎。

DATA 交皇家夏威夷中心R.H.C.步行2分 住342 Seaside Ave., ⒽShoreline Hotel Waikiki威基基海岸線飯店1F ☎808-923-1100 時7～24時（LO23時） 休無休

美食 超美味早餐

 威基基 別冊 MAP P13D2 # Goofy Café& Dine

使用夏威夷產多形鐵心木花蜜製作的法式吐司$13，甜味高雅

French Toast 法式吐司

分量	★★
景觀	★
價格	★★★

溫馨家庭式的新餐廳

自2013年12月開幕以來，廣受歡迎的溫馨家庭式餐廳。堅持使用在地食材、推薦餐點是使用了大量蔬菜與水果的菜色。

DATA 交皇家夏威夷中心R.H.C.步行15分
住1831 Ala Moana Blvd. ☎808-943-0077
時7～23時 休無休

 威基基 別冊 MAP P9D3 # Le Jardin

可選擇自己喜愛水果的手作可麗餅$11.95（圖片前方）和巴西莓果碗$10.95（圖片後方）

Crape 可麗餅

分量	★★★
景觀	★★
價格	★★★

最適合早上補充維他命

提供了大量使用每天進貨新鮮水果的餐點。不使用砂糖來增添甜味，而是使用蜂蜜與龍舌蘭花蜜，非常健康。

DATA 交皇家夏威夷中心R.H.C.步行6分
住普阿雷拉妮水漾購物商店（→P72）1F
☎808-921-2236 時7～23時 休無休

從必吃名店到在地人氣餐廳

大家都喜歡！
鬆餅天堂夏威夷

軟綿鬆餅加上奶油和蛋香，再放上大量鮮奶油與滿滿水果，
令人一見便食指大動的夏威夷鬆餅，讓人每天都想去吃！

椰子鬆餅
散發椰子香氣的軟綿道地夏威夷
鬆餅。照片中的水果配料為香蕉
$3、草莓$4.75

藍莓鬆餅
每一口都吃得到藍莓，不
但不會過甜，酸味也恰到
好處

$7.95

一吃就
停不下來

$12.75

$7.95

外帶也
OK！

$9.99

$10.45

德國烤鬆餅Dutch Baby
用烤箱花上25分鐘烤好的德國
風格鬆餅。軟綿又有彈性的口感
令人上癮！

草莓鮮奶油堅果鬆餅
像山一樣高的鮮奶油口感不膩，
不知不覺就吃光了（Eggs'n
Things→P67）

夏威夷豆鬆餅
濕潤的鬆餅，與減糖的夏威夷豆
醬十分搭的招牌人氣餐點
（Boots & Kimo's→P27）

巧克力脆片鬆餅
混合進鬆餅內的巧克力脆片口感
超棒。奶油甜度適中 E

$12.99

A ●阿拉莫阿那
The Original
Pancake House
別冊MAP●P12B2
接受點餐後馬上現做的鬆餅專賣
店。活用素材本身風味的古早樸素
口味鬆餅，在夏威夷當地非常受到
歡迎。

DATA　交威基基車程7分
住1221 Kapiolani
Blvd. ☎808-596-
8213　時6～14時
休無休

B ●卡帕胡魯
Café Kaila
別冊MAP●P11C2
被稱作夏威夷最棒早餐的熱門餐
廳。有機餐點與加入水果配料的自
家製鬆餅、格子鬆餅非常受歡迎。
另外，每週有3天提供晚餐。

DATA　交威基基車程7
分 住2919 Kapiolani
Blvd. ☎808-732-3330
時7～15時（週三～五為～
20時、週六、日為～15時
30分）　休無休

C ●威基基
Cream Pot
別冊MAP●P13D1
必吃剛出爐的軟綿舒芙蕾鬆餅。在
一整片白色鄉村風格的可愛餐廳內
優雅用餐。

DATA　交皇家夏威夷中心
R.H.C.步行15分
住444 Niu St.
H Hawaiian Monarch 1F ☎808-429-
0945　時6時30分～14時30分　休週二

 小小資訊　「Cinnamon's」的鬆餅可選擇2片餐$8.5或4片餐$10.50。如果想吃多種口味的話推薦2片餐。

$10.50

綜合莓果舒芙蕾鬆餅

令人無法抗拒的鬆軟口感。右圖是加上綜合莓果配料的照片，沾著酸甜醬汁慢慢享用吧 Ⓒ

$20.50

芭樂戚風鬆餅（4片）

淋上大量酸甜芭樂醬汁的熱門餐點（Cinnamon's at The Ilikai →P20）

$10.95

紅絲絨 Red velvet

如同戚風蛋糕一般的口感，推薦給喜歡吃巧克力的人（Cinnamon's at The Ilikai →P20）

夏威夷豆鬆餅

灑上大量香噴噴堅果的鬆餅，配上特製糖漿之後更加美味（Eggs'n Things→P67）

奶油牛奶鬆餅

可將外觀看起來也很好吃的水果堆成小山般，加在鬆餅上當配料，超有人氣。另加水果配料 $2～ Ⓑ

$17.95

$10.25

超豪華！把水果全部放上去！

$6.75～

特製早餐

搭配荷包蛋和培根，最適合當早餐。鬆餅無限量供應 Ⓓ

美食

鬆餅

這些也要Check

Eggs'n Things Hua Market

別冊MAP●P8A3

Saratoga總店的附設店鋪。能將餐廳風味在家裡真實重現的鬆餅粉，是送禮的熱門禮物，在每家店都能買得到。

DATA 交皇家夏威夷中心R.H.C.步行5分 住343 Saratoga Rd. ☎808-923-3447 時7～22時 休無休

1.馬克花生蜂蜜$8.75 2.奶油牛奶鬆餅粉$6.20

Ⓓ ●威基基

Wailana Coffee House

別冊MAP●P13D2

能夠品嘗到古早味美式晚餐的基本款美式菜色。早餐時段很有名的鬆餅吃到飽總是大排長龍。

DATA
交威基基車程5分
住1860 Ala Moana Blvd.
☎808-955-1764
時24小時
休週三6～12時

Ⓔ ●威基基

IHOP

別冊MAP●P8B2

美國大型連鎖餐廳，招牌餐點是鬆餅。鬆餅種類豐富，受夏威夷人好評。此外還有許多特別的餐點。

DATA
交皇家夏威夷中心R.H.C.步行5分
住2211 Kuhio Ave. ⒽOhana Waikiki Malia 1F ☎808-921-2400 時24小時 休無休

Waikiki | AlaMoana | Ward Kakaako | Down town | Kapahulu Kaimuki | Diamond Head | Kahala | Kailua

享用健康水果來變漂亮！
巴西莓＆火龍果

因模特兒和藝人的評論而成為熱門話題的巴西莓和火龍果等等，
夏威夷有多樣健康水果餐點！讓我們美食與健康一舉兩得！

巴西莓 Acai

沒有怪味
容易入口！

原產於巴西的棕櫚科植物。營養
價值高，被稱為「奇蹟水果」。
內含美肌不可或缺的花青素，是藍
莓的數倍！

藍色夏威夷經典巴西
莓碗，燕麥口感令人
無法抵擋

A

C

堅持使用有機素材的
巴西莓碗$9.95。點餐
後才會開始製作，非
常新鮮！

B

將巴西莓加入豆漿後再放上水
果。所使用的夏威夷島產蜂蜜
也全都是有機素材的巴西莓碗
$9.65

F

E

吃了好像
會變漂亮！

巴西莓加上香蕉，並依
喜好混合蘋果汁或豆漿
的「extravaganza」巴西
莓碗$7.95（S）

大量的巴西莓再加上
堆疊像山一樣高的香
蕉、草莓、藍莓，分
量十足的巴西莓碗
$9.05

A ●威基基

Island Vintage Coffee

別冊 MAP ● P8B3

高品質的科納咖啡專賣店。在
此能夠享用大量蔬菜水果的早
餐與午餐。

DATA
住皇家夏威夷中
心R.H.C.（→P70）
C館2F
☎808-926-5662
時6～23時
休無休

B ●阿拉莫阿那

Blue Hawaii Lifestyle

別冊 MAP ● P13C2

附設於商店內的咖啡廳。熱門
的巴西莓碗依不同配料共有7種
口味。

DATA
交威基基車程5
分　住阿拉莫阿
那中心（→P62）
2F ☎808-949-
0808　時8時30分～21時
（週日為9～19時）休無休

C ●威基基

Gorilla in the Cafe

別冊 MAP ● P8A3

裴勇俊企劃開設的咖啡廳，有
機的巴西莓與火龍果相當受歡
迎。另一項自豪的商品是在夏
威夷島農園栽種的咖啡。

DATA
交皇家夏威夷中心
R.H.C.步行1分
住2155 Kalakaua
Ave. Bank of
Hawaii Center 1F ☎808-922-2055　時6
時30分～22時（週六、日為7時～）休無休

小小
資訊　來自凱盧阿的Lanikai Juice，繼Kakaako店之後，也於2014年2月在威基基購物廣場Waikiki shopping Plaza
（MAP別冊●P8B3）開設分店。

新鮮飲品

以在地生產的新鮮蔬菜與水果製成的果汁和奶昔相當受歡迎。除了在早餐時飲用，也適合在海灘遊玩後喝一杯補充能量。

透過椰子油和薑、檸檬汁來提升腸胃排毒功能的Happy Tummy $5.75 F

用有機枸杞與可可粉來增加美肌！抗氧化可可奶昔$6.25 F

以椰子汁為基底，加上鳳梨的夏威夷道地風味，夏季限定的鳳梨可樂達$5.99 G

混合蘋果汁、西洋梨汁、火龍果、草莓、紅蘿蔔等食材的火龍果莓汁$6.39～ G

● 柯哈拉
G Jamba Juice

別冊 MAP ● P7D2

來自美國的果汁店。販售許多種以天然素材製作的果汁和奶昔。另外也有巴西莓碗等其他菜單。

DATA　交威基基車程15分　住柯哈拉購物中心（→P75）1F　☎808-734-7988　時6～21時（週五、六為～22時、週日為7～20時）休無休

火龍果　Pitaya

栽種於中美洲與東南亞的水果——火龍果。夏威夷主要食用的紅色火龍果具有大量多酚。

甜味清爽

加入大量奇異果、藍莓、燕麥等，有著豐盛水果的火龍果夏威夷碗$11.50

看起來對皮膚很好♥

D

最適合當作早餐！

C

能感受火龍果清爽甜味的火龍果碗$9.95。加了香蕉、鳳梨與椰子片當配料

F

加入椰子鮮奶油與香蕉、草莓，使用有機火龍果的火龍果碗$9.75

● 威基基
D Tilia Aloha Café

別冊 MAP ● P8A2

可享用剛出爐的鬆餅與三明治、沙拉等早餐餐點的隱密咖啡廳。水果格子鬆餅也相當受歡迎。

DATA
交皇家夏威夷中心R.H.C.步行5分　住403 Kaiolu St.　☎808-888-2011時8～16時　休無休

● 鑽石頭山
E Bogart's Cafe

別冊 MAP ● P11D4

受在地人歡迎的人氣咖啡廳。從早到晚皆提供所有餐點，早餐時段特別熱鬧。貝果$2.30和歐姆蛋很受好評。

DATA
交威基基車程4分　住3045 Monsarrat Ave.　☎808-739-0999　時6時～18時30分（週六、日為～18時）休無休

● 威基基
F Lanikai Juice

別冊 MAP ● P13D3

源自凱盧阿的果汁店。有許多種堅持以有機蔬果製作的奶昔和新鮮果汁。

DATA
交皇家夏威夷中心R.H.C.步行15分　住H夏威夷威基基海灘希爾頓度假村（→P120）Tapa Pool側　☎808-955-5500　時6時30分～20時　休無休

美食　巴西莓＆火龍果

從經典到特色口味等豐富菜色

跨越速食的領域
極美味漢堡

分量十足的漢堡始終是夏威夷的人氣餐點。夏威夷有許多好吃到幾乎不能稱之為速食的漢堡，在這些漢堡當中尋找自己喜歡的吧！

 阿拉莫 阿那　別冊 MAP P13C1

Teddy's Bigger Burgers

夏威夷人掛保證的 美味漢堡

在夏威夷當地成為美食話題的漢堡王者。點餐後立即以炭火煎烤牛肉，美味多汁。可以沉浸於美式氣氛的流行店內。

具魅力的流行裝潢風格

經典漢堡
$5.69(140g)

Burger's Data

大量清脆新鮮蔬菜和多汁的肉排非常相配。以30種材料調和出的醬汁超美味。

▼ 主要材料
牛肉排、萵苣、番茄、洋蔥、醃漬物、原創超級醬汁

DATA　交威基基車程5分
住1646 Kapiolani Blvd.
☎808-951-0000
時10～23時
休無休

威基基　別冊 MAP P8A4

Cheeseburger Beachwalk

集結了超過10種口味的 起司漢堡

誕生於茂宜島的漢堡餐廳。菜單以起司漢堡為主，有許多使用當地食材的道地夏威夷餐點。餐點的特色名稱和夏威夷風的餐廳內部令人想多看幾眼。

餐廳設在商店裡，購物途中能夠順道一訪

It's all good
$14.99

多汁肉排加上蔬菜、起司等大量食材的一道漢堡。鳳梨甜味與肉汁的搭配真是一絕。

▼ 主要食材
牛肉排、培根、酪梨醬、瑞士起司等

DATA　交皇家夏威夷中心R.H.C.步行4分　住威基海灘大道(→P72)2F　☎808-924-5034
時8～23時(週五、六為～24時)　休無休

---

92 小小資訊　在「Teddy's Bigger Burgers」，可以從3種尺寸、4種起司、6種醬汁中選擇自己所喜歡的品項，客製化出自己的漢堡。套餐附飲料與炸薯條。

別冊 MAP P6B3

Honolulu Burger Company

堅持使用夏威夷產食材的美味漢堡

餐廳內約18種漢堡,全部使用夏威夷島產有機牛肉,風味獨特濃厚。其他材料亦多使用在地食材。

DATA 交威基基車程8分
住1295 S.Beretania St. ☎808-626-5202 時10時30分～21時(週五、六為～22時) 休無休

Burger's Data

傳統菜色Kalua pig與牛肉排的超級大漢堡。甘甜軟嫩的豬肉與厚實多汁的牛肉超級搭。

▼ 主要食材
Kalua pig、萵苣、番茄、鳳梨、青椒、牛肉排

Kalua pig漢堡
$11.89

別冊 MAP P11C1

W&M Bar-B-Q Burger

以秘傳醬汁自豪的老牌漢堡店

親子3代傳承的秘密醬汁是美味的關鍵。牛肉排不使用鐵板煎,而是烤得香氣四溢。

DATA 交威基基車程8分
住3104 Waialae Ave. ☎808-734-3350
時10時～16時30分(週六、日為9時～) 休週一、二

Burger's Data

夾上薄切牛肉,口感十足的漢堡。滲入肉排的秘密醬汁甘甜美味,令人上癮。

▼ 主要食材
薄切牛肉、萵苣、番茄、洋蔥、起司

春季特製漢堡
$6.10

別冊 MAP P7D2

The Counter Custom Build Burgers

改造成獨一無二的原創漢堡

可挑選自己喜歡的肉排、配料與麵包等,客製化漢堡的熱門餐廳。從豪邁風到健康取向,可以做出約30萬種不同口味的漢堡!

DATA 交威基基車程15分
住柯哈拉購物中心(→P75)1F ☎808-739-5100
時11～21時(週五、六為～22時) 休無休

Burger's Data

粗厚肉排與炸洋蔥的搭配口感超棒,分量十足的蘑菇也不錯。

▼ 主要食材
牛肉排、普羅臥起司、萵苣、炸洋蔥圈、煎蘑菇、日曬番茄乾

Counter Burger附薯條
$16

別冊 MAP P12A3

Kua ʻAina Sandwich

享用麵包與食材的和諧搭配

本店在哈雷瓦(→P28),連歐巴馬總統也喜愛的知名餐廳。透過美味多汁的肉排,以及店家堅持的食材與麵包搭配出令人驚豔的漢堡。

DATA 交威基基車程7分 住沃德購物中心(→P68)
1F ☎808-591-9133 時10時30分～21時 休無休

Burger's Data

鳳梨與多汁肉排的組合超搭。藉由香煎的方式,將食材的美味帶出來。

▼ 主要食材
牛肉排、鳳梨、萵苣、番茄、洋蔥

鳳梨漢堡
$8

招牌午餐美味競賽

夏威夷的心靈菜色
夏威夷餐盤式午餐＆Loco Moco

可輕鬆享用的餐盤式午餐，與淋上大量醬汁的Loco Moco是夏威夷的代表餐點。
吃遍各家餐廳費盡心思做出的餐點也是一大樂趣。

沃德　別冊MAP P12A3　## Kaka' ako Kitchen

著名餐廳的夏威夷餐盤式午餐

一流主廚推出的餐盤
式午餐。道地且便宜
的價格受當地人與觀
光客歡迎。

DATA ⊗威基基車程7分
⊕沃德購物中心（→P68）1F
☎808-596-7488
時10～21時（週日為～17時）
休無休

鎮石頭山　別冊MAP P11D4　## Pioneer Saloon

擁有多種懷舊日本料理

日本老闆開設的午餐餐盤
店。可吃到飯糰、炸豬
排、煎魚等大家所熟悉的
日式定食菜色。

DATA ⊗威基基車程5分
⊕3046 Monsarrat Ave.
☎808-732-4001
時11～20時　休週一

凱盧阿　別冊MAP P5D1　## Uahi Island Grill

運用有機素材製作的菜色

儘可能地使用有機食材
的健康餐點，既美味又
令人飽足。

DATA ⊗威基基車程35分
⊕131 Hekili St.　☎808-
266-4646　時11時～20時
30分（週五、六為～21時、週
日為10時～）　休無休

威基基　別冊MAP P8B2　## Sam's Kitchen

堅持使用在地產有機食材的餐點

在地人也頻繁光顧，有媽
媽味道的餐廳。以種類豐
富的菜單自豪，從牛排類、
烏龍麵到牛肉蓋飯都有。

DATA ⊗皇家夏威夷中心
R.H.C.步行2分 ⊕353
Royal Hawaiian Ave.
☎無　時11～23時
休無休

甜辣照燒雞肉套餐
Sweet Chile Chicken
$10.95
配菜淋上的照燒醬汁既甜
又辣，與白飯最搭。是受
歡迎的基本招牌餐點

味噌鮭魚燒
$11
紫蘇香鬆味的白飯（＋
¢50）與肥美的鮭魚，十
足美味的日本風味簡餐

餐盤式午餐

如同其名，在餐盤盛上米飯、主菜、
沙拉等的在地經典午餐餐點。
有日本料理、韓國菜等各種菜色。

番茄&牛肉
$10.75
將完全入味的牛肉搭上新
鮮番茄的超人氣餐點

香料大蒜牛排
$15
放上一整片有濃厚大蒜味
牛排的重量級餐點

 在「Pioneer Saloon」用餐，有白飯、糙米、五穀米（＋¢50）、海藻飯（＋¢50）4種飯類可選擇。
另外，沙拉菜色每日更換，可從搭配青醬的通心粉沙拉或洋芋沙拉擇一。

在地人所喜愛的夏威夷傳統菜色

聚集著尋求道地口味的在地人，創業超過50年的老店。

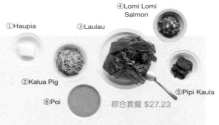

④Lomi Lomi Salmon
①Haupia
③Laulau
②Kalua Pig
⑤Pipi Kaula
⑥Poi
綜合套餐 $27.23

卡帕胡魯 **別冊 MAP P11C2** **Ono Hawaiian Foods**

DATA 交威基車程5分
住726 Kapahulu Ave.
☎808-737-2275
時11～20時　休週日

①椰奶甜豆腐 ②用香蕉葉子包住豬肉，再送到窯裡蒸烤的菜色 ③用芋頭葉與朱蕉葉包住豬肉和雞肉後蒸煮過的菜色 ④用鹽將鮭魚與洋蔥調味的菜色 ⑤牛肉乾 ⑥將芋頭搗糊當作主食的菜色

Loco Moco

在米飯淋上大量調味肉汁，再配上肉排和荷包蛋，分量十足的鄉土菜色。有時候也會加上厚煎蛋卷。

Loco Moco
$7
能選擇荷包蛋熟度的Loco Moco，可以把蛋黃戳破和調味肉汁攪拌著吃

神戶牛
Premium Loco Moco
$18.50
有2塊100g神戶牛！由洋蔥和蘑菇製成的多蜜醬汁超美味

The Loco Moco
$21.50（午餐時段）
將米飯和Kalua pig一起拌炒增添香氣，分量十足的一道餐點

卡帕胡魯 **別冊 MAP P11D3** **Rainbow Drive-In**

CP值超高的午餐餐盤

在地人時常光臨的老字號餐盤式午餐店，因許多鎖定著名Loco Moco的觀光客紛紛光顧而熱鬧萬分。菜單至今未曾變化，味道和價格當然也沒話說。

DATA 交威基車程5分
住3308 Kanaina Ave.
☎808-737-0177　時7～21時
休無休

威基基 **別冊 MAP P8B2** **Aloha Table**

營業到半夜的夏威夷菜色餐廳

位於威基基中心的便利位置，供應將在地招牌菜色調整到接近和風口味的人氣店家。使用神戶牛的高級Loco Moco，是只有在這裡才能享受到的一道菜色。

DATA 交皇家夏威夷中心R.H.C.步行2分　住2238 Lau'ula St.
☎808-922-2221
時11時30分～翌1時（週日、假日為～24時）　休無休

阿拉莫阿那 **別冊 MAP P13C2** **The Pineapple Room**

休閒風環太平洋菜色

夏威夷名店「Alan Wong's」（→P100）的姊妹店。據當地人評價，比起本店，在此能以更合理的價格享用餐點。可輕鬆享用獨創的環太平洋菜色。

DATA 交威基基車程5分
住阿拉莫阿那中心（→P62）內（Macy's梅西百貨3F）　☎808-945-6573
時11時～20時30分（週六為8時～、週日為9～15時）　休無休

Happy & Yammy!
夏威夷甜點大集合

夏威夷有許多外觀漂亮又好吃的甜點。從必吃甜點到引發話題的新甜點，
這裡有各式各樣絕對可滿足心靈和肚子的品項。

冰品類

Mango ice cream

Guava Sorbe

各 $5

↓鳳梨風味優格加上多種配料
的鳳梨塔（54¢／1盎司）A

→店內最受歡迎的芒果冰淇
淋，因滑順口感與濃厚風味而
擄獲許多人的心（左）
清爽的粉紅芭樂雪酪，擁有絕
佳的芭樂濃醇甜味（右）C

$6.09～

←將夏威夷產科納咖啡的甜
味調整得非常棒！Kona Lava-
Java兩球（左）
加上爽脆夏威夷豆的椰子夏
威夷豆冰（右）D

↓蔓越莓與覆盆子糖漿搭配了兩種莓
果配料。Berry Berry Cocktail（小）
（左）
加上大量紅豆與麻糬的好吃宇治金時
（小）（右）B

$6.45

$6.45
添加配料$1.95

$2.50～

→加上大量紅豆、小湯圓、煉乳
的紅豆碗（右）、色彩繽紛的彩
虹刨冰（上）都是非常受歡迎的
冰品（Waiola Shave ice 沃德店
→P69）

$5

各 $4.25～

各 $6.50

→使用了蔗糖，甜味順口的草莓
牛奶冰（左）
使用夏威夷島威雷亞農園產檸檬
的Meyer Lemon（右）淋上有機
煉乳後更順口 E

小小
資訊 冰品清脆爽口為特色的Waiola Shave ice在卡帕胡魯也有分店。
（住）3113 Mokihana St. ☎808-735-8886 （時）10～18時（可能有變動）（休）無休 別冊MAP●P11C2）。

蛋糕類

→北海岸代表甜點
Chocolate Haupia Pie，
在威基基的超市也可以
買到（Ted's Bakery
→P29）

$3.65

←淋上巧克力的巧克力脆片
甜甜圈（左）與濃厚甜味令
人上癮的香草甜甜圈（右）
F

$1.75

$1.10

各$3.25

↑吸睛的可愛造型！甜度恰到好處
的杯子蛋糕各$3.25 G

$1.05

↑實心甜甜圈Malasada Puff $1.05除了不包料的
原味，還有包了卡士達或椰奶甜豆腐口味的甜甜
圈各$1.41也相當受歡迎（Leonard's→P22）

A Yogurtland
威基基／別冊MAP●P11C4

自助式冷凍優格店。可依喜好選擇口味與配料。
DATA 交皇家夏威夷中心R.H.C.步行10分 住太平洋海灘飯店
（→P121）1F ☎808-922-2626 時9時30分～23時（週五、六
為～24時） 休無休

B Ailana Shave Ice
阿拉莫阿那／別冊MAP●P12B2

使用大量蔓越莓、芒果等水果的自家製糖漿，約有10
種口味的刨冰超受歡迎。
DATA 交威基基車程8分 住1430 Kona St. ☎808-955-
8881 時7～15時（刨冰為10時～17時30分） 休週一

C 高橋果実店
Henry's Place
威基基／別冊MAP●P8A4

由日本人家庭經營的水果店所販售的美味甜點。冰品
彷彿可以直接吃到水果一般，一定要試試看！
DATA 交皇家夏威夷中心R.H.C.步行5分 住234 Beach Walk
☎808-255-6323 時7～22時 休無休

D Lappert's Hawaii
威基基／別冊MAP●P13D3

1983年在考艾島創業。店家自製冰淇淋滋味濃厚，滑
順地在口中融化，是他們非常引以為傲的商品。
DATA 交皇家夏威夷中心R.H.C.步行15分 住H夏威夷威基基
海灘希爾頓度假村（→P120）內 ☎808-943-0256 時5時30分
～23時 休無休

E Lemona Hawaii
威基基／別冊MAP●P8B1

堅持使用好食材的雪冰店家。使用夏威夷產Meyer
Lemon、科納咖啡與新鮮果實製作手工糖漿。
DATA 交皇家夏威夷中心R.H.C.步行6分 住421 Lewers St.
☎808-922-9590 時週二～日 11～17時 休週一

F Regal Bakery
McCully／別冊MAP●P13D1

在地熱門甜甜圈專賣店。店內販售約有20種甜甜圈，
每個月都有新口味上架。
DATA 交威基基車程5分 住1960 Kapiolani Blvd., #115
☎808-941-3883 時6～22時（週日為7時～） 休無休

G We Heart Cake Company
市中心／別冊MAP●P15C2

粉紅色公主房風格的可愛店家。老闆Kana小姐在開店
之前是專職主婦，她做的手工蛋糕非常好吃。
DATA 交威基基車程10分 住1111 Bishop St. Remington College
Bulidings No.3 ☎808-533-2253 時10～14時 休週六、日

在擁有絕美景色的餐廳用餐！

絕美海景餐廳

想要貪婪地同時滿足欣賞美景與享用美食的女生必看！從日落時分開始，一邊瞭望海灘景色，一邊享用晚餐吧。肯定能奢侈地度過大人的時間

法國菜色　別冊 MAP P7C4

1．可從大片玻璃窗一望海灘景色　2．在小牛肉上添加鮪魚與鮪魚醬的前菜＄24　3．燒烤芭樂黑豬豬腳，搭配奢侈的龍蝦燉飯＄42

美式菜色　別冊 MAP P8B4

1．可觀賞美麗夕陽的時間總是人潮特別擁擠　2．蒜味蝦＄16等豐富小菜　3．每晚18時30分起舉辦夏威夷現場音樂會

●威基基

Michel's

會在特別的日子前往用餐的餐廳

獲得2013年Hale 'Aina獎「Best Restaurant of Date Night」冠軍的老牌法國餐廳。面向海灘的店內營造出古典氣氛，最適合在特別的日子前往享用晚餐。菜色主要使用在夏威夷近海捕到的新鮮海產。

```
DATA
交皇家夏威夷中心R.H.C.步行25分　住2895 kalakaua
Ave.　H Colony Surf1F　☎808-923-6552
時17時30分～20時30分(週五、六為～21時)　休無休
☑需預約　☑有著裝規定
```

●威基基

Edge of Waikiki

能瞭望廣大海洋的特等席

位在沿海的Sheraton Waikiki Hotel泳池旁的餐廳。洋溢休閒氣氛的餐廳吧裡，除了房客也有眾多外來客人，日落時能夠望見太陽西下，整個天空被染紅的景色。

```
DATA
交皇家夏威夷中心R.H.C.步行2分　住2255 Kalakaua
Ave.　H Sheraton Waikiki 1F　☎808-922-4422
時10～22時(現場演奏為13時30分～、18時30分～)
休無休
□需預約　□有著裝規定
```

小小資訊　由於「Edge of Waikiki」的露天座位非常受歡迎，最好在日落之前早點前往比較保險。此處提供多種小菜，建議在晚餐前和雞尾酒一同品嘗，度過一小段悠閒時光。

1.開放的空間令人心情極度舒適　2.Ocean House頂級肋排$35.50　3.木製家具散發出優雅氣氛

| 美式菜色 | 別冊 MAP P8A4 |

1.藍色與綠色呈現出絕佳對比　2.Thin Pancake鬆餅$15（加莓果+$8）　3.撒上梅了粉的夏威夷甜甜圈$3、奶油內餡$4　4.如果要吃早餐最好先預約

| 世界美食 | 別冊 MAP P7D2 |

●威基基

Ocean House

沙灘近在眼前的絕佳地點

座位全部面向海灘的海景餐廳。可以一邊從落地窗感受舒服的海風與海浪聲，一邊品嘗新鮮海產、頂級肋排等自選套餐品項與甜點。以白色與木頭為主的優雅裝潢令人印象深刻。

```
DATA
交皇家夏威夷中心R.H.C.步行5分　住H奧特里格礁威
基海灘度假酒店（→P121）1F　☎808-923-2277
時7～11時、17～22時　休無休
☑需預約　☐有著裝規定
```

●柯哈拉

Plumeria Beach House

在海灘吧檯優雅地用餐

陳列了約40種菜色的晨間自助餐，是相當受歡迎的開放式餐廳。餐廳的特等座位是可將綠意的草皮與風平浪靜的海洋一覽無遺的露天座位。務必嘗嘗烤得像可麗餅一樣薄薄的Thin Pancake鬆餅。

```
DATA
交威基基車程15分　住H卡哈拉度假酒店（→P118）1F
☎808-739-8760　時6時30分～14時（晨間自助餐
為～11時）、17時30分～22時　休週三、週日的晚餐
時段　金晨間自助餐為$35（週六、日與假日為$38）
☑需預約　☐有著裝規定
```

享用美好的晚餐
度過特別的夜晚

夏威夷有許多獲得美食獎，令人就是想要去吃看看的星級主廚餐廳。
從環太平洋菜色、法國菜色到日本料理，在此介紹適合特別的日子前往用餐的餐廳。

環太平洋菜色　別冊MAP P10A2　●McCully

Alan Wong's

Hale 'Aina獎
2017年
Best Oahu
Restaurant

Chef's Profile

Alan Wong
Hawaii Regional Cuisine的No.1。曾獲歐巴馬總統邀請至白宮擔任宴會主廚等，其非凡的菜色功力不在話下。

感受季節變化的藝術菜色

如果要享用以在地產頂級食材製作的菜色，就不得不提到這間餐廳。其實力堅強，幾乎每年都獲得報紙或雜誌美食獎。四季都有不同的必吃餐點，菜色種類豐富也是其魅力之一。擁有許多如藝術品一般美麗的菜色。

DATA　交威基基車程7分　住1857 S.King St.
☎808-949-2526　時17～22時　休無休
☑需預約　☑有著裝規定
預算／午餐$39～、晚餐$60～

1.高雅的芝麻味噌香氣濃厚，Ginger Crusted Onaga$39
2.能在寬廣的空間悠閒舒適地品嘗美食。不只在夏威夷，也曾獲得全美國等級獎項的名店

Chef's Profile

Roy Yamaguchi
生於東京的日僑夏威夷人主廚，確立了融合夏威夷與亞洲菜色的獨特風格。在全世界展店約20間。

Hale 'Aina獎
2017年
Best Oahu
Restaurant

環太平洋菜色　別冊MAP P8A4　●威基基

Roy's Waikiki

堅持使用在地食材的菜色

將西方與東方菜色大膽融合的Roy Yamaguchi所開的餐廳。餐廳內有壽司吧，巧妙地融入日本菜色精髓。菜色每日更換，每一道都新鮮美味。享受其精緻擺盤與獨特醬汁吧。

DATA　交皇家夏威夷中心R.H.C.步行4分　住威基基海灘大道(→P72)1F　☎808-923-7697
時11時～21時30分(～17時僅提供輕食)。週五、六為～22時　休無休　☑需預約　☑有著裝規定
預算／午餐$30～、晚餐$60～

1.夏威夷風味噌奶油煎魚$50（照片前方）、鴨胸肉$31（照片右後方），無論哪一道菜都充滿了藝術美感
2.店內約有250個座位，開放式的空間。位於夏威夷凱的總店也相當受歡迎

小小知識　所謂「環太平洋菜色」，是指使用夏威夷當地食材，以亞洲為中心融入世界各國菜色手法的新形態夏威夷菜色。據說是1990年代初期由夏威夷年輕主廚創作出來的。

美式菜色	別冊 MAP P11D1

●凱木基

12th Avenue Grill

Hale 'Aina獎 2017年 Restaurant of the year

Chef's Profile
Jason J. Schoonover

使用地產食材製作的創新美式菜色獲得很高的評價。就任行政主廚之後多次獲得Hale 'Aina獎。

感受在地氛圍的熱門餐廳

連續獲得多個Hale 'Aina獎獎項的名店。使用夏威夷食材製作全新感受菜色,因其菜色獨特性和夏威夷風格的分量帶給顧客們很大的震撼,非常受在地人們歡迎。

DATA　交威基基車程10分　住1120 12th Ave.　☎808-732-9469　時17時30分~22時(週五、六為~23時、週日為17時~)　休無休　□需預約　□有著裝規定　預算／晚餐$30~

1.烤豬排$28, 分量十足又多汁 2.寬敞且令人放鬆的店內空間

Chef's Profile

Georges Mavro

曾擔任夏威夷一流飯店「Halekulani」行政主廚,並獲得許多獎項。活用在地食材的菜色風格極受歡迎。

Hale 'Aina獎 2017年 Best Tasting Menu

法國菜色	別冊 MAP P10A2

●McCully

Chef Mavro

融合夏威夷與南法的菜色

出身於南法,曾擔任一流飯店總廚師長的主廚,使用了夏威夷獨特食材做出的創意法國菜色。在美國有非常高的評價,並獲得眾多獎項。每一道菜色都和紅酒非常搭,感受得到高雅品味。

1.能品嘗使用夏威夷島Keahole產龍蝦製作的西班牙海鮮燉飯風前菜等,依季節變化所推出的各項菜色 2.推薦餐點為7道菜全餐$105與4道菜全餐$95（價格視季節而異）

DATA　交威基基車程7分　住1969 S.King St.　☎808-944-4714　時18~21時　休週一、二　☑需預約　☑有著裝規定　預算／晚餐$60~

日本料理	別冊 MAP P13D3

●威基基

Morimoto Waikiki

Hale 'Aina獎 2017年 Best Overall Japanese

Chef's Profile
Morimoto Masaharu

在海外開設日本料理與壽司餐廳。以美國人所喜歡的日本料理為主,提供日本沒有的嶄新創作菜色。

夏威夷風創作日本料理

由參加電視節目美國版《鐵人料理》錄影的Morimoto Masaharu所管理的餐廳,以日本料理為主的東方風味菜色自豪。在餐廳的露天座位上能夠一望遊艇碼頭,散發著優雅的氣氛。

DATA　交皇家夏威夷中心R.H.C.步行18分　住H檀香山現代酒店(→P121)1F　☎808-943-5900　時7時30分~10時、11時~14時30分、17~22時　休無休　☑需預約　□有著裝規定　預算／午餐$30~、晚餐$60~

1.精心燒烤有機香草雞Angry Chicken$29（照片前方） 2.將牡蠣、鵝肝與海膽以照燒醬調理出的牡蠣佐鵝肝$22 3.具現代感又時尚的店內空間,亦設有壽司吧台

想要豪邁大口地吃肉！
令人食指大動的肉類&海鮮菜色

在美國才有的豪邁牛排與海鮮菜色，是旅行途中的必吃菜色。
這裡有許多飽含肉汁、美味且分量十足的餐點，盡情享用吧！

肉類 Meats

約重達900g，帶有1/3以上菲力部位的頂級丁骨牛排。

以乾式熟成，豪華且風味豐富的牛排，醬汁也十分醇厚。

帶骨肋眼牛排
$52

頂級肋排
$15.99

厚約3公分，重約450g，分量十足的肋排，週一、五、六、日各限定30份。

2人份牛排
$109.95

威基基　別冊MAP P8B3

Wolfgang's Steakhouse

享用熟成28天的牛排滋味

使用美國農業部認定最高品質的頂級安格斯牛肉。這裡的牛肉放在自有熟成倉庫乾燥熟成28天，能夠盡情地享用到牛肉的軟嫩口感與肉原本的美味。

DATA 住皇家夏威夷中心R.H.C.（→P70）C館3F
☎808-922-3600
時11時～22時30分（週五、六為～23時30分）休無休

Kalihi　別冊MAP P4B3

Ray's Cafe

巨大尺寸的招牌肋眼牛排

1985年創業。店內總是坐滿在地民眾，就像小飯館一樣的小餐廳。這裡除了有只在週一、五、六、日提供的招牌餐點——巨大頂級肋眼牛排，其他餐點也都分量十足且能以便宜的價格享用。

DATA 交威基基車程17分 住2033 N. King St.
☎808-841-2771
時6時30分～18時（週日、假日為～16時）休無休

威基基　別冊MAP P11C4

d.k. Steak House

長時間熟成的頂級牛排

餐廳內主要為包廂座位，在戶外座位可俯瞰威基基海灘。透過自有的長期乾燥乾式熟成法，將肉的美味與風味提升至極限。需預約。

DATA 住H威基基萬豪溫泉度假酒店（→P120）3F
☎808-931-6280
時17時30分～22時休無休

小小資訊

「Ray's Cafe」的週末限定頂級肋眼牛排除了主餐還附沙拉（通心粉沙拉或綠色沙拉2選1）與2杓飯，$15.99超便宜。飲料也只要$1.50～，親民的價格很受當地民眾歡迎！

Nico's at Pier38

招牌炸鮪魚肚飯
Fried Ahi Belly
$12.95

以在地風味料理的菜色很受歡迎

位於檀香山碼頭的魚市場附近，使用當日現捕新鮮海鮮來料理餐點。料理混合了法國菜色與在地風格，也有許多創意菜色。高品質的餐盤式午餐$9.95～，也相當受歡迎。

DATA 交威基基車程16分
住1129 N Nimitz Hwy.
☎808-540-1377
時6時30分～21時(週日為10～16時) 休無休

店內附設魚市場與吧台，也有樂團現場演奏

將炸得酥酥脆脆的鮪魚淋上新鮮番茄莎莎醬的菜色

船長特餐$65～的龍蝦

加入帝王蟹、松葉蟹與香腸的豪華套餐。另有迷你套餐$39.99

Raging Crab

豪邁地享用新鮮海產！

將水煮海鮮與蔬菜放在塑膠袋內調味，然後直接送到客人桌上的風格成為人們討論的話題餐廳。吃法就是豪邁地用手抓著吃。醬汁有紐奧良香辣口味等3種，辣味程度也有4種可選擇。

DATA 交威基基車程7分
住655 Keeaumoku St. ☎808-955-2722 時11～22時L.O.(週五、六為～23時L.O.) 休無休

餐桌鋪上了防水桌墊，不怕弄髒

Karai Crab

香辣組合套餐$25

含蝦子、海瓜子、淡菜與蔬菜等7種食材的超值套餐。也可以另外追加食材

因話題的Cajun Food而受歡迎

店名的意思為「香辣螃蟹」，可享用美國正流行的香辣海鮮菜色「Cajun Seafood」的餐廳。能夠自由選擇風味或辣度的客製點餐方式非常有趣。

DATA 交威基基車程6分
住901 Hausten St. ☎808-952-6990 時17～22時
休無休

海鮮以外也有炸雞或馬鈴薯等豐富的副餐種類

美食 肉類＆海鮮菜色

在健康取向的夏威夷也非常受歡迎
使人變漂亮的有機 ＆地產地消美食

健康意識正逐漸抬頭的夏威夷。堅持使用夏威夷產與無農藥食材的有機餐點正急速發展中。
享用對身體和地球都無負擔的菜色，讓身體由內而外地變漂亮吧！

Moiliili 別冊 MAP P10B2

The Nook Neighborhood Bistro

使用在地雞蛋與甘藍菜的甘藍班尼迪克蛋$12，濃～稠的半熟蛋加上大量甘藍與自家製蛋黃醬的組合真是絕配

堅持使用在地食材

提供於夏威夷農園採收嚴選食材製成的餐點菜色，令人感覺舒適的咖啡廳。也可注意使用歐胡島卡內奧赫的Shinsato Pork、老舖麵包店「Champion」製作的夏威夷炸甜甜圈等食材與餐點！

考艾島產蝦子，加上茂宜島產水耕栽培萵苣的香橙鮮蝦沙拉$14是人氣餐點

多多享用夏威夷產食材！

1. 也有露天座位
2. 夏威夷炸甜圈三明治早餐$6.50

DATA 交威基基車程10分 住1035 University Ave.,#105 ☎808-942-2222 時7～15時 休週一

對食材產地當然也非常講究！

凱木基 別冊 MAP P11D1

Town

以農夫栽種的有機蔬菜為主要食材

以「儘可能使用有機食材」為概念，使用當天送達的蔬菜來製作每日餐點，每項餐點都令人感到創新。以簡單細緻的調味引出食材原味的菜色而自豪。

DATA 交威基基車程8分 住3435 Waialae Ave. ☎808-735-5900 時11時～14時30分、17時30分～21時30分（週五、六為～22時） 休週日

1. 每日變化的新鮮蔬菜沙拉$8.50（照片後方）配上優格。香煎近海月魚$15（照片中央），清淡的白肉魚與扁豆十分搭配 2. 可在餐桌、露天座位、吧檯上享用美食

凱木基 別冊 MAP P11D1 **Kaimuki Superette**

使用在地食材、受當地人喜愛的小菜店

令人感覺是美國庶民餐廳的休閒式餐廳，推薦搭配熟食區裡使用在地產食材製作的小菜品嘗。自家製香腸三明治$11.50（組合套餐$15.50）。

熱食也很受歡迎

> DATA 交威基基車程8分　住3458 Waialae Ave.
> ☎808-734-7800　時7～17時　休週日

1．9th Ave.十字路口旁
2．也有販賣自家製醬菜$13.99、沾醬與香腸　3．Downtown Ahi Clubhouse $14（圖為組合套餐另加$4）

也推薦飲用新鮮奶昔

卡帕胡魯 別冊 MAP P11C2 **Kaimana Farm Café**

日本老闆所開的自然咖啡廳

2014年9月開幕。老闆堅持使用有機且在地產的食材製作菜色，很受到具高度健康意識的在地民眾支持。用軟綿的夏威夷雞蛋製成的舒芙蕾歐姆蛋非常受歡迎。

> DATA 交威基基車程6分　住845 Kapafulu Ave.
> ☎808-737-2840　時8～16時　休週二

1．許多在地人來吃早餐　2．舒芙蕾歐姆蛋$11.90與香菇風味義大利燉飯　3．獨特的小黃瓜冰沙$4　4．Roasted Farm Veggie三明治$10.50，裡頭有口感爽脆的甘藍

這些也要Check！

把夏威夷產品帶回家！

威基基 別冊 MAP P11C4 **Honolulu Gourmet Foods**

在KCC也十分受歡迎的夏威夷美食材店。為了支持當地農家與生產者，從食材到化妝品皆有進貨販賣。

> DATA 交皇家夏威夷中心R.H.C.步行6分
> 住H太平洋海灘飯店(→P121)1F
> ☎808-489-9474　時8～22時　休無休

1．店內陳列著夏威夷豆與調味料　2．也有受歡迎的蜂蜜與迷你果醬組合$14等商品

美食　有機美食

沉醉於香料與熱食中！

能在夏威夷嘗得到正統的高級異國料理

在夏威夷，能夠享用到世界各國的菜色。其中使用豐富辛香料的異國料理，
因為有益身體健康而大受歡迎。在此介紹令當地人讚不絕口，著迷不已的美食菜色。

別冊
MAP
P11D1

●凱木基

Himalayan Kitchen

受歡迎的道地尼泊爾家常菜色

總是因在地客光顧而門庭若市的道地尼泊爾
&印度菜色餐廳。嚴選出的重口味坦都里烤
爐餐點共有7種。餅皮分為蒜味餅皮和炸餅皮
等約10種可供選擇。因為沒有酒精類飲料，
所以可以自行帶進去。

印度咖哩雞（照片前方）
$14.95

加入無骨雞肉的濃醇番
茄咖哩，溫和濃稠的口
感絕絕妙

DATA
交威基基車程9分　住1137 11th Ave.
☎808-358-7158　時11～14時、17時30分～22
時　休週六～週一的午餐時段
☑需預約　　　　□有著裝規定

1.美味多汁的綜合坦都里網烤雞肉$18.95，有2種醬汁可依
自己喜好選擇　2.色彩繽紛的店內空間，另有露天座位

牛肉河粉（照片前方）
$9.25～

牛肉會另外裝盤送上，
立刻放入熱湯中汆燙一
下。清澈的湯頭味道高
雅，新鮮香菜的香味也
令人無法抵擋

越南
菜色

別冊
MAP
P11D1

●凱木基

Hale Vietnam

必吃的道地河粉種類豐富

經常獲得地方報紙美食獎的餐廳，重現了越南
口味的各種菜色獲得當地民眾的好評。尤其是
其自豪的濃厚湯頭河粉，擁有20種口味，是該
餐廳的招牌商品。餐廳空間寬廣，適合一群人
一起去，這也成為受歡迎的原因。

DATA
交威基基車程10分　住1140 12th Ave.
☎808-735-7581
時10時～21時45分　休無休
□需預約　　　　□有著裝規定

1.圓形窗戶是為其標誌。因為是熱門餐廳所以最好事先預
約　2.在充滿亞洲風格的寬敞空間下享用美食吧

106　　夏威夷有許多高級異國料理餐廳。因為可採收到羅勒和薄荷、胡荽等新鮮香草，尤其推薦泰國菜色和越南菜色。
配合夏威夷濕度較低的氣候，辣度也被調整得較低。

泰國菜色　別冊MAP P13D1　●McCully

Phuket Thai

道地的泰國菜色

在這間散發悠閒氣氛的餐廳，可享用經過道地調味且分量十足的泰國菜色。點餐時只要告知服務人生一聲，就能依個人喜好調整辣度。

DATA
交威基基車程5分　住1960 Kapiolani Blvd.
☎808-942-8194　時11時〜22時15分
休無休
□需預約　　□有著裝規定

雞肉米粉
$11.25

強烈酸味與甜味的調味方式，配料除了雞肉還可以選豆腐

1 . 越南青木瓜涼拌沙拉$9.25是非常辣的一道菜，請注意
2 . 有許多觀光客或在地人都是這間餐廳的粉絲

1　　2

螃蟹咖哩（照片前方）
$34〜（時價）

放入大量新鮮蟹肉的著侈咖哩，還加了椰子而顯得溫潤順口

簡潔的餐廳空間

越南菜色　別冊MAP P6B3　●阿拉莫阿那

Mai Lan

長年受顧客愛戴的越南菜色老舖

連日本的名人也經常前往的老店餐廳。著名的螃蟹咖哩中有大量的蟹肉，可用法國麵包沾著一起吃。在此能飽品嘗蝦子和冬粉的香味鍋等精心製作的菜色。

DATA
交威基基車程8分
住1224 Keeaumoku St.　☎808-955-0446
時9〜22時　休無休
☑需預約　　□有著裝規定

韓國菜色　別冊MAP P12A2　●阿拉莫阿那

Yuchun Korean Restaurant

令人上癮的辣味涼麵

滑順好入口的涼麵非常受歡迎的韓國餐廳。冷凍湯頭帶來的清脆感與葛粉Q彈滑順的麵條，搭配起來的口感令人一吃就上癮。

DATA
交威基基車程7分
住1159 Kapiolani Blvd.　☎808-589-0022
時11〜22時　休無休
□需預約　　□有著裝規定

葛冷麵與烤肉套餐
$26.99

有彈性的麵條與沁涼湯汁的口感大受歡迎。可依喜好搭配苦椒醬

因在地客而熱鬧非凡

愉快度過夏威夷風夜晚的方法

氣氛良好的酒吧與著重美食的Pub等等，檀香山到處都有熱門的夜間娛樂景點。
一手拿著在地啤酒，愉快地享受美好的「夜間活動」。

McCully　別冊 MAP P10A2　**Pint+ Jigger**

用夏威夷啤酒&雞尾酒乾杯

因氣氛雅致而受歡迎的美食Pub。除了有各國的啤酒，還能喝到酒保協會夏威夷代表Dave Newman調出的雞尾酒。每週四～六到18時為止的歡樂時光也受到好評。

餐點或酒類都有多種獨創菜單！

1.吧檯內陳列著21種啤酒機　2.受歡迎的蘇格蘭蛋$7等（照片前方）

DATA 交威基基車程7分　住1936 S.King St.　☎808-744-9593　時16時30分～24時（週四為～翌2時，週五、六為8時～翌2時，週日為8時～）休無休　□需預約

在夏威夷島希洛所生產的啤酒，Mehana$6

不只啤酒愛好者，也很歡迎來店純用餐！

沃德　別冊 MAP P12A3　**REAL A Gastropub**

評比世界各地的啤酒

在此除了夏威夷在地啤酒，還可以喝到比利時與德國等世界各國的啤酒。來享受比較超過300種的啤酒吧。使用夏威夷食材製作出的道地餐點，每一道都和啤酒超搭。

1.吧台後方的超大手寫菜單黑板很顯眼
2.使用夏威夷產新鮮蔬菜和山羊起司的甜菜根沙拉$7

可選擇4種喜歡的生啤酒組合$15～27

DATA 交威基基車程9分　住沃德大道中心（→P68）1F　☎808-596-2526　時14時～翌2時　休週日　□需預約

小小資訊　「Yard House」的歡樂時光是週一～五的14時～17時30分、週日～三的22時30分～24時，1品脫玻璃杯啤酒$3.95～，部分前菜有半價優惠。

時尚的氣氛。16～19時是超值的歡樂時光

以獨特木瓜莎莎醬來調味的熱帶風味牡蠣 $5（時價）

柑橘和香草帶出清爽口感的雞尾酒$8～10

1.可享用獨創的雞尾酒　2.雞尾酒是由老闆親自搖酒製作，一定要來一杯！

Kaka'ako ｜ 別冊 MAP P6B3

Bevy

將自豪的原創雞尾酒和堅持食材的菜色一起享用

推薦來杯曾獲得雞尾酒競賽冠軍的老闆兼創意調酒師所調製的雞尾酒。老闆對於食材有所堅持，其道地菜色被認為是其他地方無法品嘗到的獨特美味。8人以上需要事先預約。

DATA 交威基基車程12分 住675 Auahi St. ☎808-594-7445 時16～24時（週五、六～翌2時） 休週日 □需預約

威基基 ｜ 別冊 MAP P8A4

Yard House

以豐富種類的啤酒而自豪

能夠喝到世界各國超過130種啤酒的人氣啤酒餐廳。招牌菜單是倒滿45.72公分高玻璃杯的啤酒，視覺魄力十足。以美式菜色為主的餐點也相當受好評。

DATA 交皇家夏威夷中心R.H.C.步行4分 住威基基海灘大道（→P72）1F ☎808-923-9273 時11～24時（週五、六為～翌1時） 休無休 □需預約

除了吧台座位也有許多餐桌座位，總是人潮眾多

□感清爽，和菜色十分搭的Kona Lavaman Red $14

世界各國啤酒機陳列在吧台上人氣勢驚人！

從不同座位看到的海景也不盡相同

1.擁有各種雞尾酒，如黃瓜薰衣草Mojito$11等 2.15～17時、21時30分～23時是歡樂時光

威基基 ｜ 別冊 MAP P8B4

RUM FIRE

夏威夷擁有最多種蘭姆酒的餐廳

將威基基海灘景色一覽無遺的美食酒吧。可以喝到從世界各國收集到100種以上的蘭姆酒，或是以蘭姆酒調製的雞尾酒。另外還有泡菜炸飯$12等特色菜色。

DATA 交皇家夏威夷中心R.H.C.步行2分 住2255 Kalakaua Ave. H Sheraton Waikiki威基喜來登酒店1F ☎808-922-4422 時11時30分～24時（週五、六為～翌1時30分）。餐點～22時） 休無休 □需預約

點綴熱帶國度夜晚

喝杯夏威夷雞尾酒
享受微醺感覺♥

誕生於夏威夷的夏威夷雞尾酒，是將度假氣氛引導至高潮的熱帶風味。
吹過來的海風令人身心舒暢，在夏威夷奢侈地度過一個特別的晚上吧。

A Royal Mai Tai
$14

將橘色庫拉索酒、蘭姆酒、杏仁利口酒加入鳳梨與橘子的傳統口味

◀ 甜口 □　　　　辣口 □ ▶

D Blue Hawaii
$14

因貓王的電影而創作出的酒。加入藍色庫拉索酒與蘭姆酒

◀ 甜口 □　　　　辣口 □ ▶

D Halekulani Sunset
$12

在蘭姆酒加入芭樂與鳳梨等果汁。Halekulani的原創雞尾酒

◀ 甜口 □　　　　辣口 □ ▶

B Grass Skirt
$12

哈密瓜味利口酒加上鳳梨與橘子果汁，是容易入口的一款酒

◀ 甜口 □　　　　辣口 □ ▶

C Hawaiian Salt
$10

以伏特加為基酒，加入檸檬水與百香果果汁融合成的熱帶風味

◀ 甜口 □　　　　辣口 □ ▶

C Lava Flow
$9

以蘭姆酒為基酒，加入椰子、草莓、鳳梨果汁等，香甜可愛的雞尾酒

◀ 甜口 □　　　　辣口 □ ▶

 A ●威基基
Mai Tai Bar

別冊MAP●P9C4
夏威夷招牌雞尾酒「Mai Tai」所誕生的酒吧。在海灘側，除了週一之外，每天18時起可在此欣賞夏威夷音樂現場演奏。

DATA 交皇家夏威夷中心R.H.C.步行1分 住H威基基皇家夏威夷豪華精選度假飯店(→P119) 1F ☎808-923-7311時10～24時 休無休

 B ●威基基
Kani Ka Pila Grille

別冊MAP●P8A4
位於Outrigger Reef Waikiki Beach Resort內泳池邊的餐廳。可在此欣賞當地音樂人的現場演奏。

DATA 交皇家夏威夷中心R.H.C.步行6分 住H奧特里格礁威基基海灘度假酒店(→P121) 1F ☎808-924-4990 時6時30分～10時30分、11～22時 休無休

 C ●威基基
Duke's Waikiki

別冊MAP●P9C3
可欣賞威基基海灘風景的露天座位相當搶手。售有簡單的小菜和雞尾酒。

DATA 交皇家夏威夷中心R.H.C.步行3分 住2235 Kalakaua Ave. H Outrigger Waikiki Beach Resort 1F ☎808-922-2268 時7時～10時30分、11時～14時30分、16時45分～22時。酒吧11～24時 休無休

 D ●威基基
House Without a Key
→P21

小小知識　在夏威夷，州法規定未滿21歲者禁止飲酒，在酒吧與夜店購買酒精飲料時有可能會被要求出示護照等身分證明。台灣人從外表上可能看起來比較年輕，所以需要特別注意。

放鬆

在夏威夷傳統Lomi Lomi按摩與美容院中

消除平日累積的疲勞。

在飯店與度假公寓裡

悠閒地慢慢放鬆。

透過夏威夷傳統Lomi Lomi按摩放鬆心靈與身體

夏威夷古代傳承至今的Lomi Lomi按摩，不但可以消除身體疲勞，也具有放鬆心靈的效果。
在洋溢南國氣息的放鬆空間中，應該可將日積月累的疲勞排出身體之外。

MENU

- Moe Signature Package
  （120分、$160）
- Moe Deluxe Package
  （135分、$200）
- Anti Aging Facial
  （75分、$130）
- Lomi Lomi Massage
  （60分、$70）

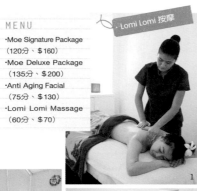

· Lomi Lomi 按摩

1.由熟練按摩師按壓的傳統Lomi Lomi按摩舒服地幾乎令人睡著 2.可另外加選足浴服務 3.使用法國生產的「YONKA」

阿拉莫阿那　別冊MAP P12B2

Day Spa Moe

自然取向的奢侈SPA

由專業工作人員進行全身按摩、臉部美容與美甲等服務，追求整體美的沙龍中心。服務時所使用的按摩油為嚴選有機油，都是「Yonka」、「Eminence」等美容達人也認可的產品。在專業按摩師的高超技術下，無論是身體或心靈都必定會獲得釋放。

DATA
交 威基基車程5分　住 1441 Kapiolani Blvd.　☎808-951-6000　時 9時30分～17時30分　休 週日、三、六　☑需預約

· Lomi Lomi 按摩

MENU

- Original Lomi Lomi
  Massage（55分、$100）
- Hawaiian Detox
  Facial（55分、$85）
- Lomi & Hot Stone
  Massage（85分、$174）
- Gold Lifting Facial
  （55分、$110）

1.可從鑽石頭山一望威基基風景的雙人按摩房 2.可購買由治療師嚴選的美妝產品 3.沙龍櫃台位於1F，按摩室於37F

McCully　別冊MAP P13C1

Kuub Cosmetics Salon

獲得所有年齡層支持，值得信賴的沙龍

以由日本治療師細心施術自豪的沙龍。這裡使用精心挑選過的美妝品，從Lomi Lomi按摩與美容、全身按摩保養，到臉部美容、美甲等細部保養均可接受服務。自有品牌「Sylph」因含有大量美容成分而受好評。

DATA
交 威基基車程5分　住 1750 Kalakaua Ave.,#3703　☎808-941-2410　時 11～20時　休 無休　URL www.kuub.com/en/　☑需預約

小小知識　SPA的小費大約是實際費用的15～20%。另外，如果遲到，相對地接受服務的時間就會縮短，建議在預約時間前的20～30分前抵達。接受服務前的8～12小時最好不要喝酒。

什麼是Lomi Lomi按摩？

夏威夷語的LomiLomi是「揉、按、推壓」的意思。現在是眾所皆知的夏威夷式按摩。在古代夏威夷，Lomi Lomi是只有稱作「Kafuna」的聖職者，才能以自然與大地的能力「mana」進行的崇高醫療活動。

MENU
·Hawaiian Lomi Lomi Massage
（60分、$60／90分、$90／120分、$120）
※至飯店外出服務＋$5
附加芳香精油服務＋$15、
附加身體排毒服務＋$20、
附加臉部美容服務＋$30

Hawaiian Lomi Lomi Massage

MENU
·Lomi Facial
（110分、$150）
·Lomi Lomi／
海浪式指壓
（60分、$70／90分、$105）
·Grand Slam Package
（100分、$150）

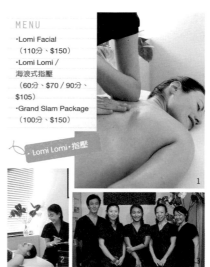

·Lomi Lomi·指壓

1.活化淋巴循環，提升肌膚活力的按摩服務　2.光線明亮的等待區　3.可選擇調和了30種香氛精油的附加服務

1.治療師會視顧客身體狀況，實施重點保養　2.包含日常生活習慣，自所有觀點來了解顧客身體上的問題　3.工作人員全部都是擁有豐富經驗的日本人

威基基　別冊 MAP P8B3

威基基　別冊 MAP P8B2

Aloha Hands Massage Therapy
充滿夏威夷氣息的SPA

裝飾著可愛的夏威夷拼布和花圈，洋溢十足熱帶氣氛的美容院，如同置身自家的氛圍也受到歡迎。由擁有合格證照的日本按摩師施術Lomi Lomi按摩，基本上以足部與指壓自由搭配按摩而受好評。從T Galleria Hawaii by DFS步行2分即可抵達的便利位置也是優點。

DATA
交皇家夏威夷中心R.H.C.步行2分　住307 Lewers St. Watumull Bldg. 8F　☎808-551-0465　時9～21時
休無休　URL www.alohahands.net（日文）
☑需預約

Luana Waikiki Hawaiian Massage & Shiatsu
夏威夷式按摩×指壓組合的極致按摩

以促進人類本身就擁有的自癒能力的海浪式指壓為主，能夠體驗按壓特別的穴道或施術順序的道地按摩。另外也可以依客人需求，自由組合海浪式指壓、Lomi Lomi按摩與熱石按摩。

DATA
交皇家夏威夷中心R.H.C步行1分　住2222 Kalakaua Ave.Galleria Tower #716　☎808-926-7773　時9～23時（週六為16時～。～11時為止僅採取網路預約制）
休無休　URL www.luana-waikiki.com（日文）
☑需預約

魅力在於輕鬆愜意！

$60以下即可享受的 1日SPA行程

雖然豪華SPA很好，但在逛街回程中一時興起就可以進去的1日SPA也十分吸引人。
在此介紹以便宜的價格便可消除一天疲勞，超值的6家SPA。

 威基基　別冊 MAP P8B2 **NOA ELMO.**

地點便利，可隨時前往的超棒SPA

不須預約且營業到24時的沙龍，技巧純熟的
治療師會幫忙舒緩全身各處的疲勞。位於T
Galleria Hawaii by DFS斜前方的地點極具吸
引力，具隱密感的個人按摩室也很受好評。

> **DATA**
> 交皇家夏威夷中心R.H.C.步行3分
> 住355 Royal Hawaiian Ave.
> ☎808-921-0355
> 時9～24時　休無休
> URL noa-elmo.com（日文）
> □需預約

1.有許多技術高超的治療師　2.加$10升級的芳香精油按
摩可以提升肌膚彈性而受好評

1

推薦MENU
Lomi Lomi按摩
60分、$59.50

使用按摩油，以手腕整體的動
作減輕身體僵硬，可改善淋巴
循環

2

1

威基基　別冊 MAP P8B2 **Spa Pure**

各式各樣的治療按摩

在此可體驗於美國本土也十分活躍的治療師
──Dennis所設計的各種療程。其中可讓夫
婦情侶一同接受服務的Couple Special
Massage 很受歡迎。

> **DATA**
> 交皇家夏威夷中心R.H.C.步行4分　住400 Royal
> Hawaiian Ave.　H Courtyard by Marriott Waikiki
> Beach 1F　☎808-924-3200 時9～22時　休無
> URL www.spapurewaikiki.com
> ☑需預約

推薦MENU
Ocean Massage
30分、$60

透過漂浮在跟海水相同
鹽度的水中放鬆肌肉，
極致的放鬆按摩。是未
曾體驗過的施術方式

2

1.在微溫的海水游泳池治療是未曾體驗過的舒服。治療師
隨時跟在旁邊，不用擔心會溺水　2.位於威基基市中心飯
店裡的豪華SPA

 小小資訊　「Spa Pure」的Ocean Massage中有稱作「Water to Land」（90分、$180。Ocean Massage 30分+ Body Spa Massage 60分）的超值套裝方案。

Mucully 別冊 MAP P13C1

Aroma at Home

採取完全預約制的個人沙龍

以夏威夷傳統的Lomi Lomi加上正宗芳香療法，接受專屬於個人的按摩。藉由擁有國際芳香治療師資格的老闆調和出的香精油，更能提升功效。在完全預約制的輕鬆空間中，能夠舒適地放鬆身心。

1.放鬆身體接受治療師施術　2.配合個人身體狀況調和芳香精油

DATA
交威基基車程5分　住1750 Kalakaua Ave. Century Center #1005
☎808-941-2190
時10～21時（僅採預約制，電話預約為9時～）　休無休
URL www.aromaathome.com/en/menu
☑需預約

推薦MENU
Lomi Lomi按摩
60分、$60

節奏性地施術使僵硬的肌肉放鬆，促進血液循環。也有提升內臟機能的作用

威基基 別冊 MAP P8B2

RUA MOMI.

輕鬆享受有機Lomi Lomi按摩

使用100%有機按摩油，高級的Lomi Lomi按摩專門店。在此除了接受正宗夏威夷按摩、Lomi Lomi外，還有改善便秘、生理痛等不適症狀的腹部按摩。該店營業至深夜，即使不預約也沒關係。

1.該店治療師是擁有夏威夷州合格證照的專業人員　2.使用有機芳香精油

DATA
交皇家夏威夷中心R.H.C.步行4分
住2229 Kuhio Ave.
☎808-931-6363
時9～24時　休無休
URL rua-momi.com（日文）
□需預約

推薦MENU
有機Lomi Lomi全身按摩
60分、$100

使用有機芳香精油，以溫和力道按摩全身。除了有放鬆的效果，還能潤滑肌膚

 威基基 別冊 MAP P8B2

Royal Massage

威基基市中心的隱密沙龍

該店有夏威夷Lomi Lomi、指壓、瑞典式等各式各樣的按摩方案。可依仔細諮詢的結果選擇按摩種類，針對各種身體症狀接受按摩。也能請該店治療師外出按摩，最適合因活動而疲勞的身體。

1.身體疲勞因按摩治療師的技術而舒展　2.全部都是個人按摩室，可安心前往

DATA
交皇家夏威夷中心R.H.C.步行4分
住2229 Kuhio Ave.#201
☎808-921-0115
時9～24時　休無休
URL royal-hi.com/english/
□需預約

推薦MENU
綜合按摩
60分、$55

結合了傳統的Lomi Lomi按摩加上指壓、穴道按摩等等淋巴按摩的施術對僵硬的身體很有效

 阿拉莫阿那 別冊 MAP P13D2

Massage Way

演藝明星也私下光顧的隱密沙龍

Lomi Lomi按摩資歷16年的資深治療師Marei所經營的人氣隱密沙龍。其功力深厚，僅僅是觸摸身體的瞬間，就可以知道身體僵硬的程度，連日本的人氣模特兒與演藝人員也不停持續光顧。

1.確實按壓穴道的熟練技巧　2.也有包廂，也可供夫婦、情侶兩人使用

DATA
交威基基車程5分
住1860 Ala Moana Blvd., Suite116　☎808-949-0238
時10～22時　休無休
URL www.massagewayhawaii.com
☑需預約

推薦MENU
Lomi Lomi
60分、$55

以有力又柔和的力道按摩疲累的身體，舒服地讓人想睡。另有90分、120分的方案

放鬆　$60以下的1日SPA

目標成為裸肌美人
夏威夷現在正夯的自然風美妝

有機美妝品富含大量從夏威夷植物萃取出的植物精華。
有益肌膚的溫和成分會幫助形成光滑健康的肌膚。自然的香氣使人恢復精神與疲勞。

Lanikai Bath & Body

由居住在拉尼凱的2位女性於2005年創設的品牌。將生長於夏威夷大地的花朵與水果的豐富香氣，大量使用在商品中，100%使用自然素材。

1.含有高度抗菌與除臭效果的有機鼠尾草沐浴乳$16　2.調和薰衣草、洋甘菊、香柑，具有放鬆效果的按摩油$15.50　3.有效保護遭蚊蟲叮咬與嚴重乾裂手指的固體油$18.50　4.此洗髮精調和了可促進頭皮血液循環的迷迭香，具有芒果香氣。$20.50（所有品項皆可在Ⓐ購買）

Honey Girl Organics

含有從位於北海岸的養蜂巢採集的有機蜂蜜、蜂膠與蜂蠟等大量高營養價值成分的系列產品。使用了即使誤食也不用擔心的安全素材。

1.除去多餘的脂肪，潤澤肌膚的潔面乳$20.99　2.在睡前塗抹即可恢復肌膚彈性的晚霜$31.99，翌日早上超好上妝　3.滋潤乾燥龜裂嘴唇的潤唇膏$7.99　4.調和蜂蜜、玫瑰、橙花精華油的臉部爽膚水$21.99（所有品項皆可在Ⓔ購買）

Ⓐ 別冊 MAP P5D1　●凱盧阿
Lanikai Bath & Body
滿足於療癒香氣的自然風美妝
由深愛拉尼凱海灘的2位女性所創立的自然風美妝品牌。堅持以夏威夷產素材製作，以及由專業香療師精選的香味，全都是非常有深度的產品。

DATA 交威基基車程35分　住600 Kailua Rd. #119　☎808-262-3260　時10～18時（週六為～17時、週日為～16時）　休無休

Ⓑ 別冊 MAP P8B3　●威基基
Belle Vie
在這裡購買海外熱門美妝產品！
這裡有多種熱門海外品牌的美妝產品。除了有使用夏威夷植物的Botanical系列產品，John Masters Organics等話題商品也都會即時進貨。另有販售各種美容雜貨商品。

DATA 交皇家夏威夷中心R.H.C.步行1分　住2250 Kalakaua Ave.,威基基購物廣場1F　☎808-926-7850　時10時～22時30分　休無休

小小知識　所謂有機美妝，就是自主性地提倡以天然成分為主，不使用或是僅以非常少量的化學原料來調和製作，「幫助人類肌膚本身具有的自然能力」的化妝品。

Hawaiian Botanicals Series

以夏威夷自然植物為主原料的「Belle Vie」品牌自有商品。可解決斑點、皺紋、美白等女性煩惱，由專家開發而成的自然風美妝產品。

1.鳳梨與扶桑花精華液可軟化老舊角質，在不傷肌膚下去除角質。Laki $60　2.Nui $62凝膠，知母根與橄欖等植物萃取精華液可增殖脂肪細胞，有助豐胸（所有品項皆可在 B 購買）

Hawaiian Bath & Body

大量使用石栗油、葡萄籽油等高營養素材，調香僅使用單純的精華油，對自品牌擁有高度堅持。

1.只用清爽的香茅混合茶樹、迷迭香等無添加的香皂$6.25。藉由石栗油讓肌膚保持水潤。2.夏威夷芒果香味令人心情舒緩的身體乳液$14.95。（所有品項皆可在 C 購買）

Kopa Haiku

由居住在茂宜島已久的在地人經營的品牌，全部的產品皆以100%純天然原料手工製作。

1.滋潤且濃稠的有機身體乳液$7.99，全部共4種　2.透過植物萃取成分保持肌膚水潤的有機潤膚霜$12.99（所有品項皆可在 C 購買）

Maui Soap Company

在茂宜島手工製作的護膚品牌產品。除了以有機夏威夷產椰子油與絲瓜為主原料製作的香皂之外，還使用了石栗油、蜜蠟等自然原料。

1.12種有機椰子香皂（左）、7種絲瓜香皂（右）各$7　2.添加石栗油，低刺激性且清爽，適合肌膚的身體滋養霜$9，有雞蛋花的香味。（所有品項皆可在 D 購買）

放鬆
自然風美妝

C 別冊 MAP P8B3　●威基基
Neo Plaza

擁有多數稀有商品

位於威基基正中央，交通便利吸引人潮的美妝商店。販售多種海外品牌的稀有商品，有非常多商品在全夏威夷只有這間店販售。另外也引進各式各樣有機品牌商品。

DATA 交皇家夏威夷中心R.H.C.步行1分　住2250 Kalakaua Ave.,威基基購物廣場1F　☎808-971-0030　時10時～22時30分（週六、日為12時～）　休無休

D 別冊 MAP P13C2　●阿拉莫阿那
Blue Hawaii Lifestyle

嚴選多種個性商品的自然風商店

有夏威夷誕生的有機美妝、天然食品到音樂CD等，販售各式各樣的夏威夷商品。店內設有咖啡廳（→P90）。

DATA 交威基基車程5分　住阿拉莫阿那中心（→P62）2F　☎808-949-0808　時8時30分～21時（週日為9～19時）　休無休

E 別冊 MAP P7D2　●柯哈拉
全食超市
Whole Foods Market　→P80

117

Waikiki | AlaMoana | Ward Kakaako | Down town | Kapahulu Kaimuki | Diamond Head | Kahala | Kailua

夢想入住的豪華飯店

夏威夷林立著無數令人夢想入住的奢華飯店。飯店會以最高級的款待精神接待您。
若想優雅地度過滯留時間，在此介紹禮賓部提供的有用情報！

威基基 別冊 MAP P8B4

哈利古尼拉飯店
Halekulani

號稱仙境的著名飯店

如同「仙境」之名，藉由高級感十足的設備與無微
不至的服務，持續吸引全世界的名媛們前往住宿的
飯店。所有客房皆有寬敞的陽台，能夠一望美麗的
海洋。廁所內另有淋浴隔間。

禮賓部建議

鑽石頭山
大套房
$2200～（1張床）
因可瞭望鑽石頭山美麗威基基景色而深獲好評。

Point!
盡請利用可免費進入檀香山博物館等設施的
「For You Everything」方案。

DATA 交皇家夏威夷中心R.H.C.步行6分 住2199 Kalia Rd. ☎808-923-2311 金花園庭院客房$530～、海景客房$785～ 453間

R P F

1.散發簡素優雅氣氛的客房 2.頂級大套房$7000，充分享受奢華氣氛 3.描繪上飯店象徵——蘭花的泳池使人有優雅感受

柯哈拉 別冊 MAP P7D2

卡哈拉度假酒店
The Kahala Hotel & Resort

住宿在位於高級度假區的隱密飯店

位於豪宅林立的Kahala Ave.上的高級度假飯店。以
「柯哈拉時尚」為主題打造的室內裝潢，顯現出奢
華且時尚的氣氛。房內使用了義大利高級寢具品
牌。飯店內各項活動設施一應具全，入住者可盡情使用。

禮賓部建議

Dolphin Lanai
1211號房
$641～
可望見6頭寬吻海豚在潟湖中游泳的客房。可愛的海豚令人心情放鬆。

Point!
能和海豚一起游泳的
Dolphinquest方案相當受歡迎。

DATA 交威基基車程15分 住5000 Kahala Ave. ☎808-739-8888 金景觀客房$440～ 338間

R P F

1.客房分為兩棟，寬廣的空間感到舒適放鬆 2.飯店大廳的挑高天花板和奢華吊燈令人印象深刻 3.晚上倒映在湖上的燈光醞釀出夢境般的氣氛

夢想飯店的周邊產品

一流飯店的周邊產
品，全都是每個人都
想得到的高級品！購
買在此才能獲得的
稀有商品吧。

Halekulani的身體潤膚
磨砂霜$15
調配水果成分能促使肌
膚光滑水嫩

The Kahala Hotel &
Resort的鬆餅粉$10
可在自家重現餐廳原味

Moana Surfrider Westin
Resort & Spa的自有品
牌紅茶$16 茶罐設計
洋溢高雅氣息

威基基　別冊 MAP P9C4

威基基皇家夏威夷
豪華精選度假飯店
The Royal Hawaiian, a Luxury Collection Resort

太平洋上的耀眼粉紅皇宮

1927年創業，以「粉紅皇宮」之暱稱為人所知的老
牌飯店。如同威基基的代表性地標般的粉紅色建築
物，內部到處都展現著高雅的氣氛風格。房客抵達
時，服務人員將以花圈
與香蕉核桃馬芬蛋糕接
待。另有配給每位房客
專屬門房的服務。

禮賓部建議

Royal Ocean Junior
Suite 581號房
$1365～
可望見絕美海濱景色，較一
般房間更為寬廣，十足高級
感的奢華客房。

Point!
館內設置附頂棚的
私人空間、帳篷小屋。
可在此度過一個人的
美好時光。

DATA 交皇家夏威夷中心
R.H.C.步行1分　住2259
Kalakaua Ave.　☎808-923-
7311　金庭園景觀客房
$790～　525間

Ⓡ Ⓟ Ⓕ

1.散發古典風格的粉
紅色建築物
2.以深色木頭為主題
的裝潢帶給人平靜的
感覺 3.僅供房客使
用的泳池。另有帳篷
小屋

放鬆 豪華飯店

威基基　別冊 MAP P9C3

威斯汀莫阿納衝浪者
溫泉度假酒店
Moana Surfrider, A Westin Resort & Spa

威基基最歷史最悠久的飯店

被稱為「威基基第一夫人」的優雅白色飯店。1901年
創業當時的建築物模樣至今仍留存著，帶給人舊時夏威
夷的感受。幾乎從所有客房都能夠望見威基基海灘，並
備有威斯汀天夢之床
（Westin Heavenly
Bed），保證令房客度
過舒適的一晚。

禮賓部建議

Banyan Classic Ocean
Club 324號室
$925～
最靠近海邊的客房之一，彷
彿大海就在旁一般的美麗景
觀。

Point!
從「The Veranda」望見的
百年榕樹與美麗海洋的
景色是該飯店的驕傲。

DATA 交皇家夏威夷中心
R.H.C.步行4分　住2365
Kalakaua Ave.　☎808-
922-3111　金榕樹城市客
房$605～　791間

Ⓡ Ⓟ Ⓕ

1.以肌膚平滑觸感自豪的天夢之床使人舒適地進入夢鄉
2.威基基中極具存在感的莊嚴白牆建築物 3.面向海灘，開
闊感十足的泳池

舒適飯店

位於威基基周邊，所以去哪裡都非常方便，而且CP值超高。
在此介紹嚴選出保證能夠度過舒適夜晚的魅力飯店。

威基基 別冊 MAP P9D3 **威基基海灘凱悅度假村及水療中心**

Hyatt Regency Waikiki Beach Resort and Spa

因高層雙塔而廣為人知的大型飯店

八角形的雙塔為象徵的豪華飯店。在此有能夠眺望絕美海景的客房，飯店內還設有超過60家店的普阿雷拉妮水漾購物商店（→P72）等等豐富的設施，提供房客舒適的住宿環境。

DATA　交皇家夏威夷中心R.H.C.步行6分　住2424 Kalakaua Ave.　☎808-923-1234　金Waikiki View$180～、Partial Ocean View$200～（視日期而異）　1230間

R P F

1. 具豪華感的陽台客房
2. 從陽台一望威基基海灘

威基基 別冊 MAP P11C4 **威基基萬豪溫泉度假酒店**

Waikiki Beach Marriott Resort & Spa

洋溢南國氛圍的巨大度假園區

擁有Kealohilani Tower、Paoakalani Tower 2棟豪華高塔。除了可以欣賞威基基海灘美景，也以既現代又洋溢熱帶氛圍的裝潢而自豪。廣大的園區內有2個游泳池、餐廳與人氣商店。

DATA　交皇家夏威夷中心R.H.C.步行11分　住2552 Kalakaua Ave.　☎808-922-6611　金Deluxe Ocean View $530～　1310間

R P F

1. 客房寬敞舒適，另有針對家庭提供的服務　2. 廣闊的大廳

威基基 別冊 MAP P8A4 **威基基川普國際飯店**

Trump International Hotel™ Waikiki Beach Walk®

功能性佳的高級度假飯店

兼具度假公寓的便利性與舒適空間，以38層樓高自傲的豪華高樓飯店。飯店設計現代又優雅，客房寬廣舒適，全部共有10種以上的房型。供房客自由選擇自己喜歡的房間。

DATA　交皇家夏威夷中心R.H.C.步行7分　住223 Saratoga Rd.　☎808-683-7777　金Studio房 $449～ 462間

R P F

1. 寬廣的設計與大片落地窗，給人放鬆感的客房　2. 可望見綠色植物與海洋的泳池

威基基 別冊 MAP P13D3 **夏威夷威基基海灘希爾頓度假村**

Hilton Hawaiian Village Waikiki Beach Resort

盡情享受夏威夷最大規模度假園區

由5座塔樓所組成的飯店。廣大的園區內有5座游泳池，集結了國際色彩豐富的餐廳、購物商店等90間以上店家，可充實地度過旅遊時光。除了夏威夷式野宴與每天晚上舉辦的現場娛樂活動之外，湖上也會舉行各式各樣的水上活動。

DATA　交皇家夏威夷中心R.H.C.步行15分　住2005 Kalia Rd.　☎808-949-4321　金Resort View $219～ 2860室

R P F

1. 熱門的彩虹塔樓邊間客房　2. 展現十足開放感的泳池

　[符號說明] R餐廳　P游泳池　F健身房

奧特里格礁威基基海灘度假酒店
Outrigger Reef Waikiki Beach Resort

極致夏威夷風格飯店

大幅提升夏威夷豪華氛圍，全客房提供無線網路。面向海灘地點良好，在海濱購物或吃飯都非常便利。

DATA 交皇家夏威夷中
心R.H.C.步行6分
住2169 Kalia Rd.
☎808-923-3111
金City View $499、單床
大套房$709～ 639間

威基基希爾頓尊盛酒店
Embassy Suites®- Waikiki Beach Walk®

所有客房均為大套房的豪華飯店

所有客房均為具備寢室與客廳的大套房。另外，自助式早餐與晚宴上的酒精類飲料均為免費提供，服務充實極具吸引力。

DATA 交皇家夏威夷中
心R.H.C.步行7分 住201
Beachwalk St.
☎808-921-2345
金單床大套房$539～
369間

太平洋海灘飯店
Pacific Beach Hotel

感動地眺望沉浸於夏威夷氣氛的風景

「Oceanarium」餐廳的巨大水槽十分著名。幾乎從每一間客房都可以望見威基基海灘，尤其從高樓層往下眺望風景更是絕美。因合理的價格與使用便利性而受好評。

DATA 交皇家夏威夷中
心R.H.C.步行10分
住2490 Kalakaua Ave.
☎808-922-1233
金partial ocean view
$169～ 839間

威基基帕克飯店
Waikiki Parc Hotel

令人興奮的嶄新度假園區飯店

著名飯店Halekulani的姊妹飯店。位於威基中心，要去購物也十分方便。擁有嚴密的保全系統，不管是女生們或一個人獨自旅行都可安心。

DATA 交皇家夏威夷中
心R.H.C.步行6分
住2233 Helumoa Rd.
☎808-921-7272
金Parc room $200～
297間

檀香山現代酒店
The Modern Honolulu

由新銳設計師設計的最新飯店

所有房間整合為米白色系，家具活用大自然的素材與觸感而令人感受到溫暖。另外，房內提供義大利Frette製高級寢具可讓房客舒適入眠。

DATA 交皇家夏威夷中
心R.H.C.步行18分
住1775 Ala Moana Blvd.
☎808-943-5800
金City View$289～
353室

威基基海灘凱悅嘉軒酒店
Hyatt Place Waikiki Beach

超高便利性的都會風飯店

所有客房設計簡單時尚，備有陽台與大尺寸電視、免費Wi-Fi。房客可在泳池邊享用免費自助式早餐。

DATA 交皇家夏威夷中
心R.H.C.步行15分
住175 Paoakalani Ave.
☎808-922-3861
金City View$199～（視日
期而異） 426間

放鬆 舒適飯店

實現如住在家裡一般的感受

在度假公寓裡
體驗優雅的夏威夷生活

如果要在夏威夷待久一點，度假公寓反而比飯店好。

例如在廚房做菜、待在客廳放鬆等，能夠享受在一般飯店無法體會到的「類在地生活」。

度假公寓的舒適秘訣

- 如果是多人一起租，每人平均起來的費用會變少，比較划算
- 廚房可供房客做菜，能夠做自己喜歡吃的東西
- 許多客廳都有提供大尺寸電視、DVD與音響等完善設備

威基基　別冊 MAP P8A3

威基基海灘步道麗景灣
支架公寓式酒店
Regency on Beachwalk Waikiki by Outrigger

所有客房皆為大套房的豪華度假公寓

時尚的飯店式度假公寓。地板、大號雙人床非常適合現代風設計裝潢。另外還備有薄型電視。

1.有品味的室內配色與時尚氣氛的室內設計　2.所有房間都有設備齊全的廚房，漂亮的餐桌也可自由使用　3.寬敞開放的大廳

● 設備列表
微波爐、冰箱、洗碗機、IH電磁爐、咖啡機、薄型電視、嬰兒床（依房客要求）、Wi-Fi（免費）etc.

DATA 交皇家夏威夷中心R.H.C.步行6分　住255 Beach Walk ☎808-922-3871　金城市景觀 單床客房 $399～ 48間 R

威基基　別冊 MAP P11C4

阿斯頓威基基
菩提樹度假村
Aston at the Waikiki Banyan

客房皆配備設施齊全的廚房以及誘人的免費設施

位於卡皮歐拉尼公園附近，寬敞令人放鬆的客房，備有設施齊全的廚房。另有多樣免費設施，可使用游泳池、網球場、兒童玩具等。亦設有烤肉區供使用，1小時$2。

DATA 交皇家夏威夷中心R.H.C.步行13分　住201 Ohua Ave. ☎808-922-0707(Koko Resorts) 金標準單床客房 $304～ 100間(共876間) P

● 設備列表
冰箱、全設備廚房、電視、陽台、浴缸、吹風機、免治馬桶（部分房間）etc.

1.寬敞的空間　2.陽光從大窗戶照進房內　3.可免費使用泳池

[符號說明] R餐廳 P游泳池 F健身房

威基基 別冊 MAP P8B1

殖民島水天際飯店
Aqua Skyline at Island Colony

位於阿拉威運河沿岸的寂靜地點

位於阿拉威運河沿岸的高樓度假公寓。客房除了飯店型外，還有公寓式套房型、單床客房等3種。亦可望見美麗的夜景。

●設備列表
微波爐、小冰箱、咖啡機、有線電視、清潔服務（每天）、熨斗、吹風機etc.

DATA 交皇家夏威夷中心 R.H.C.步行5分
住445 Seaside Ave. ☎808-923-2345
金公寓式套房 $249～ 80間(共740間) P

從44層高的公寓往外眺望的風景絕佳

威基基 別冊 MAP P8B4

威基基帝國夏威夷度假酒店
Imperial of Waikiki

位於海邊的休閒風度假公寓

水藍色玻璃窗令人印象深刻的休閒風度假公寓。有套房型、單床客房、雙床客房等房型，無論何種房型都便利舒適。

DATA 交皇家夏威夷中心 R.H.C.步行6分
住205 Lewers St. ☎808-923-1827
金公寓式套房 $113～ 263間 R F

●設備列表
小冰箱、咖啡機、烤土司機、37吋液晶電視、DVD播放機、熨斗etc.

可一望威基基海灘風景的高樓層客房

放鬆 度假公寓

威基基 別冊 MAP P11C4

威基基阿斯頓日落度假村
Aston Waikiki Sunset

從個人陽台望去的風景絕美

卡皮歐拉尼公園附近的度假公寓。所有房間都有個人陽台，也有能夠盡情欣賞海洋、鑽石頭山絕美景色的客房。

●設備列表
微波爐、冰箱、電磁爐、烤箱、烤土司機、咖啡機、吹風機etc.

DATA 交皇家夏威夷中心R.H.C.步行14分
住229 Paoakalani Ave. ☎808-922-0511
金單床客房$259～ 435間 P

客廳的超大沙發坐起來非常舒適

威基基 別冊 MAP P11C4

阿斯頓威基基大廈
Aston Waikiki Beach Tower

奢侈打造的高級度假公寓

檀香山屈指可數的高級度假公寓，隔著Kalakaua Ave.面向海灘。雙床客房極為寬敞，根本可說是奢侈。

DATA 交皇家夏威夷中心R.H.C.步行8分
住2470 Kalakaua Ave. ☎808-926-6400
金雙床客房 $709～ 140間 P

●設備列表
微波爐、冰箱、洗碗機、DVD播放機、Bose公司製Wave收音機、廚餘處理機、洗衣機etc.

客廳直通陽台的開放式設計

旅遊資訊

美國出入境的流程

入境美國

1　抵達　Arrival

抵達機場後，按照抵達（Arrival）的指標往主要航廈移動，辦理入境審查。假如是抵達26～34閘門，需要經過連接通道。

2　入境審查　Immigration

持護照、回程機票或電子機票明細，以及在飛機上領取並填寫完畢的海關申報單前往外國人（Foreigner）專用櫃台。由於入境審查員會詢問旅行的目的與停留時間，所以最好先準備如何回答。接著規定必須掃描指紋與拍攝大頭照。審查結束後領回護照，前往領取行李。

3　提領行李　Baggage Claim

在標示著自己乘坐飛機班次號碼的行李輸送帶旁等待行李。萬一行李有破損或是沒有跑出來，則告知航空公司工作人員並出示行李提領券（Claim Tag）。一般來說行李提領券會貼在機票後方。另外，也有可能發生行李被拿下輸送帶，排列放置在附近的情況。

4　海關審查　Customs Declaration ▶▶▶

出示海關申報單與護照。如果不需申報，可前往綠色標誌櫃台。需要申報者則前往紅色標誌櫃台接受行李檢查。

5　入境大廳　Arrival Lobby

個人旅行者，出海關後往前直走，團體旅行者則往左前進。通過個人旅行者出口後，正面有計程車乘車處，右邊有接駁巴士乘車處。

決定旅行後的準備

●ESTA（旅行電子授權系統）

若不申請簽證，而前往美國短期觀光（最多90天）、商業或過境時，必須申請「ESTA」。費用為$14，可以指定信用卡或金融卡支付。現在可使用Master Card、VISA、美國運通與JCB卡。建議最晚在出發前72小時取得。只要申請一次就2年有效（如果護照有效期限在2年內，則至護照有效期限為止）。申請可上ESTA網站URLhttps://esta.cbp.dhs.gov/esta/

●Secure Flight · Program（飛航保安方案）

此方案的目的是為了加強在美國起降的民航機的保安機制。訂機票及預約行程時，需依航空公司或旅行社指示登錄護照上的姓名、出生年月日、性別、Redress Number（※持有識別號碼才需登記）。

※Redress Number是為了防止旅客因與恐怖份子同名同姓等理由而被誤認的補救方法，由美國國土安全部（DHS）發給之號碼。

●入境美國時的限制

○申報物品項目
現金…無攜入與攜出的限制。但若超過相當於$1萬等值以上的金額則必須申報。
禮品等值於$100以上必須申報。
○主要免稅範圍
酒類約1公升以內。香菸200支或雪茄50支以內。
※須滿21歲才可帶酒類與香菸類
○主要的禁止攜帶物品
肉類產品（含罐頭、萃取液、泡麵等）、猥褻物、麻藥、槍枝、動植物、食品（含水果、蔬菜、蛋類產品等）、盜版品等。

家裡～機場check

出國時的注意事項

●美國的入境條件

出發前1個月～10天之前check

○護照的有效期限
入境時有效期限不得少於90天。

○免簽證的使用條件
以ESTA旅行授權入境的情況下。以經商、觀光或過境為目的，停留不超過90天。

○機場的出發航廈
桃園機場分成第1、第2航廈，兩個航廈皆有飛往檀香山國際機場的航班，但只有華航有直飛檀香山國際機場的航班，從第2航廈出發。

○液體攜帶上機的限制
請注意隨身所攜帶之液體在100毫升以上在臺灣機場出境檢查時會被沒收。若在100毫升以下，可放入透明夾鏈袋入飛機。

注意事項　申請ESTA後，在入境美國時不會被要求確認。如果擔心，可將收據列印下來和護照一同保管。

確定去旅行後，應立刻確認重要的出入境資訊！
做好萬全的準備後前往機場

別冊
MAP
P4A3

出境美國

1 報到 Check-in
出境手續十分嚴格，需要耗費許多時間，儘可能在出發時間2小時前抵達機場。首先在所搭乘航空公司的櫃台接受託運行李檢查。在報到櫃台向工作人員出示機票（若是電子機票則為行程確認表）與護照後，取得登機證。將託運行李交給工作人員，索取行李提領券（Claim Tag）後即完成手續。另因強化安全措施，檢查託運行李時乘客不能在場。上鎖的行李箱也有被打開的可能，如果行李壞掉則不在保險範圍之內，需多加注意。

2 手提行李檢查 Security Check
手提行李全部皆須通過X光檢查，另須接受身體檢查。檢查前先將金屬物品拿下來吧。

3 出境審查 Immigration
向審查員出示護照和登機證。蓋下出國日期印章，審查結束之後前往出境閘門。和出境臺灣時同樣設有攜入限制，請注意。

4 登機 Boarding
出發樓層非常寬敞，有許多餐廳與免稅店。一定要確認自己所搭乘班機的登機門，於出發前30分鐘抵達等候。搭乘時，工作人員有可能檢查護照。

● 關於TSA安全鎖
TSA安全鎖是經由美國國土安全部運輸安全局TSA（Transportation Security Administration）所認可的鎖。即使在安全檢查最嚴格的美國，也可以直接上鎖交給航空公司託運。推薦給「不上鎖就不放心託運」的旅行者，市面上有販賣裝有TSA安全鎖的行李箱與皮帶。

檀香山國際機場
Honolulu International Airport

位於歐胡島東南方，夏威夷州最大的國際機場，為人所知的夏威夷天空玄關。24小時營業，無論白天或黑夜都有許多班機起降。另外也肩負轉機至歐胡島周邊離島的轉機機場責任。主要設施有餐廳、商店與商業中心等。

○在這裡購買尚未買齊的伴手禮
機場內有CÉLINE、COACH等名牌商店、免稅店、便利商店、書店等許多店家，可在登機前最後購物。商店售有咖啡、巧克力等伴手禮。另外，幾乎所有商店都位於中央大廳。

○出發前到美食區休息
出境審查結束後進入的中央大廳內有美食區，這裡有漢堡王與星巴克等在夏威夷常見的熱門連鎖店。

○貨幣兌換處
位於1F與2F。匯率是市內的銀行與匯兌所較優惠，所以若抵達機場時手上沒有美金，可先兌換足夠前往到市內的交通費用。另外，如果回國時還有剩餘的美金也可在此兌換。但須注意此處無法兌換硬幣。

○網路環境
中央大廳裡的商業中心有網路可使用，還有影印、傳真等服務。☎808-834-0058　時7時30分～20時45分

回國時的限制

如須申報，請填寫「海關申報單」，並經「應申報檯」（即紅線檯）通關。▷ ▷ ▷ ▷ ▷ ▷ ▷ ▷ ▷ ▷

●主要免稅範圍

酒類	1公升（年滿20歲）
香菸	捲菸200支或雪茄25支，或菸絲1磅（年滿20歲）
其他	攜帶貨樣的完稅價格低於新台幣12,000元
貨幣	新台幣10萬以內；外幣等值於1萬美元以下；人民幣2萬元以下

※超過須向海關申報
※回國的時候，如果有後送行李或超過免稅範圍的物品，稅率等相關詳情請參照海關URL web.customs.gov.tw

●主要禁止進口及限制進口物品

○毒品危害防制條例所列之毒品。
○槍砲彈藥刀械管制條例所列之槍砲、彈藥及刀械。
○野生動物之活體及保育類野生動物及其產製品，未經行政院農業委員會之許可，不得進口；屬CITES列管者，並需檢附CITES許可證，向海關申報查驗。
○侵害專利權、商標權及著作權之物品。
○偽造或變造之貨幣、有價證券及印製偽鈔印模。
○所有非醫師處方或非醫療性之管制物品及藥物。
○其他法律規定不得進口或禁止輸入之物品。

注意事項　要從檀香山國際機場回國時，需接受全身掃描的安全檢查，會耗費較多時間，前往機場最好多預留一些時間比較保險。

機場～檀香山中心區的交通

交通速查表

交通工具		特色
便宜	機場接駁車	配合飛機起降時間營運，巡迴每位乘客要入住的飯店。攜帶行李2件以內免費，超出後每件追加$8。高爾夫球袋和衝浪板另外計費。由於抵達飯店後司機會替乘客裝卸行李，給司機約$1的小費吧。
快速	計程車	由於等待時間短且可直接抵達目的地，是最簡單便利的方式。步出機場入境大廳後向附近的派車人員表示要搭計程車，工作人員就會引導你去搭車。如果只有1件行李可以不用多付費，但如果有2件以上就多給一些小費（約$5左右）吧。
快速	豪華轎車	在台灣會覺得很高級且不常見，但團體一同搭乘會非常方便。最多可容6～8人乘坐，車內備有飲料。預約時告訴工作人員搭乘人數和班機號碼。另外也有載客至觀光名勝和購物中心的服務（費用另外計算）。
便宜	巴士	雖然是最便宜的交通方式，但無法攜帶大型行李。可以拜託司機在抵達距離目的地最近的站牌時提醒你，很方便。一般來說，旅客常在位於機場二樓大廳的巴士站搭乘19、20號巴士往Waikiki Beach& Hotels方向的巴士。請注意無法找零。

機場接駁車　　　Airport Shuttle

記住使用方法後就非常簡單方便的機場接駁車。在此說明搭乘方法到支付費用方式。抵達時先預約回程班次比較好。

●坐坐看吧

1　尋找乘車處

步出通過海關後的個人旅行者出口附近，會有穿著夏威夷襯衫的工作人員拿著接駁車的看板，向工作人員打招呼後就會引導至乘車處。

2　搭車

接駁車大約每20分鐘會抵達一班。遞給司機行李、告知目的地後進入車內。行李2件以內不須加收費用。

3　下車

抵達目的地後盡速下車。

●預約&支付費用

○向工作人員購買

可在乘車前、開車後、中途停車地點購買車票。購買單程車票可說「One way Please」，來回票可說「Round Trip Please」，來回票$26.79。

○事先在網路上預約

可以事先在各接駁車公司網站上預約車票，搭車時出示列印出的收據即可。注意不要忘在託運行李中，事先就收據放在手提行李裡面吧。

○支付小費的方法

由於抵達飯店時司機會裝卸行李，此時支付小費。1件行李約以$1為基準。

○預約回程班次

預約回程可事先在網路上預約，或是在去程買票時購買來回票。

⚠ 注意事項

○有關手提行李

攜入車內的行李1件以內免費。以能夠放置於膝上為標準。

○儘早預約回國時的接駁車班次

最慢在回國48小時前預約好接駁車班次。抵達時就先預約回程班次較佳。

小小資訊　計程車與豪華轎車的乘車處，會在位於步出個人旅行者出口旁道路的中央分隔島上下車。另外，租車公司的接送巴士會在約右方50公尺左右的中央分隔島上下車。

從機場到威基基大約需要花費30～50分鐘。交通方式共有機場接駁車、巴士、計程車等等4種。考量當下的預算、時間好好地選擇吧。有時候飯店也會有免費的機場接送服務，預約時最好加以確認。

檀香山國際機場的抵達大廳（團體用）

費用（單程）	所需時間	營運時間	官方網站
$15.48（＋每件行李小費$1）※來回票為$29.41 ※此為SpeediShuttle的費用	約30分	每隔20分1班	SpeediShuttle ☎877-242-5777 URLwww.speedishuttle.com Roberts Hawaii ☎808-539-9400 URLwww.airportwaikikishuttle.com/
約$40（＋小費約$8）	約25分	隨時	Charley's Taxi URLcharleystaxi.com/ The Cab URLwww.thecabhawaii.com
約$95～（依每間公司不同）（＋小費約$15）	約25分	24小時（需預約）	Eagle Travel Hawaii URLwww.eaglehawaii.com(日文) Alpha Limousine Service URLwww.hawaii-limo.com/
$2.50	約50分	約每隔15～60分一班	Oahu Transit Services (The Bus Information) URLwww.thebus.org

計程車　Taxi →P129

●尋找乘車處

計程車和豪華轎車的乘車處，在位於步出個人旅行者用出口附近道路的中央分隔島。標誌是「TAXI」的招牌。

租車　Rent a car →P130

●尋找櫃台

走到各租車公司接駁車位於機場出口抵達大廳前方道路中島的停車地點，搭乘所預約租車公司的接駁車前往營業所。在營業所櫃台出示預約資料，填寫工作人員給的文件表格。

檀香山國際機場／抵達樓層
往威基基方向的交通工具乘車處

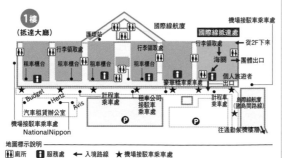

1樓
（抵達大廳）

國際線航度
機場接駁車乘車處
國際線抵達處
行李領取處
從2F下來
海關
團體出口
個人旅遊者出口
島嶼線
（歐胡島內路線）
計程車乘車處

行李領取處
豪華轎車乘車處
租車公司接駁車乘車處
計程車乘車處

Budget　Hertz
汽車租賃辦公室
Avis
計程車乘車處
租車公司接駁車乘車處

機場接駁車乘車處
NationalNippon
往通勤候機樓層

地圖標示說明
🚻廁所　ℹ️服務處　← 入境路線　★ 機場接駁車乘車處

○從機場搭計程車至各地所需的時間與預估費用
～威基基市中心⋯20～30分／約$40
～阿拉莫阿那⋯⋯15～20分／約$35
～柯哈拉⋯⋯⋯⋯約30分／約$50
～北海岸⋯⋯⋯⋯約40分／約$120
～科奧利納⋯⋯⋯約30分／約$100
～阿囉哈塔⋯⋯⋯約15分／約$30

小小資訊

SpeediShuttle的機場接駁車，自2011年10月開始為檀香山國際機場官方接駁車服務營運。營運範圍日漸擴大，現在已經涵蓋歐胡島全島。

〔 島上交通 〕

建議靈活運用各種交通工具，例如唯一涵蓋了歐胡島的公共交通工具巴士、繞行檀香山市內主要景點的威基基觀光導遊巴士等等，最好依目的區域分別加以使用。

市區逛逛小建議

●山與海是地標！

步行於威基基時，只要記住山在北邊、海在南邊、東邊有鑽石頭山，就可以馬上知道自己位在什麼方向。

迷路時就尋找地標吧

●Check道路名稱

威基基從海灘側數過來的道路依序是Kalakaua Ave.、Kuhio Ave.、Ala Wai Blvd.往東西延伸，而阿拉威運河位於其北方。因為有很多單行道，所以開車時最好加以確認。

路牌

●關於地址

威基基的地址編號，基本上東西向道路的南側是偶數、北側是奇數，南北向道路的西側是偶數、東側是奇數。

主要街道上建築物林立

威基基觀光導遊巴士　　Waikiki Trolley　路線圖　別冊 MAP P22-23

對於旅行者來說，威基基觀光導遊巴士是巡迴檀香山市內主要景點的便利交通工具。目前有夏威夷歷史觀光路線（紅色路線）、威基基／阿拉莫阿那購物路線（粉紅色路線）、鑽石頭山觀光路線（綠色路線）、全景海岸路線（藍色路線），共有4條路線運行。

●票種類

- 1日1線券（只有紅色路線、綠色路線、藍色路線）成人$20、小孩$15
- 1日4線不限次數乘坐券成人$38、小孩$28
- 4日4線不限次數乘坐券成人$59、小孩$41
- 7日4線不限次數乘坐券成人$65、小孩$45
- ※小孩指3～11歲的孩童
- ※僅有粉紅色路線可於搭乘時以現金支付單程費用$2

●售票處

T Galleria Hawaii by DFS Waikiki Trolley ticket counter
☎808-926-7604　時8～21時（週日為～20時）
別冊MAP●P8B2
Royal Hawaiian Center Waikiki Trolley ticket booth
時8時30分～21時　別冊MAP●P8B3

●當地洽詢窗口

☎808-926-7604
URL www.waikikitrolley.com

❗ 注意事項

○2歲以下的兒童免費，乘車時須坐在監護人的膝上。
○若使用嬰兒車請折疊後再上車，通常會禁止將大型嬰兒車攜入車內。

●威開電之旅

從威基基直達威開電超級商場 Waikele Premium Outlets（→P75），1天1班的觀光行程。需事先預約，單程所需時間約1小時。一般費用為來回成人$29，但在網站上預約可以買到來回票$18的超值方案，所以要多確認網站資訊！
○費用
威開電來回票成人$29、小孩（3～11歲）$19.50
URL www.waikikitrolley.com

●路線　詳情→別冊P22

紅色路線（夏威夷歷史觀光路線）

了解檀香山歷史與文化的路線。路線經過伊奧拉尼宮等歷史性建築物與活力十足的中國城。

○營運時間　8時45分～16時15分（於TGalleria by DFS發車）
○班距　約50分
○所需時間　繞行1圈約1小時40分

粉紅色路線（威基基／阿拉莫阿那購物路線）

串連威基基主要飯店與阿拉莫阿那中心的購物路線。

○營運時間　8時55分～21時19分（於TGalleria by DFS發車）
○班距　約10分
○所需時間　繞行1圈約1小時

綠色路線（鑽石頭山觀光路線）

以鑽石頭山為中心繞行的路線。週六中午前也會在熱門的KCC農貿市集前停車。

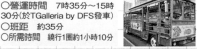

○營運時間　7時35分～15時30分（於TGalleria by DFS發車）
○班距　約35分
○所需時間　繞行1圈約1小時10分

藍色路線（全景海岸路線）

欣賞包含恐龍灣在內，美麗海灘延綿不斷的東海岸絕美風景路線。此線使用雙層巴士。

○營運時間　8時42分、11時、13時30分（於TGalleria by DFS發車）
○班距　1天3班
○所需時間　繞行1圈約2小時30分

搭乘威基基觀光導遊巴士若需使用輪椅，請搭乘可載輪椅的車輛。另外，傍晚與商店打烊等人多的時候有可能無法搭乘，請提早去搭車。

計程車 Taxi

車身顏色與計費系統依搭乘地區而不同

雖然行李很多或趕時間的時候計程車很方便，但夏威夷的計程車禁止在路邊載客，街上也沒有計程車招呼站。需要搭乘計程車時就請該建築物裡的工作人員幫忙叫車吧。

○費用　費用採跳表制。起跳費用為$2.25～$3.10（視公司而異），往後距離每200公尺加上$0.45，或待車時間每45秒追加$0.40。
○洽詢處　·Charley's Taxi ☎808-531-1331
·The Cab ☎808-422-2222

！ 注意事項

○無法在路邊攔車（搭車）
○大件行李需要支付小費
○需要自己開關車門

巴士 The Bus

路線圖　別冊 MAP P24-25

車身上的彩虹很有夏威夷的氣氛

涵蓋歐胡島全島的交通工具，約有80條路線，超過4000個巴士站。對於在地人是重要且熟悉的交通方式，也是旅行者常用的交通系統。在習慣檀香山巴士系統前，若使用放置於飯店大廳與ABC Stores的時刻表&路線圖（免費）會很方便。

○費用　不管搭乘多遠都是$2.50，小孩（6～17歲）$1.25。2小時內轉乘可享2次免費。
○營運時間　6～24時左右

●巴士票種類

○歐胡島4日通票
Oahu Discovery Passport
$35，針對短期停留者（旅客）推出可連續4天無限次搭乘所有巴士路線的通票。可輕鬆地在威基基的ABC Stores購買，十分方便。

●資訊

○乘客服務中心　位於阿拉莫阿那中心1F的旅客服務中心（別冊MAP●P16），免費提供乘客領取標有各路線營運時間的時刻表與路線圖。☎808-955-9517　⏰9時30分～21時（週日為10～19時）

！ 注意事項

○上頭有「The Bus」字樣的招牌就是巴士站的標誌。其中也有沒標示巴士路線號碼與目的地的站牌，所以要好好確認。
○博愛座和臺灣一樣，禮讓給年老的人與殘障人士吧。座位上會標示著「COURTESY SEATING」。
○車內禁止吸菸、飲食與遊玩手機遊戲。行駛途中也不能和司機搭話。
○可在2小時內免費轉乘2次。要轉乘時記得需于上車時跟司機領取轉乘票。
○禁止攜帶不能放置於膝上的行李。可以攜帶可折疊的嬰兒車。
○日落後長時間在人煙稀少的巴士站等巴士是很危險的。

●從威基基、阿拉莫阿那中心出發的主要路線　詳情→別冊P24

●阿拉莫阿那中心	○路線　8、19、20、23、42　○所需時間　威基基出發約15分 通過阿拉威運河後，在第一個紅綠燈後下車。因為有很多乘客在此下車，應該不會弄錯。
●沃德購物中心	○路線　19、20、42　○所需時間　威基基出發約20分 過了阿拉莫阿那中心以後，在右手邊會依序出現藍色玻璃落地窗飯店式公寓、IBM大樓，下一個就是沃德購物中心。
●比夏普博物館	○路線　2　○所需時間　威基基出發約45分 過了Kuhio Ave.，在School St.左轉後，於Kapalama Ave.的邊邊下車。
●凱盧阿	○路線　56、57　○所需時間　阿拉莫阿那中心出發約1小時 在阿拉莫阿那中心搭乘56、57號巴士，在凱盧阿購物中心下車。

小小資訊　飯店與購物中心裡會有計程車專用電話。只要拿起話筒簡說「Taxi Please」並告知自己的名字，就會有計程車來到該電話所在地，相當便利的系統。

租車  Rent a car

如果想要自由地觀光，那麼推薦不須擔心時間又可自由行動的
租車方式。道路的交通網不會太複雜，而且和臺灣一樣是左駕
所以不用擔心。可輕易地去到搭巴士不易抵達的地方，享受更
深度的夏威夷之旅吧！

○從申請到歸還
由於每間公司的租車年齡限制和還車方式不同，若
有不懂的地方就事先確認清楚吧。

1 ●在臺灣申請
雖然可以在當地申請，但在臺灣事先申請可以獲得完
整的保險或是折扣等優惠。預約確定之後，將送出的
預約確認書保留、帶好。

●在當地申請
可在機場與街上的租車公司櫃台申請，工作人員會要
求出示信用卡以做身分證明。還車時以信用卡支付費
用。

2 取車
從機場搭乘已預約租車公司的接
駁車到營業所，在營業所櫃台出
示預約確認書。

3 把油加滿
租車契約約定還車時須將汽油加
滿的人，記得在還車前加滿油
（加油方式請參考P131）。

4 還車
根據機場內招牌指示，往還車區域
移動。工作人員會確認歸還的時
間、距離與車輛狀態等。歸還鑰
匙，領取收據後手續就完成了。

租車的注意事項

1 汽車安全座椅
依規定4歲以下的兒童需坐在嬰兒座椅內或汽車
安全座椅。雖然也可以向租車公司租借，但是
因為數量有限所以最好及早準備（租借費用為1
天$12左右）。另外，依規定4～7歲且未達145
公分、體重未達20公斤的兒童須乘坐於汽車安
全座椅或增高座椅。未達18歲的兒童乘車時，
無論是在副駕駛座或後座皆須繫上安全帶。

2 保險種類
雖然借車之後就會自動加入對人、對物的汽車
損害賠償保險（LE&P，保險費用包含在租車費
用內），但因賠償額度很低，為了以防萬一，
儘可能加入任何賠償額度高的保險。
竊盜與碰撞意外險LDW／碰撞損失免除責任險
CDW
因竊盜、遺失、事故等緣故租借車輛受損害
時，可免除保險人需負擔的損害金額。

3 車輛導航
預約時可選擇是否租借導航系統（視公司而
異）。導航系統能夠輕易的拆卸，所以要注意
小偷。

4 車種
小型轎車…容易駕駛的小排氣量4人座車種，推
薦給在海外第一次開車的人。
標準SUV…輕鬆應付越野路線的4驅車型，可供
5人乘坐且有寬敞收納空間。
休旅MPV…7人也坐得下的寬敞車室，推薦給家
族或團體旅行者。
敞篷汽車…2人坐的敞篷車，最適合想要暢快兜
風的人。

● 主要租車公司

公司名稱	電話・營業時間・休假日	費用
Alamo	檀香山國際機場營業所 ☎808-833-4585 時5時～翌1時　休無休	標準方案／紅利方案／黃金方案、21歲以上可租車。 標準方案之保險內容為CDW，紅利方案為各種任意 保險，黃金方案為各種任意保險含稅金與油資。1天 $59～。
Dollar	檀香山國際機場營業所 ☎866-434-2226 時4時30分～24時　休無休	輕鬆方案，21歲以上可租車。無行駛距離限制。含各 種汽車保險、稅金與1次油資。Economy兩門車款1天 $31.25～。※含追加登錄4名駕駛的費用。
Hertz	檀香山國際機場營業所 ☎808-529-6800 時4時30分～24時　休無休	Web特別套裝方案，20歲以上、無行駛距離限制，含 各種任意保險、稅金、追加登錄駕駛（最多4人）。 還車時無須加油。Economy兩門車款1天$81～（視 時期而異）。
Avis	檀香山國際機場營業所 ☎808-834-5536 時5時～翌1時　休無休	日間計費高級套裝方案，無行駛距離限制。含各種任 意保險、稅金、滿油箱，追加登錄駕駛費用（1人， 25歲以上）。兩門車款1日$75～。

 小小
資訊　因違規停車而被拖吊車拖走時，就在附近的公共電話撥打☎911吧。
告知停車位置與車牌號碼後會得知聯繫方式，必須前往該處繳交罰金取回車輛。

●自助加油方式

若選擇租車，就一定需要加油，先學會如何在加油站自助加油吧。另外也要事先確認該車的加油蓋位置。

1 **停車**
在標示著「SELF SERVICE」的加油機旁邊停車。停好車後前往收銀櫃檯，先繳交$20左右（支付現金的情況）的預付款。

2 **選擇汽油種類**
開啟汽油箱噴嘴插入加油孔，從Regular、Plus、Premium選擇一種。若是租來的汽車加Regular就可以了。

3 **加油**
加油量和計費表變成0以後，握住油槍開始加油。油箱滿了就會自動停止加油，或是鬆開油槍也能停止加油。

4 **支付**
加完油後再次前往加油櫃台，告知使用的加油機號碼。支付總額減去預付款的差額即完成繳費。

夏威夷常發生的車輛事故

在海外開車，應處處細心注意，藉著這邊所舉出的幾項租車事故來事先預習吧。

○將兒童留置於車內

如汽車安全座椅、增高座椅與安全帶等使用規定，夏威夷的法律嚴格保護兒童。除此之外，法律也禁止將12歲以下的兒童留在車內。因此，必須注意如果離開車子卻將兒童留在車內，將會遭捕。

○竊盜

雖然檀香山治安良好，但還是要注意竊盜。即使只離開幾分鐘，也要注意不要留下貴重物品在車內或行李箱中。另外，為了以防萬一，加入賠償現金之外的行李竊盜、損傷保險、個人財物保險（PEP／PEC）會比較安心。

行車注意事項

1 **國際駕照**
必須申請一本國際駕照才能在夏威夷開車，出國前到附近的監理所辦理吧。

2 **該注意的交通規則**
要通過斑馬線時，如果斑馬線上有行人，必須等待其跨越才能通過，否則會被課以罰金，請多加注意。另外，檀香山有許多單行道，所以一定要好好確認。

3 **禁止停車**
夏威夷法律禁止停車的地方有例如禁停區域（TOW AWAY ZONE）與道路上的紅線與黃線區域、路邊停車、人行道停車等。禁止停車的地方很多，如果被發現的話會被拖吊車拖走，並被罰$35～260。另外，如果在未經許可的情況下將車停在殘障車位，有可能被處以2倍以上的罰金，多多注意吧。

○鑰匙INLOCK

如果在引擎發動時把鑰匙插在鑰匙孔關上車門，車子就會自動上鎖，造成引擎卻還發動著的嚴重事件。在這種情況下，不但要負擔油錢、複製鑰匙的費用，還有運送備份鑰匙的計程車資。依發生的地點不同，會有可能需要花上數百美金。

○濕掉的鑰匙

鑰匙濕了的話就無法發動車輛。另外，即使只是用濕毛巾將鑰匙包起來也同樣無法發動，所以需要注意。否則會和上述鑰匙INLOCK的情況一樣，落得浪費時間與金錢的下場。尤其是接觸到海水很快就會損壞，在海邊遊玩時要特別注意。

○遭遇事故時就撥打「911」

遭遇事故時，就依以下順序冷靜且迅速地因應吧。首先，將車輛停靠在道路右側，如果有人受傷就上前幫忙。為提醒其他車輛事故發生，將警示燈打開，接著打電話給警察・救護車（☎911）和租車公司。請注意事故發生後24小時之內不提出事故申報書的話就無法申請保險。

停車的方法

●停車計費表
Parking Meter

可使用5￠、10￠、25￠硬幣。依地點會有夜間或週日禁止停車的限制，威基基周邊的停車計費方式約為2分5￠、4分10￠、10分25￠。

●憑消費免費停車
Validated Parking

在飯店、餐廳、商店消費後可免費停車或折扣的制度。持停車券至消費商店，出示蓋上印章或貼紙的券以計算費用。

●代客泊車
Valet Parking

高級飯店與餐廳常有的服務，由泊車工作人員幫顧客停車。將車停在入口附近，把鑰匙交給工作人員。如果住在飯店，一天會收取$25～35的費用。

注意事項 可租車的年齡限制視各公司而異，最好事先向各公司確認。
另外，如果沒有駕駛者名下的信用卡和護照，也有可能無法借車，所以請不要忘記帶。

旅遊常識

夏威夷為美利堅合眾國的一州，有許多從各國來的移民，也有其獨特的習慣和規矩。將這些旅遊基本資訊牢牢記住，讓旅程更加愉快。

貨幣資訊

美國的貨幣單位是美金（$）。匯率是浮動匯率，$1＝100分（¢）。鈔票共有6種，硬幣共有4種，為防範偽鈔而依序更新鈔票設計。帶著所需最低金額的現金去玩吧。

$1≒30元台幣

（2017年9月）

由於每種幣別鈔票的顏色和尺寸都相同，使用時需要注意。硬幣分為1、5、10、25¢，分別稱作penny、nickel、dime、quarter，也有50¢與$1便幣。建議時時備好支付小費時最常使用的$1鈔票會比較方便。除了現金，也可使用信用卡、國際金融卡、旅遊預付卡等，依自己喜歡的方式選擇卡片吧。

$1

$5

$10

$20

$50

$100

1¢
penny

5¢
nickel

10¢
dime

25¢
quarter

● 貨幣兌換

因為有很多可以兌換外幣的地方，所以就算只有台幣現金也沒關係。可在機場的外幣兌換處、銀行、飯店、私人匯兌所等地兌換，而一般來說市內的銀行匯率最好，在飯店兌換算有點貴。

機場	銀行	街上的匯兌所	ATM	飯店
就地兌換現金	優惠的匯率	數量眾多	24小時都能使用	安全＆便利
一般來說匯率不太好。由於手續費很貴，建議只要兌換足夠到市中心內的交通費就好。	雖然匯率較優惠，但是要注意銀行營業時間很短。如果一次兌換大量金額，有可能被要求出示護照。	威基基市中心有許多匯兌所，並營業至深夜。每一間匯兌所的手續費和匯率不同，仔細確認吧。	機場和市中心有很多ATM，幾乎可用卡片24小時提領美金。有些機台還有外語介面可操作。	在飯店櫃台可24小時兌換外幣。雖然手續費與匯率依飯店而異，但一般來說都有點貴。

2間大型銀行

位於檀香山機場內的ATM

第一夏威夷銀行
First Hawaiian Bank

夏威夷銀行
Bank of Hawaii

使用ATM時會用到的英語單字

密碼…PIN/ID CODE/SECRET CODE
確認…ENTER/OK/CORRECT/YES
取消…CANCEL
交易…TRANSACTION
提款…WITHDRAWAL/CASH ADVANCE/GET CASH
金額…AMOUNT
信用卡…CREDIT CARD/cash in advance
存款（國際金融卡、旅遊預付卡）…SAVINGS

小小資訊
剩餘的外幣可以在機場內的商店等地方消費時，搭配信用卡一起支付，最好是把剩下的外幣用掉。如果把剩餘的現金再換回台幣，就等於花了2次手續費。注意要準備剛好用得完的外幣。

旅遊季節

在節日當天或前後、餐廳、商店與銀行有可能停止營業。決定行程之前務必確認！

●主要節日

1月1日	新年
1月18日※	馬丁路德紀念日
2月15日※	總統日
3月25日※	耶穌受難日
3月26日	庫希奧王子紀念日
	＊補休在3月25日
5月30日※	陣亡將士紀念日
6月11日	卡美哈美哈國王日
	＊補休在6月10日
7月4日	美國獨立紀念日
8月19日※	夏威夷升州紀念日
9月5日※	勞動日
10月10日	哥倫布日
11月8日※	大選日
11月11日	退伍軍人節
11月24日※	感恩節
12月25日	聖誕節
	＊補休在12月26日

2月舉辦的阿囉哈
長途路跑

●主要活動

1月9〜15日	夏威夷索尼公開賽
2月17日	阿囉哈長途路跑
3月10〜12日	檀香山遊慶節
4月29日	威基基Spam Jam節
5月1日	花環月慶典
6月10日〜	卡美哈美哈國王慶典
7月16日	夏威夷烏克麗麗嘉年華
9月上〜下旬	阿囉哈節
11月2〜12日	夏威夷國際電影節
（2017年資料）	
11月12日〜12月20日	三冠王 衝浪大賽
12月第2個週日	檀香山馬拉松
12月上旬〜1月上旬	檀香山城市之光

在夏威夷各島舉辦的
阿囉哈節

聖誕節時變得熱鬧的
夏威夷街道

※記號的假日、活動，每年日期會有所調整。上述為2017年的資訊

●氣候與建議

雨 季			乾 季							雨 季	
1月	2月	3月	4月	5月	6月	7月	8月	9月	10月	11月	12月

夏威夷的雨季是11月〜3月。很常下雨，雨天到泳池游泳會有點冷。但是很多都是陣雨，陽光出來以後可以整天都穿短袖。	雖然夏威夷的乾季雨量不多又氣溫高，但因濕度較低，躲在樹蔭下就很涼快，是氣候舒適的最佳旅遊季節。冬天大浪頻繁的北海岸海邊有可能開放游泳。威基基的海灘則全年皆可游泳。因為室內冷氣很涼，乾季時也可準備開襟衫。	夕陽西下後就會變冷的冬天，準備好薄外套吧。座頭鯨現身的季節。

季節水果	4〜6月/鳳梨	7〜9月/芒果、香蕉
	10〜11月/紅毛丹	12〜3月/酪梨

●平均氣溫與降雨量

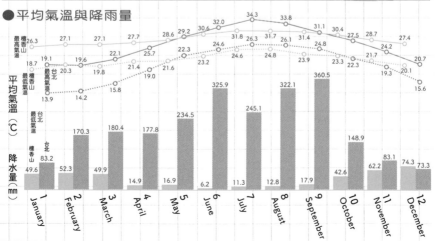

「阿囉哈節Aloha Festivals」是以古代夏威夷豐收祭典命名，為夏威夷最大規模的祭典。
各島的慶典舉辦時間會錯開，總計長達約1個月。歐胡島的慶典主要是在9月下旬週六舉辦的「花車遊行」。

街上的公共電話

撥打電話

●從飯店的房間打電話…首先按下外線號碼的專用碼，然後繼續撥對方的電話號碼。外線號碼請參考放置於各飯店房間的指引冊子。
●用自己的手機打電話…根據機種與合約，撥打方法和費用計算方式不同。出發前請先確認。
●公共電話…有只能使用硬幣和可使用硬幣、各種電話卡的2種公共電話。可使用5￠、10￠、25￠硬幣。電話卡可以在ABC Stores和便利商店買到。

●檀香山→臺灣

011（美國的國際電話冠碼）－886（臺灣國碼）－對方的電話號碼（去掉最前面的0）

●臺灣→檀香山

電信公司的識別電話冠碼（參照※）－010－1（美國國碼）－808（夏威夷區號）－對方的電話號碼

※中華電信002/009、遠傳007、台灣大哥大006，依各電信業者有所不同，請事先確認

●歐胡島內通話

撥打歐胡島電話不需撥區號（808）。直接撥打電話號碼就可以了。
用公共電話撥打島內電話1通50￠，沒有通話時間限制。

網路使用

●在街上

推薦給覺得到夏威夷旅行還要帶自己電腦實在太過麻煩的人到網路咖啡廳使用網路。另外也有很多可以使用無線網路的咖啡廳，例如星巴克等，會在店門口標示著「Free Wi-Fi」等字樣，只要有可連Wi-Fi的設備就可以使用網路。

●在飯店

在檀香山，設置房內網路設施的飯店正在增加。有很多地方即使不能在房間使用網路，也可以到飯店大廳或商務中心使用。另外，最近可以使用無線網路的飯店也正逐漸增加。

郵件、小包裹寄送

●郵件

郵票可以在郵局、飯店櫃檯與設置在超市的自動販賣機購買，若在ABC Stores等私有販賣機購買的話需要支付手續費。從檀香山寄往臺灣時，只要在外面寫上「TAIWAN」、「AIR MAIL」，地址和收件人以中文書寫即可。寄明信片回臺灣的郵資約$1.15，平信1oz（約28g）$1.15～，小包裹使用郵局提供的便利箱4lb～20lb約$33.95～$93.95。

美國郵政 URL www.usps.com

●宅配便

如在威基基需要將包裹寄送回臺灣，可向櫃檯人員洽詢貨運公司電話，請宅配人員來飯店收貨，費用依重量計算（5kg約$100左右），也有附貨物保險，約1～2週可送達。

檀香山寄台灣的參考天數與費用

內容	所需天數	費用
標準規格明信片	4～5日	$1.15
平信	4～7日	$1.15～
小包裹	3～5日	$33.95～

小小資訊　從飯店房間撥打國際電話，費用依飯店而異，但每次通話大約為75￠～$1.50，比公共電話還貴。
另外，請注意即使只是電話鈴響幾次，也有可能扣手續費。

●自來水可以喝嗎？

檀香山的水是由溶岩淨化的地下水，所以基本上是可以直接飲用的。不放心的話就去ABC Store或飯店裡的商店等地購買礦泉水吧。

種類豐富的礦泉水

●插頭和變壓器

夏威夷的電壓是110V～120V（60Hz）。臺灣的電壓是110V，因此可以直接使用臺灣的電器產品，如果覺得不安心，也還是可以自備變壓器。

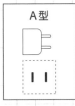

A型

應遵守的規則

●想吸菸時…

吸菸禮儀嚴格，機場、餐廳、酒吧等公共場所均禁止吸菸。飯店內除吸菸室之外也全面禁菸。想吸菸的時候，就去有放菸灰缸的吸菸區吧。

在夏威夷難找到的吸菸區

●嚴禁將兒童留在車內

法律禁止在未有13歲以上監護人陪同狀態下，將12歲以下的兒童留在車內。將兒童單獨留在飯店房間也一樣，家長與監護人會被視為犯法而課以罰金，請注意。如果無論如何都必須外出，利用各大型飯店推出的兒童寄放服務或保母服務，將孩子寄放在飯店內也是一個方法。

●想上廁所怎麼辦？

威基基周邊的海灘和公園內會設置公共廁所，飯店數量也相當多，並不會覺得不方便。若是在郊外就去咖啡廳、加油站上廁所吧。另外，廁所門下方有很大的開口，從外面會看見腳。請注意小偷。

夏威夷語的男性叫做「Kane」、女性為「Wahine」

●營業時間

夏威夷一般的營業時段。依店鋪而異。

銀行　　時8時30分～15時（週五為～17時）
　　　　休週六、日與假日

郵局　　時8時～16時30分（週六為9時～12時，依地點而異）休週六、日與假日

商店　　時10～18時。阿拉莫阿那、威基基區域為～21時

餐廳　　時早餐7時～10時30分、午餐11～14時、晚餐18～21時

●不走斑馬線會被罰錢

在夏威夷，不走斑馬線直接穿越馬路稱為「Jaywalking」，會被處以$130罰金。因多次發生行人與車輛的碰撞事故而實施，如果在「DON’T WALK」燈閃時橫跨馬路也會被罰錢。另外，在市中心會特別加強取締，路上與斑馬線各個地方幾乎都有便衣警察監視。觀光客也常被抓，請小心。

●21歲以上才能飲酒

在夏威夷，未滿21歲禁止飲酒。取締嚴格，購買酒類飲料時會被要求出示身分證件，所以要去買的時候請攜帶護照。啤酒雖然可以在超市或餐飲店購買，其他酒類只能在有證照的商店購買。另外，公共場合與海灘上也禁止飲酒。

美國的物價

礦泉水（500㎖）約$1	麥當勞漢堡$1～	星巴克Blend Coffee（S）$2.65～	生啤酒（啤酒杯裝）$3～	計程車起跳費用$3.10～（各公司費用不同）

 上廁所與結帳在排隊時，從沒人的地方依序使用是夏威夷的習慣。不會在每間廁所或每個收銀台前分別排隊。如果不清楚狀況，就詢問「Are you in line」（你在排隊嗎？）。

規矩&禮儀

〔 購物 〕

●購物的禮儀
進到店裡一定要說「Hello」、「Hi！」來打招呼。不說話就進入店裡是不行的。尤其是沒什麼特別想買的東西，只是逛逛的話就說「Just looking. Thank you.」，試穿時說「Can I try it on ？」，向店員招呼是一定要有的禮貌。另外，在某些高級名牌商店也不能隨意觸摸商品，觸摸之前先向店員說一聲吧。

●優惠券
夏威夷的人行道上，有很多放在專用箱等地方裡面的免費文宣。這些文宣上附有優惠券，找到的話可以看看有沒有自己想去的店，靈活運用優惠券吧。

有很多優惠券可用

●營業時間
在威基基中心與阿拉莫阿那中心有許多營業到21時左右的店家。由於郊外的購物中心傍晚18時左右就會關門，最好是在上午或下午提早出門。雖然幾乎所有店家在週日都有營業，但打烊時間會較平日提早一些，確認後再出門吧。

〔 美食 〕

●營業時間與預約
一般午餐時段是11～14時，晚餐時間是18～21時。高級餐廳當中，有只提供晚餐或是必須預約的餐廳，請務必事先確認。忙著觀光與購物，沒有時間好好吃飯的時候，最好的方式是利用從早到晚全天營業的餐廳。

●服裝與禮儀
在普通的餐廳用餐不需要特別注意服裝，但是在高級餐廳，有可能因為穿著海灘鞋、短褲+T恤的造型而被拒絕進入餐廳。可能會有女性著連身裙，男性穿著長褲與有領子的襯衫及外套等著裝要求，但可以穿著夏威夷正式服裝夏威夷衫和夏威夷印花女長裝。

●小費
餐廳的小費約為10～15％，服務不好的話少給，很好的話多給也沒關係。在高級餐廳也有人會給20％左右的小費。在威基基中心，觀光客多的餐廳也有可能先將小費算在費用內，如果是在那樣的餐廳，就不需要再支付小費，記得確認帳單。

〔 活動 〕

●海灘上的注意事項
公共場合禁止喝酒。一定會有標示禁止事項的看板，仔細看清楚吧。除了不能亂丟垃圾，也不能在沒有設施的地方烤肉與生火。另外也要注意海浪的狀態，被Shorebreak瘋狗浪等難以預測的大浪打上岸時，人有可能失去平衡被海浪捲走，千萬不要疏忽大意。

●水上活動
雖然沒有必要過度懼怕水上運動，但必須要了解其伴隨著危險性。對於不熟悉的語言感到不安的話，可以選擇能以中文溝通的課程。而先查詢當天的海浪狀態也是非常重要的。

●高爾夫球
在夏威夷打高爾夫球時需要注意日曬與補充水分。另外，和臺灣不同，夏威夷的高爾夫球是非常愜意的。桿弟不會隨行，平常是搭乘電動車移動。

〔 飯店 〕

●Check－In／Check－Out
一般來說，Check－In是15時以後，Check－Out是11時。有時可能由於班機因素而在中午前抵達飯店，這時記得先向飯店櫃台確認能否Check－In。

●客房種類
一般來說，能望見海洋的邊間、樓層越高住宿費用也越高。靠海邊的房間分成3種，與海灘之間沒有障礙物，能夠將大海一覽無遺的海濱房；與海灘之間稍微有點距離，但從房間的一面可望見海洋的海景房，從客房或陽台能夠望見一部分海洋的部分海景房。另外，也有面向山或庭園的客房系列。

●飯店小費
飯店工作人員將行李搬到房間時，一般來說每件行李會給$1～2。房間清潔的部分每天準備$1～2放在枕頭上當做小費。

〔 稅金 〕

○在夏威夷吃飯與購物等消費，均課4.712%的州稅（以歐胡島為例）。住宿費則是州稅加上9.25%的住宿稅，合計共課13.962%的稅。另外，以高級飯店為主的度假村等地經常會被課上度假稅（→P9）。

注意事項 18歲以下的未成年者，如果沒有監護人陪伴，禁止在22時～凌晨4時之間外出。
另外，如果沒有13歲以上的陪同者，禁止將12歲以下的兒童單獨留下。

突發狀況對應方式

雖然不常發生重大犯罪，但是常發生竊盜、扒手和順手牽羊等輕度犯罪。警戒心低、傾向不主動報案的華人常被當作下手目標，請務必注意。另外，許多人常因飲食習慣不同或水土不服而生病，要多留意。就算發生突發狀況，只要冷靜因應就能夠順利度過。

● 生病時

生病嚴重時請不要猶豫，直接前往醫院。若要叫救護車可撥打☎911（與警察、消防隊的號碼相同）。如果聯絡飯店櫃檯，飯店將會安排醫師外診。有加入保險時，聯絡當地辦公室後則會協助介紹合作醫院。另外，攜帶平常使用的藥物前往較為安心。
※醫院資訊請見（→P138）。

● 遭竊、遺失時

○護照
護照遭竊（遺失）時，首先請警察開立Police Report（遭竊證明書）或遺失證明書。接著前往檀香山台北經濟文化辦事處辦理掛失手續，必須申請新的護照或是先申請回國的入國證明書。
○信用卡
撥打發卡公司的緊急聯絡電話，辦理掛失。為了以防萬一，事先將卡號與發卡公司緊急聯絡電話抄下，和卡片分別保管。
※申請補發流程請見（→P138）。

● 突發狀況範例

○在飯店用餐時（尤其是自助餐式），放在椅子、桌上的包包被偷走。
⇒在飯店、海灘、商店、餐廳等地方，絕對不要讓手提行李離開自己的目光。尤其在餐廳時，要注意掛在椅背上的包包和外套。

○將貴重物品、剛買的名牌商品等放在租來的車子座位上，遭小偷打破玻璃車窗並竊去物品，或是行李箱被撬開，裡面的東西被偷走了。
⇒不管停車多久，都不要把貴重物品留在車內（包含放在行李箱內）。

○在飯店正要打開自己房門時，遭自後方來襲的罪犯押至房間內搶劫。
⇒進入房間之前，先確認周圍有沒有可疑人物後再開門。

出發前Check！

請上外交部領事事務局官網查詢旅外安全資訊。
URL www.boca.gov.tw

旅遊便利貼

〔 檀香山 〕
●駐檀香山台北經濟文化辦事處
住2746 Pali Highway
☎808-543-3111
時週一～五8時半～16時
休週六、日與假日
護照、文件證明、簽證等領務事項，
請洽☎(1-808)5956347總機 223。
其他一般事項，請洽☎(1-808)
5956347,6348,2668
急難救助☎(1-808) 3518818 ※專供緊急求助之用（如車禍搶劫、有關生命危險緊急情況等），倘非急難重大事件，請勿撥打。
URL www.taiwanembassy.org/US/HNL

〔 緊急聯絡處 〕
●警察、消防局、救護車 ☎911
●信用卡中心緊急聯絡電話
VISA全球緊急服務中心
夏威夷☎1-866-765-9644
臺灣☎ 0080-1-444-123
MasterCard萬事達卡緊急支援服務
美國☎1-636-722-711
臺灣☎ 00801-10-3400
JCB卡免費服務熱線
夏威夷☎ 18554533945
臺灣☎800-3865-5486

〔 臺灣 〕
●夏威夷旅遊局駐台辦事處
住台北市中山區松江路152號之10
☎(02)2325-9923
●主要機場
・臺灣桃園國際機場
第一航廈☎(03)2735081
第二航廈☎(03)2735086
緊急應變事件處理電話☎(03)2733550
URL www.taoyuan-airport.com/
・台北松山機場
02-8770-3456(語音電話)
02-8770-3430(專人接聽，國際線)
02-8770-3460(專人接聽，國內線)
・台中航空站
☎(04)26155000
URL www.tca-gov.tw/
・台南航空站
☎(06)260-1016、(06)260-1017
URL www.tna-gov.tw/
・高雄國際航空站
國內線☎(07)8057630
國際線☎(07)8057631
URL www.kia-gov.tw/

旅遊資訊 旅遊常識

突發狀況應對

生病時

病情加重時請立即前往醫院。欲叫救護車時請撥打119（報警112）。在飯店裡可告知櫃台代為安排醫生。若有加入保險，可聯絡當地的中文救護中心，委託介紹合作的醫院。此外，國外的藥品不一定適合體質，請攜帶日常用藥前往。

■ DOCTORS ON CALL
住2255 Kalakaua Avenue
H Sheraton Waikiki Manor Wing
MAP別冊P8B4
☎808-971-6000　FAX.808-971-6041
時7～23時　休無　不提供救護車
■緊急電話號碼
消防・救護車☎119　警察☎112

■ DOCTORS ON CALL
住2005 Kalia Road　H Hilton Hawaiian Village Beach Resort Rainbow Bazaar, 2F
☎808-973-5250　FAX.808-973-5252
時週一～五8～16時30分　休週六、日
不提供救護車
■緊急電話號碼
消防・救護車☎119　警察☎112

遭竊・遺失時

事先確認　確認旅遊國家的治安狀況、台灣人被害的案例
外交部旅外安全資訊 URL www.boca.gov.tw

檀香山治安相對良好，但近年來各種犯罪有增加的趨勢，遭遇扒手或搶匪等輕度犯罪的觀光客時有所聞。但只要多加用心注意，便能大幅降低遭遇麻煩的機率。

護照

1.向警方報案
向當地警方報案，會開立遭竊（遺失）受理證明書。若是於飯店內遭竊或遺失，如有需要可請飯店開立證明書。

2.辦理護照掛失手續
前往駐檀香山辦事處辦理遺失護照的掛失手續。所需文件為①遺失普通護照等申請書1張（於代表處索取）②警察報案證明③照片2張④可確認中華民國國籍的證件資料。

3.申請重新發行護照
費用與普通申請護照相同，所需文件為①普通護照發行申請書1張（於代表處索取）②身份證正本③照片2張。

3.入國證明書
限來不及換發新照，而且急須返國者。所需文件為①入國證明申請書1張（於代表處索取）②可確認中華民國國籍的證件資料③照片2張④報案證明⑤遺失護照說明書。

信用卡

1.聯絡信用卡公司
為了避免信用卡被盜刷，請立即連絡信用卡公司掛失。

2.向警方報案
向當地警方報案，請警方開立遭竊（遺失）受理證明書，若卡片遭到盜刷時可提出以茲證明。若是於飯店內遭竊或遺失，如有需要可請飯店開立證明書。

3.重新發卡
依信用卡公司有所不同，一例為由當地分公司的次營業日發行僅使用1個月的緊急替代卡，並且寄送至下榻飯店。請遵照信用卡公司的指示行動。

旅行支票

1.向警方報案
向當地警方報案，開立遭竊（遺失）受理證明書。若是於飯店內遭竊或遺失，如有需要可請飯店開立證明書。

2.向發行銀行或公司重新申請發行
可向發行的銀行或公司申請重新發行。申請時需要券種、號碼、購買日期、銀行名稱等。申請完成後，約2～3日重新發行。

行李

1.向警方報案
雖大多情況找不回來，但還是須向當地警方報案，開立遭竊（遺失）受理證明書。若是於飯店內遭竊或遺失，如有需要可請飯店開立證明書。

2.歸國後申請保險賠償
若有加入海外旅行平安險且附帶行李遺失保險，歸國後必須立即連絡保險公司，申請保險理賠。申請理賠需提出遭竊（遺失）受理證明書，請事先準備妥善。

簡單列出 行前準備 memo

首先參考旅遊季節（P133），決定服裝和攜帶物品。

托運行李list

- □ 鞋子
- □ 衣服
- □ 貼身衣物
- □ 牙刷組
- □ 洗臉組
- □ 美妝用品
- □ 防曬用品
- □ 沐浴用品
- □ 拖鞋
- □ 常備藥
- □ 生理用品
- □ 轉接頭、充電器
- □ 環保袋
- □ 摺疊傘
- □ 海灘鞋
- □ 太陽眼鏡
- □ 泳裝
- □ 帽子

除了好穿易走的平底鞋，再準備一雙外出鞋或涼鞋會更方便

準備洗滌用品、折疊式衣架、環保筷、免洗叉子的話會更方便

免收費的託運行李有重量和尺寸的限制，其規定依各航空公司而異，請事先確認細節

有很多最新型的電器產品不需變壓器即可使用

可多準備一些塑膠袋來裝濕衣服與液體物品

活用尼龍包或衣物夾鏈袋來分裝行李

只想帶錢包跟手機去用餐時，有迷你環保袋的話就太棒了

建議將較重的物品放置行李箱底部

手提行李list

- □ 護照
- □ 信用卡
- □ 現金
- □ 數位相機
- □ 手機
- □ 原子筆
- □ 旅行團行程表（機票／電子機票）
- □ 面紙
- □ 手帕
- □ 護唇膏
- □ 圍巾／口罩（有需要的人）

填寫出入境卡或海關申報表時必備

別忘了帶我走

叩叩世界

要帶上飛機的液體類物品設有限制（→P124）

便利memo

在飛機上要填寫入境單或申報單時就能派上用場

護照號碼	(	)	飯店	(	)
去程班機號碼	(	)	出發日	(	)
回程班機號碼	(	)	回國日	(	)

旅遊資訊 行前準備memo

Index

名稱	類型	區域	頁碼	別冊MAP
☐Chocolate Pineapple Sports Yoga Studio	瑜珈	威基基	P44	P11C4
☐Dolphins & You	旅行團(海豚&海龜)	懷厄奈	P41	P2A3
☐Honolulu Farmers'Market	農夫市集	阿拉莫那那	P47	P12A2
☐Hula Shack	草裙舞課程	威基基	P48	P11D4
☐Kaiwa Ridge登山小徑	登山	凱盧阿	P42	P5C2
☐Kaka'ako Farmers'Market	農夫市集	沃德	P47	P12A3
☐KCC週六農貿市集	農夫市集	鑽石頭山	P46	P7D3
☐Keaiwa Heiau	能量景點	艾亞	P53	P4A2
☐Kukaniloko Birthstones	能量景點	瓦希阿瓦	P53	P2B2
☐Market on the Plaza	農夫市集	威基基	P19	P8A4
☐Mea Aloha	手作拼布	威基基	P49	P8B2
☐PoePoe Hawaiian Culture Center	烏克麗麗課程	McCully	P49	P13C1
☐Sandy Beach	海灘	凱盧阿	P24	P5D4
☐Sea Hawaii Dolphin & Snorkel Eco Tour	旅行團(海豚&海龜)	懷厄奈	P41	P2A3
☐SpoNavi Hawaii Group Running	慢跑	威基基	P45	P8A4
☐Tuesday Night Farmers'Market KCC	農夫市集	鑽石頭山	P46	P7D3
☐Ukulele Puapua	烏克麗麗課程	威基基	P49	P8B4
☐Waikiki Beach Services	水上活動	威基基	P17	P9C4
☐Waikiki Community Center	草裙舞課程	威基基	P48	P11C4
☐日落海灘	海灘	哈雷瓦	P29	P2B1
☐比夏普博物館	博物館	Kalihi	P52	P6A2
☐水動力飛行	水上活動	夏威夷凱	P38	P5C4
☐五星級夕陽爵士樂晚餐	船上晚餐	市中心	P54	P15C4
☐卡內奧赫灣	名勝	卡內奧赫	P25	P5C1
☐古蘭尼牧場	主題樂園	古蘭尼	P51	P3C2
☐立槳衝浪	水上活動	阿拉莫那那	P39	P12B3
☐伊奧拉尼宮	史跡	市中心	P52	P15C2
☐努阿努帕里大風口	名勝	努阿努	P25	P5C2
☐杜爾鳳梨園	主題樂園	瓦希阿瓦	P50	P2B2
☐沙洲	海灘	卡內奧赫	P36	P5C1
☐呼基拉市場	主題樂園	拉耶	P51	P3C1
☐坦特拉斯山觀景台	景勝地	坦特拉斯	P54	P6B2
☐拉尼凱海灘	海灘	凱盧阿	P37	P5C2
☐阿拉莫阿那海灘	海灘	阿拉莫阿那	P36	P12B3
☐哈雷瓦皇家海灘	海灘	哈雷瓦	P29 41	P3D1
☐哈雷瓦農夫市集	農夫市集	哈雷瓦	P29	P2B1
☐威美亞海灘	海灘	威美亞	P37	P2B1
☐威基基海灘	海灘	威基基	P16	P9D3
☐威基基水族館	水族館	威基基	P51	P7C4
☐威基基海灘星光盧奧盛宴	表演秀	威基基	P54	P13D3
☐玻里尼西亞文化中心	主題樂園	拉耶	P50	P3C1
☐皇家夏威夷中心	草裙舞課程	威基基	P48	P8B3
☐夏威夷水上樂園	主題樂園	卡波雷	P51	P2B4
☐夏威夷出雲大社	神社	市中心	P53	P14A1
☐夏威夷金刀比羅神社、夏威夷太宰府天滿宮	神社	Kalihi	P53	P6A2
☐夏威夷海洋生物公園	主題樂園	瑪卡普伍	P40	P5D3
☐庫希奧海灘草裙舞秀	表演秀	威基基	P54	P9D3
☐恐龍灣	海灘	夏威夷凱	P36	P5D4
☐海泉噴口	名勝	夏威夷凱	P24	P5D4
☐凱悅農夫市集	農夫市集	威基基	P47	P9D3
☐凱馬納海灘	海灘	威基基	P37	P7C4
☐凱盧阿海灘	海灘	凱盧阿	P25	P5C2
☐凱盧阿橡皮艇冒險之旅2小時附指導員	旅行團	東歐胡島	P39	P5C2
☐瑪卡普伍角燈塔登山小徑	登山	瑪卡普伍	P43	P5D3
☐瑪卡普伍角	名勝	瑪卡普伍	P25	P5D3
☐瑪諾亞瀑布登山小徑	登山	瑪諾亞	P43	P4B3
☐衝浪課程	水上活動	威基基	P38	P11C4
☐檀香山美術館	美術館	市中心	P52	P12A1
☐檀香山動物園	動物園	威基基	P51	P11D4
☐鑽石頭山登山小徑	登山	鑽石頭山	P43	P7D4
☐33 Butterflies	流行服飾	柯哈拉	P75	P7D2
☐88Tees	T恤	威基基	P76	P8A3
☐ABC Store 37 號店	超商	威基基	P16 82	P9C3
☐Ali'I Antiques	骨董	凱盧阿	P84	P5D1
☐Allure Swimwear	泳裝	威基基	P56	P8B3
☐Aloha Aina Boutique	流行服飾	威基基	P71	P8B3
☐Angels by the Sea Hawaii	流行服飾	威基基	P60	P11C4
☐Anthropologie	流行服飾	阿拉莫阿那	P63	P13C2
☐Auana Quilts	拼布	阿拉莫阿那	P65	P13C2
☐Balie's Antiques	流行服飾	卡帕胡魯	P23	P11D3
☐Bath & Body Works	護膚商品	阿拉莫阿那	P65	P13C2
☐Bed Bath &Beyond	雜貨	沃德	P69	P12A3
☐Big Island Candies	餅乾	阿拉莫阿那	P78	P13C2

☐想去的地方打個✓　■去過的地方塗黑

商店

名稱	類型	區域	頁碼	別冊MAP
☐Bloomingdale's	百貨公司	阿拉莫阿那	P62	P12B3
☐Blue Lani Hawaii	流行服飾	凱盧阿	P27	P5D1
☐Canyon Beachwear	泳裝	威基基	P57	P8A4
☐CH Carolina Herrera	包包	阿拉莫阿那	P64	P13C2
☐Cinnamon Girl	流行服飾	阿拉莫阿那	P65	P13C2
☐Collections of Waikiki	購物中心	威基基	P74	P8·9BC3·4
☐Cookies Clothing Co.	流行服飾	威基基	P73	P9D3
☐Down to Earth	超市	Moiliili	P81	P10B2
☐Eggs'n Things Hua Market	食品	威基基	P89	P8A3
☐Fighting Eel（威基基店）	流行服飾	威基基	P71	P8B3
☐Fighting Eel（柯哈拉店）	流行服飾	柯哈拉	P75 77	P7D2
☐Flip Flop Shops	涼鞋	威基基	P74	P9C3
☐Flip Flop Workshop	涼鞋	威基基	P73 77	P9D3
☐Food Pantry	超市	威基基	P83	P9C2
☐Gaga Milano	鐘錶	威基基	P71	P8B3
☐Ginger 13	飾品	市中心	P32	P14B2
☐Guava Shop	流行服飾	哈雷瓦	P30	P3D1
☐Happy Haleiwa	T恤	威基基	P76	P8B2
☐Honolulu Cookie Company	餅乾	威基基	P78	P9D3
☐Honolulu Gourmet Foods	食材	威基基	P105	P11C4
☐Hula Bay Hawaii	流行服飾	威基基	P58	P9D3
☐Island Sole	涼鞋	威基基	P77	P9C3
☐J. Crew-on-the-Island	流行服飾	阿拉莫阿那	P64	P13C2
☐Lady Foot Locker	運動用品	阿拉莫阿那	P45	P13C2
☐Lilly & Emma	流行服飾	威基基	P60 77	P8A2
☐Lily Lotus	瑜珈商品	凱盧阿	P44	P5D1
☐Longs Drugs	超市	阿拉莫阿那	P83	P13C2
☐lululemon athletica	瑜珈商品	阿拉莫阿那	P44	P13C2
☐Luxury Row	購物中心	威基基	P19	P8A2
☐Made in Hawaii Foods	食品	Moiliili	P79	P10A2
☐Malie Kai Chocolates	巧克力	威基基	P79	P8B3
☐Malie Organics	美妝	威基基	P74	P9C4
☐Michal Negrin	流行服飾	阿拉莫阿那	P63	P13C2
☐MONCLER	流行服飾	威基基	P19	P8A2
☐Muse by Rimo	流行服飾	威基基	P61	P9C2
☐Muse Room	流行服飾	凱盧阿	P27	P5D1
☐Nalu Hawaiian Spirit	T恤	威基基	P76	P8B2
☐Noelani Studios	流行服飾	哈雷瓦	P30	P3D1
☐Nordstrom	百貨公司	阿拉莫阿那	P63	P13C2
☐Nordstrom Rack	特價商店	沃德	P68	P12A3
☐Olive Boutique	流行服飾	凱盧阿	P26	P5D1
☐Oncôur	包包	阿拉莫阿那	P63	P13C2
☐Peggy's Piks	雜貨	卡帕胡魯	P22	P11C2
☐Pier 1 Imports	雜貨	沃德	P69	P12A3
☐Pink Sand	流行服飾	威基基	P57 70	P8B3
☐Pualani	泳裝	威基基	P56	P7C4
☐Pull-in	女用內衣	威基基	P72	P8A4
☐Quiksilver	流行服飾	威基基	P72	P8A4
☐Rebecca Beach	流行服飾	威基基	P57 61 77	P9C4
☐Red Pineapple	雜貨	沃德	P69	P12A3
☐REDValentino	流行服飾	阿拉莫阿那	P63	P13C2
☐Roberta Oaks	流行服飾	市中心	P32	P14B2
☐Royal Hawaiian Cookie	餅乾	威基基	P79	P8B2
☐Runners Route	運動用品	阿拉莫阿那	P45	P12B2
☐Safeway	超市	卡帕胡魯	P83	P11C2
☐San Lorenzo Brzaillian Bikinis	泳裝	威基基	P57	P9C3
☐Sanuk	涼鞋	威基基	P73	P9D3
☐Shop@The Hisam	博物館商店	市中心	P32	P15C2
☐Soha Living Kailua	雜貨	凱盧阿	P27	P5D1
☐South Shore Paperie	雜貨	卡帕胡魯	P22	P11C2
☐SPARK	流行服飾	威基基	P71	P8B3
☐Specialme	流行服飾	威基基	P59 77	P8A3
☐Sugarcane	雜貨 流行服飾	凱木基	P23	P11D1
☐Surf'n Sea	流行服飾	哈雷瓦	P30	P3D1
☐T Galleria Hawaii by DFS	免稅店	威基基	P75	P8B2
☐T.J. Maxx	特價商店	沃德	P68	P12A3
☐Target	超市	鹽湖	P82	P4A3
☐The Complete Kitchen	廚房雜貨	柯哈拉	P75	P7D2
☐The Cookie Corner	餅乾	威基基	P78	P8B4
☐The Island Slipper	涼鞋	威基基	P77	P8B3
☐The Kahala Boutique	精品店	柯哈拉	P79	P7D2
☐THE SEA CLOSET	流行服飾	威基基	P59	P8A2
☐Tin Can Mailman	骨董	市中心	P32	P14B2
☐Tommy Bahama	流行服飾	威基基	P18	P8A4
☐Tori Richard	流行服飾	阿拉莫阿那	P64	P13C2
☐TRH Inspired	雜貨	威基基	P84	P9C4
☐Truffaux	流行小物	威基基	P72	P8A4

索引

141

名稱	類型	區域	頁碼	別冊MAP
□Turquoise	流行服飾	威基基	P58 77	P8B2
□UGG Australia	鞋	威基基	P73	P9D3
□UNIBAZAR	流行服飾	威基基	P61	P8B2
□Urban Outfitters	流行服飾	威基基	P73	P9D3
□Valerie Joseph Boutique	流行服飾	阿拉莫阿那	P64	P13C2
□Vivienne Westwood	流行服飾	威基基	P74	P9C3
□Waikiki Beachboy	流行服飾	威基基	P74	P8B4
□Walgreens	超市	阿拉莫阿那	P83	P13C2
□Walmart	超市	阿拉莫阿那	P82	P12B1
□Williams Sonoma	廚房雜貨	阿拉莫阿那	P65	P13C2
□尼曼馬庫斯	百貨公司	阿拉莫阿那	P63	P13C2
□全食超市	超市	柯哈拉	P80 117	P7D2
□沃德村	購物中心	沃德	P68	P12A3
□阿拉莫阿那中心	購物中心	阿拉莫阿那	P62	P13C2
□威開雷超級商場	暢貨中心	威開雷	P75	P2B3
□威基基海灘大道	購物中心	威基基	P72	P8A4
□柯哈拉購物中心	購物中心	柯哈拉	P75	P7D2
□皇家夏威夷中心	購物中心	威基基	P70	P8B3
□普阿雷拉妮水漾購物商店	購物中心	威基基	P72	P9D3
□碧綠紅茶苑	紅茶	阿拉莫阿那	P65	P13C2
□維多利亞的秘密	女用內衣	阿拉莫阿那	P64	P13C2
□12th Avenue Grill	餐廳	凱木基	P101	P11D1
□Ailana Shave Ice	刨冰	McCully	P97	P12B2
□Alan Wong's	環太平洋菜	McCully	P100	P10A2
□Aloha Table	Loco moco	威基基	P95	P8B2
□Bevy	酒吧	Kaka'ako	P109	P6B3
□Bill's	餐廳	威基基	P20	P8A3
□Bogart's Cafe	咖啡廳	鑽石頭山	P91	P11D4
□Boots & Kimo's	餐廳	凱盧阿	P27	P5D1
□Cafe Haleiwa	咖啡廳	哈雷瓦	P31	P3D1
□Café Julia	咖啡廳	市中心	P33	P15C2
□Café Kaila	鬆餅	卡帕胡魯	P88	P11C2
□ChadLou's	咖啡廳	凱盧阿	P26	P5D1
□Cheeseburger Beachwalk	漢堡	威基基	P92	P8A4
□Chef Mavro	法國菜	McCully	P101	P10A2
□Cinnamon's at The Ilikai	餐廳	威基基	P20	P13D3
□Coffee Gallery	咖啡廳	哈雷瓦	P31	P3D1
□Crackin' Kitchen	卡郡菜	威基基	P21	P8B2
□Cream Pot	鬆餅	威基基	P88	P13D1
□d.k. Steak House	牛排	威基基	P102	P11C4
□Duke's Waikiki	餐廳	威基基	P110	P9C3
□Edge of Waikiki	餐廳酒吧	威基基	P98	P8B4
□Eggs'n Things (阿拉莫阿那店)	鬆餅	阿拉莫阿那	P67	P12B2
□Fresh Café	咖啡廳	Kaka'ako	P87	P6B3
□Giovanni	蒜蓉蝦	哈雷瓦	P28	P3D1
□Giovanni Pastrami	餐廳	威基基	P21	P8B4
□Goofy Café& Dine	餐廳	威基基	P87	P13D2
□Gorilla in the Cafe	咖啡廳	威基基	P90	P8A3
□Hale Vietnam	越南菜	凱木基	P106	P11D1
□Haleiwa Bowls	奶昔攤	哈雷瓦	P31	P3D1
□Hau Tree Lanai	餐廳	威基基	P86	P7C4
□Hawaiian Crown Plantation	咖啡廳	威基基	P20	P9D2
□Heavenly Island Lifestyle	咖啡餐廳	威基基	P87	P9C2
□Himalayan Kitchen	尼泊爾菜	凱木基	P106	P11D1
□Honolulu Burger Company	漢堡	阿拉莫阿那	P93	P6B3
□House Without a Key	酒吧餐廳	威基基	P21 110	P8B4
□IHOP	鬆餅	威基基	P89	P8B2
□Island Snow	刨冰	凱盧阿	P26	P5D1
□Island Vintage Coffee	咖啡廳	威基基	P79 90	P8B3
□Island Vintage Shave Ice	刨冰	威基基	P71	P8B3
□Islands Fine Burger & Drinks	漢堡	阿拉莫阿那	P66	P13C2
□Jamba Juice	果汁	柯哈拉	P91	P7D2
□Kaimana Farm Café	自然咖啡廳	卡帕胡魯	P105	P11C2
□Kaimuki Superette	餐廳	凱木基	P105	P11D1
□Kaka'ako Kitchen	午餐餐盤	沃德	P94	P12A3
□Kani Ka Pila Grille	餐廳	威基基	P110	P8A4
□Karai Crab	海鮮	Moiliili	P103	P10B2
□Koko Head Cafe	餐廳	凱木基	P23	P11D1
□Kua 'Aina Sandwich	漢堡	沃德	P93	P12A3
□Kua'Aina	漢堡	哈雷瓦	P28	P3D1
□Lanikai Juice	果汁	威基基	P91	P13D3
□Lappert's Hawaii	甜點	威基基	P97	P13D3
□Le Jardin	咖啡廳	威基基	P87	P9D3
□Leahi Health	果汁	凱木基	P22	P11D1
□Lemona Hawaii	雪冰	威基基	P97	P8B1

美食

142

名稱	類型	區域	頁碼	別冊MAP
☐Leonard's	Malasada	卡帕胡魯	P22	P11C2
☐Livestock Tavern	餐廳	市中心	P33	P14B2
☐Longhi's	義大利菜	阿拉莫阿那	P67	P13C2
☐Mai Lan	越南菜	阿拉莫阿那	P107	P6B3
☐Mai Tai Bar	酒吧	威基基	P110	P9C4
☐Mai Tai Bar	酒吧	阿拉莫阿那	P67	P13C2
☐Makai Market美食廣場	美食廣場	阿拉莫阿那	P66	P13C2
☐Mariposa	環太平洋菜	阿拉莫阿那	P67	P13C2
☐Matsumoto Grocery Store	剉冰	哈雷瓦	P29	P3D1
☐Michel's	法國菜	威基基	P98	P7C4
☐Moke's Bread & Breakfast	餐廳	凱盧阿	P27	P5D1
☐Morimoto Waikiki	日本料理	威基基	P101	P13D3
☐Nico's at Pier38	海鮮	Iwilei	P103	P6A3
☐Ocean House	美式餐廳	威基基	P99	P8A4
☐Ono Hawaiian Foods	夏威夷菜	卡帕胡魯	P95	P11C2
☐Paina Café	咖啡廳	沃德	P69	P12A3
☐Paina Lanai Foodcourt	美食廣場	威基基	P71	P8B3
☐Pau Hana Market	餐車攤販村	威基基	P5	P8A4
☐Phuket Thai	泰國菜	McCully	P107	P13D1
☐Pint+ Jigger	Pub	McCully	P108	P10A2
☐Pioneer Saloon	午餐餐盤	鑽石頭山	P94	P11D4
☐Plumeria Beach House	餐廳	柯哈拉	P99	P7D2
☐Raging Crab	海鮮	阿拉莫阿那	P103	P12B1
☐Rainbow Drive-In	Loco moco	卡帕胡魯	P95	P11D3
☐Ray's Cafe	牛排	Kalihi	P102	P4B3
☐Ray's Kiawe Broiled Chicken	美食攤	哈雷瓦	P31	P3D1
☐REAL A Gastropub	Pub	沃德	P108	P12A3
☐Regal Bakery	甜點	McCully	P97	P13D1
☐Roy's Waikiki	環太平洋菜	威基基	P100	P8A4
☐Royal Kitchen	Manapua	市中心	P33	P14A1
☐RUM FIRE	餐廳酒吧	威基基	P109	P8B4
☐Sam's Kitchen	午餐餐盤	威基基	P94	P8B2
☐Shore Bird	餐廳	威基基	P21	P8A4
☐Side Street Inn On Da Strip	餐廳	卡帕胡魯	P23	P11C3
☐Sky Waikiki	酒吧	威基基	P19	P8B3
☐Sweet E's Café	咖啡廳	卡帕胡魯	P86	P11C2
☐Ted's Bakery	咖啡廳	哈雷瓦	P29	P2B1
☐Teddy's Bigger Burgers	漢堡	阿拉莫阿那	P92	P13C1
☐The Counter Custom Build Burgers	漢堡	柯哈拉	P93	P7D2
☐The Nook Neighborhood Bistro	當地食材	Moiliili	P104	P10B2
☐The Original Pancake House	鬆餅	阿拉莫阿那	P88	P12B2
☐The Pig and The Lady	越南菜	市中心	P33	P14B3
☐The Pineapple Room	Loco moco	阿拉莫阿那	P95	P13C2
☐Tilia Aloha Café	咖啡廳	威基基	P91	P8A2
☐Town	有機餐點	凱木基	P104	P11D1
☐Uahi Island Grill	午餐餐盤	凱盧阿	P94	P5D1
☐W&M Bar-B-Q Burger	漢堡	凱木基	P93	P11C1
☐Waialua Bakery	咖啡廳	哈雷瓦	P31	P3D1
☐Wailana Coffee House	鬆餅	威基基	P89	P13D2
☐Waiola Shave ice	剉冰	沃德	P69	P12A3
☐We Heart Cake Company	杯子蛋糕	市中心	P97	P15C2
☐Wolfgang's Steakhouse	牛排	威基基	P102	P8B3
☐Yard House	啤酒餐廳	威基基	P109	P8A4
☐Yogurtland	甜點	威基基	P97	P11C4
☐Yuchun Korean Restaurant	韓國菜	阿拉莫阿那	P107	P12A2
☐白木屋屋台村	攤販村	阿拉莫阿那	P66	P13C2
☐高橋果実店	甜點	威基基	P97	P8A4
☐檀香山咖啡	咖啡廳	威基基	P74	P9C3
☐Aloha Hands Massage Therapy	按摩	威基基	P113	P8B3
☐Aroma at Home	芳香療法	McCully	P115	P13C1
☐Belle Vie	美妝	威基基	P116	P8B3
☐Blue Hawaii Lifestyle	美妝&咖啡廳	阿拉莫阿那	P90 117	P13C2
☐Day Spa Moe	Spa	阿拉莫阿那	P112	P12B2
☐Kuub Cosmetics Salon	Spa	McCully	P112	P13C1
☐Lanikai Bath & Body	美妝	凱盧阿	P116	P5D1
☐Luana Waikiki Hawaiian Massage & Shiatsu	按摩	威基基	P113	P8B2
☐Massage Way	Lomi Lomi	阿拉莫阿那	P115	P13D2
☐Neo Plaza	美妝	威基基	P117	P8B3
☐NOA ELMO	Spa	威基基	P114	P8B2
☐Royal Massage	按摩	威基基	P115	P8B2
☐RUA MOMI	Lomi Lomi	威基基	P115	P8B2
☐Spa Pure	Spa	威基基	P114	P8B2

索引

護膚美容

143

時尚・可愛・慢步樂活旅

ララチッタ
HONOLULU

國家圖書館出版品預行編目（CIP）資料

檀香山 / JTB Publishing, Inc.作；
　陳振皓翻譯. -- 第一版. -- 新北市：
　人人, 2017.11
　面；公分. --（叩叩世界系列；19）
ISBN 978-986-461-124-9（平裝）
1.旅遊 2.美國檀香山

752.799　　　　　　　106016042

WHH

【 叩叩世界系列 19 】

檀香山

作者／JTB Publishing, Inc.
翻譯／陳振皓
編輯／林庭安
校對／呂旭凌
發行人／周元白
排版製作／長城製版印刷股份有限公司
出版者／人人出版股份有限公司
地址／23145 新北市新店區寶橋路235巷6弄6號7樓
電話／（02）2918-3366（代表號）
傳真／（02）2914-0000
網址／http://www.jjp.com.tw
郵政劃撥帳號／16402311 人人出版股份有限公司
製版印刷／長城製版印刷股份有限公司
電話／（02）2918-3366（代表號）
經銷商／聯合發行股份有限公司
電話／（02）2917-8022
第一版第一刷／2017年11月
定價／新台幣400元

日本版原書名／ララチッタ ホノルル
日本版發行人／秋田 守
Lala Citta Series
Title: HONOLULU
© 2016 JTB Publishing, Inc.
All rights reserved
First published in Japan in 2016 by JTB Publishing, Inc. Tokyo
Chinese translation rights arranged with JTB Publishing, Inc.
through CREEK & RIVER Co., Ltd. Tokyo
Chinese translation copyrights © 2017 by Jen Jen Publishing Co., Ltd.

人人出版好本事
提供旅遊小常識＆最新出版訊息
回答問卷還有送小贈品
部落格網址：http://www.jjp.com.tw/jenjenblog/

←←←從這裡拆下來

LalaCitta 檀香山
別冊MAP

Contents

P2-3 　　歐胡島全域圖／哈雷瓦

P4-5 　　歐胡島東南部／凱盧阿

P6-7 　　檀香山

P8-9 　　威基基中心區

P10-11 　McCully～凱木基

P12-13 　阿拉莫阿那

P14-15 　市中心

P16-17 　阿拉莫阿那中心樓層圖

P18 　　皇家夏威夷中心樓層圖

P19 　　威基基海灘大道樓層圖

P19 　　普阿雷拉妮水漾購物商店樓層圖

P20 　　沃德村全域圖

P20 　　沃德購物中心樓層圖

P21 　　沃德批發商場樓層圖

P22-23 　威基基觀光導遊巴士路線圖

P24-25 　巴士路線圖

P26-27 　行車路線圖

封底 　　簡單會話／小費／匯率

MAP記號索引

Ⓗ 飯店

🏛 教堂

ℹ 觀光服務處

✈ 機場

♀ 巴士站

🚏 觀光巴士站

🏦 銀行

✉ 郵局

⊞ 醫院

⊗ 警察局

Ⓟ 停車場

🅰🅱🅲 ABC Stores

St. =Street

Hwy =Highway

Ln. =Lane

Ave. =Avenue

Rd. =Road

Dr. =Drive

Pl. =Place

Pt. =Point

歐胡島全域／哈雷瓦

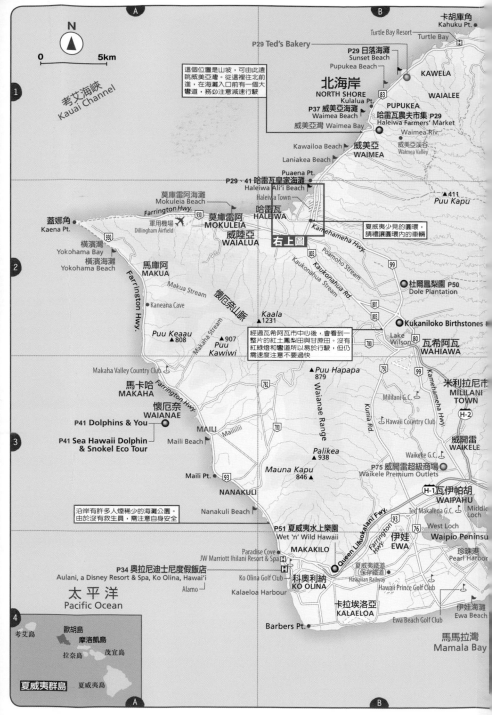

N

0　　　5km

考艾海峽
Kauai Channel

卡胡庫角
Kahuku Pt.

Turtle Bay Resort — Turtle Bay

P29 Ted's Bakery

P29 日落海灘
Sunset Beach

Pupukea Beach

KAWELA

WAIALEE

北海岸
NORTH SHORE

Kulalua Pt.

PUPUKEA

P37 威美亞海灘
Waimea Beach

威美亞灣 Waimea Bay

哈雷瓦農夫市集 P29
Haleiwa Farmers' Market

Waimea Riv.

威美亞溪谷
Waimea Valley

威美亞
WAIMEA

這個位置是山坡，可由此遠眺威美亞灣。從這裡往北前進，在海灘入口前有一個T字彎道，務必注意減速行駛

Kawailoa Beach

Laniakea Beach

Puaena Pt.

P29、41 哈雷瓦皇家海灘
Haleiwa Ali'i Beach

莫庫雷阿海灘
Mokuleia Beach

Haleiwa Town

哈雷瓦
HALEIWA

▲411
Puu Kapu

Farrington Hwy.

軍用機場
Dillingham Airfield

莫庫雷阿
MOKULEIA

威陸亞
WAIALUA

右上圖

夏威夷少見的圓環，
請禮讓圓環內的車輛

Kamehameha Hwy.

蓋娜角
Kaena Pt.

Poamoho Stream

99

橫濱灣
Yokohama Bay

馬庫阿
MAKUA

Kaukonahua Stream

Kaukonahua Rd.

801

杜爾鳳梨園 P50
Dole Plantation

橫濱海灘
Yokohama Beach

Makua Stream

懷厄奈山脈

Kaala
▲1231

803

Kukaniloko Birthstones

Farrington Hwy.

Kaneana Cave

Puu Keaau
▲808

▲907
Puu
Kawiwi

經過瓦希阿瓦市中心後，會看到一整片的紅土鳳梨田與甘蔗田。沒有紅綠燈和彎道所以易於行駛，但仍需速度注意不要過快

Lake
Wilson

780

80

瓦希阿瓦
WAHIAWA

馬卡哈
MAKAHA

Makaha Valley Country Club

Farrington Hwy.

Makaha Stream

762

Puu Hapapa
879

Waianae Range

750

99

米利拉尼市
MILILANI
TOWN

Mililani G.C.

懷厄奈
WAIANAE

P41 Dolphins & You

MAILI

Maililii

Kunia Rd.

Hawaii Country Club

H-2

P41 Sea Hawaii Dolphin
& Snokel Eco Tour

Maili Beach

780

Palikea
▲938

Waikeke G.C.

威開雷
WAIKELE

Maili Pt.

93

NANAKULI

Mauna Kapu
846 ▲

P75 威開雷超級商場
Waikele Premium Outlets

H-1 瓦伊帕胡
WAIPAHU

沿岸有許多人煙稀少的海灘公園。
由於沒有救生員，需注意自身安全

Nanakuli Beach

Queen Liliuokalani Fwy.

Ted Makalena G.C.

Middle
Loch

West Loch

Waipio Peninsu

P51 夏威夷水上樂園
Wet 'n' Wild Hawaii

MAKAKILO

Farrington Hwy.

93

76

伊娃
EWA

珍珠港
Pearl Harbor

Paradise Cove

JW Marriott Ihilani Resort & Spa

P34 奧拉尼迪士尼度假飯店
Aulani, a Disney Resort & Spa, Ko Olina, Hawai'i

太平洋
Pacific Ocean

Ko Olina Golf Club

科奧利納
KO OLINA

夏威夷鐵道
(保存鐵道)
Hawaiian Railway

Hawaii Prince Golf Club

Alamo

Kalaeloa Harbour

卡拉埃洛亞
KALAELOA

伊娃海灘
Ewa Beach

Barbers Pt.

Ewa Beach Golf Club

馬馬拉灣
Mamala Bay

歐胡島
OAHU

考艾島

摩洛凱島

拉奈島

茂宜島

夏威夷群島

夏威夷島

區域
Navi

歐胡島繞一圈約200公里。雖然因為西側的蓋娜角禁止車輛通行而無法實際環島一圈，只是開車繞繞的話約5小時可繞完。

哈庫庫
KAHUKU
Kahuku G.C.

呼基拉市場 P51
Hukilau Marketplace

Makahoa Pt.
Malaekahana Bay

Laie Bay
Laie Pt.
拉耶 LAIE
Laie Beach

玻里尼西亞
文化中心
Polynesian
Cultural Center
P50

豪烏拉
HAUULA

普納魯吾
PUNALUU

Kamehameha Hwy.

歐胡島東岸到北海岸的83號線是
不但可欣賞美麗的海景，也看得
到柯歐努山脈美景的海岸兜風路
線，路途上有許多單調的路段，
行駛途中小心別打瞌睡

卡哈納
KAHANA

Makalii Pt.

狮子岩
Croucking Lion

Kahana Stream

▲633
Turnover

KAAAWA

▲818
Puu Pauao

古蘭尼牧場騎馬套裝活動

古蘭尼牧場 P51
Kualoa Ranch Hawaii

古蘭尼海灘
Kualoa Beach

古蘭尼
KUALOA

Puu Ohulehule

Kualoa Pt.

Koolau Range

690▲

WAIKANE

Chinaman's Hat

Puu Kaaumakua
817

Waikane Stream

WAIAHOLE

Eleao
▲809

Waiahole Stream

83

別冊P4-5

Senator Fong's Plantation

KAHALUU

卡內奧赫灣 P25
Kaneohe Bay

卡內奧赫海軍兵基地
Kaneohe Marine
Corps Base

AHUIMANU

830

希亞
HEEIA

平等院
Byodo-In Temple

Kahekili Hwy.

莫卡普半島
Mokapu
Peninsula

凱盧阿橡皮艇冒險之旅
2小時附指導員 P39

PACIFIC
PALISADES

Pearl Country Club

卡內奧赫
KANEOHE

Kailua
Bay

凱盧阿
KAILUA

凱盧阿海灘 P25
Kailua Beach

Pearlridge Center

▲744
Puu Kawaipoo

H-3

拉尼凱海灘 P37
Lanikai Beach

珠城
PEARL
CITY

John A Burns Fwy.

Puu Keahiakahoe
838▲

茂納魯亞花園
Moanalua Gardens Park

Koolau Golf Club

Kaiwa Ridge登山小徑 P42

Olomana Golf Links

阿羅哈體育場
Aloha Stadium

鹽湖
Salt Lake

Moanalua Hwy.

Like Like Hwy.

努阿努帕里大風口 P25
Nuuanu Pali Lookout

61

Kailua Rd.

威瑪納諾灣
Waimanalo Bay

Alamo

H-1

▲946
Puu
Konahuanui

Pali Hwy.

Tantalus
614▲

威瑪納諾
WAIMANALO

威瑪納諾海灘
Waimanalo Beach

Kalanianaole Hwy.

Waimanalo Stream

檀香山國際機場
Honolulu International
Airport

Nimitz Hwy.

瑪諾亞瀑布 P43
Manoa Falls

Keehi
Lagoon

廬奇飽陽
Punchbowl

檀香山
HONOLULU

瑪卡普五海灘
Makapuu Beach

P25、43

瑪卡普伍角
Makapuu Pt.

Pearl Harbor Historic Sites

市中心
DOWNTOWN

92

Lunali le Fwy.

H-1

Alamo

NIU VALLEY

夏威夷海洋生物公園 P40
Sea Life Park Hawaii

Hawaii Kai Golf Course

72

Pele's Chair

威基基
WAIKIKI

鑽石頭山
Diamond Head

Kalanianaole Hwy.

海泉噴口 P24
Halona Blowhole

夏威夷凱
HAWAII KAI

白沙灣海灘 P24
Sandy Beach

Maunalua Bay

恐龍灣 P36
Hanauma Bay

Koko Head Natural Park

凱威海峽
Kaiwi Channel

哈雷瓦

P31 Haleiwa Bowls
P30 Surf'n Sea

Kua'Aina
P28

P29、41 哈雷瓦皇家海灘
Haleiwa Ali'i Beach
哈雷瓦皇家海灘公園

威陸亞灣

P31
Ray's Kiawe
Broiled Chiken

Haleiwa Store Lots

P30 Guava Shop
哈雷瓦市購物中心

Kaiaka Bay
Beach Park

P29 Matsumoto Grocery Store

Waialua
Bakery P31

Kaiaka Bay

P31 Cafe Haleiwa

P30 Noelani Studios

Kamehameha Hwy.

Joseph P. Leong Hwy.

Haleiwa Rd.

Cane Haul Rd.

P31 Délice Crêpes

P28 Giovanni

Waialua
District Park

Waialua Beach Rd.

北岸市場
North Shore Marketplace
P31 Coffee Gallery

Goodale Ave.

N

0   500m

●餐廳・咖啡廳　●商店　●夜間娛樂　●美容保養　●觀光景點・活動

3

歐胡島東南部／凱盧阿

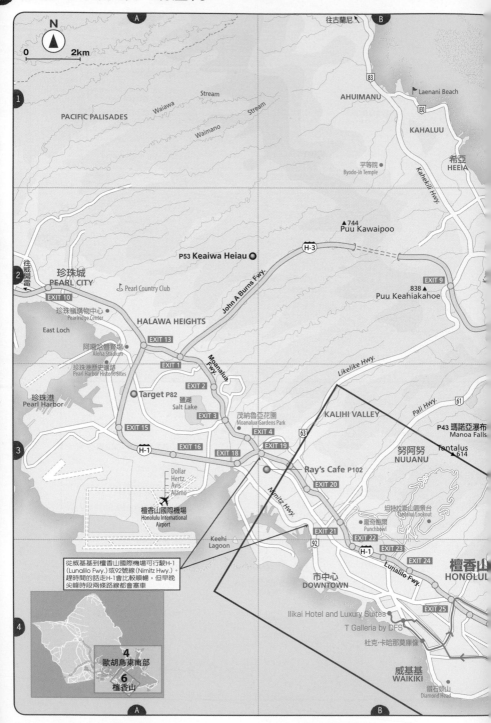

4 　區域 Navi　從威基基往凱盧阿的話，開61號線約40分可到達。若要一邊欣賞景色，則推薦會經過海灘沿岸與瑪卡普伍角的72號線，車程約需55分。（→P24）

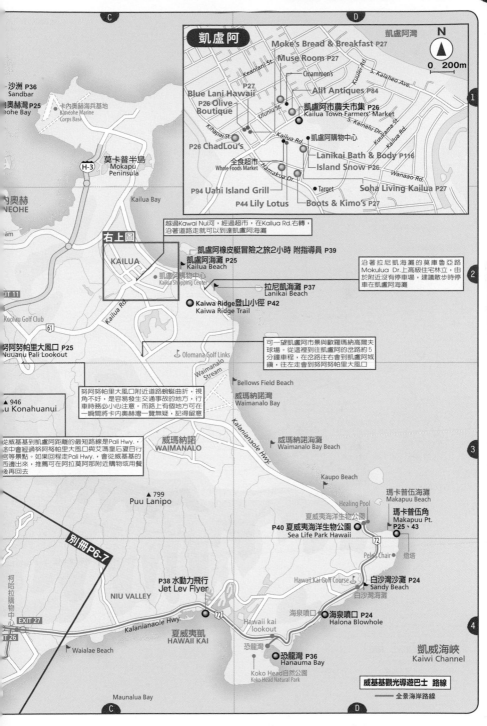

凱盧阿

凱盧阿灣

Moke's Bread & Breakfast P27
Muse Room P27
Cinnamon's
Ali'i Antiques P84
Blue Lani Hawaii P27
Olive Boutique P26
凱盧阿市農夫市集 P26
Kailua Town Farmers' Market
凱盧阿購物中心
ChadLou's P26
全食超市
Whole-Foods Market
Lanikai Bath & Body P116
Island Snow P26
Uahi Island Grill P94
Target
Soha Living Kailua P27
Lily Lotus P44
Boots & Kimo's P27

0 200m

越過Kawai Nui河，經過超市，在Kailua Rd.右轉，沿著道路走就可以到達凱盧阿海灘

KAILUA
凱盧阿購物中心
Kailua Shopping Center

凱盧阿橡皮艇冒險之旅2小時 附指導員 P39
凱盧阿海灘 P25
Kailua Beach

拉尼凱海灘 P37
Lanikai Beach

Kaiwa Ridge登山小徑 P42
Kaiwa Ridge Trail

沿著拉尼凱海灘的莫庫魯亞路Mokulua Dr.上高級住宅林立，由於附近沒有停車場，建議散步時停車在凱盧阿海灘

努阿努帕里大風口 P25
Nuuanu Pali Lookout

Koolau Golf Club

Olomana Golf Links

Waimanalo Stream

可一望凱盧阿市景與歐羅瑪納高爾夫球場。從這裡到往凱盧阿的岔路約5分鐘車程，在岔路往右會到凱盧阿城鎮，往左走會到努阿努帕里大風口

努阿努帕里大風口附近道路蜿蜒曲折，視角不好，是容易發生交通事故的地方，行車時務必小心注意。而路上有個地方可在一瞬間將卡內奧赫灣一覽無疑，記得留意

Bellows Field Beach

威瑪納諾灣
Waimanalo Bay

從威基基到凱盧阿距離的最短路線為Pali Hwy.，途中會經過努阿努帕里大風口與艾瑪皇后夏日行宮等景點。如果回程走Pali Hwy.，會從最後面的那邊出來，推薦可在阿拉莫阿那附近購物或用餐後再回去

威瑪納諾
WAIMANALO

威瑪納諾海灘
Waimanalo Bay Beach

Kaupo Beach

Puu Lanipo 799

Healing Pool

瑪卡普伍海灘
Makapuu Beach

夏威夷海洋生物公園 P40
Sea Life Park Hawaii

瑪卡普伍角
Makapuu Pt.
P25、43

Pele's Chair 燈塔

別冊P6-7

水動力飛行 P38
Jet Lev Flyer

NIU VALLEY

Hawaii Kai Golf Course

白沙灣沙灘 P24
Sandy Beach
白沙灣沙灘

EXIT 27

夏威夷凱
HAWAII KAI
Kalanianaole Hwy.

Hawaii kai lookout

海泉噴口 P24
Halona Blowhole
海泉噴口

凱威海峽
Kaiwi Channel

Waialae Beach

恐龍灣 P36
Hanauma Bay

Koko Head自然公園
Koko Head Natural Park

威基基觀光導遊巴士 路線
全景海岸路線

Maunalua Bay

●餐廳·咖啡廳 ●商店 ●夜間娛樂 ●美容保養 ●觀光景點·活動

5

檀香山

太平洋高地
PACIFIC HEIGHTS

努阿努山谷
NUUANU VALLEY

往凱盧阿

往瑪諾亞瀑布 P
Manoa Fa

St. Francis Hospital

艾瑪皇后夏日行宮
Queen Emma Summer Palace

Puu Ualakaa State Park

P54 坦特拉斯山觀景台
Tantalus Lookout

MAKIKI HEIGHTS

比夏普博物館 P52
Bishop Museum

夏威夷金刀比羅神社／
夏威夷太宰府天滿宮 P53
Hawaii Kotohira Jinsha-
Hawaii Dazaifu Tenmangu

ALEWA HEIGHTS

Kamehameha Schools

PALAMA

夏威夷弘法寺

LILIHA

Nuuanu Memorial
Park Cemetery
Oahu Cemetery

檀香山美術館斯伯丁之家
Honolulu Museum of Art Spalding House

Roosevelt High Sch.

Kuakini Health System／Kuakini St.
莉莉烏卡拉尼女王植物園
Liliuokalani Botanic Garden

PAUOA

MAKIKI

佛斯特植物園
Foster Botanical Garden

廣範能所
Punchbowl

觀景台
Lookout

Makiki Cemetery

Makiki District Park

Lunalilo Fwy.

P107 Mai Lan

Central Union Ch

P53 夏威夷出雲大社
Hawaii Izumo Taisha

中國城
CHINATOWN

KALIHI

IWILEI

Fire Station

Nico's at Pier 38 P103

檀香山港
Honolulu Harbor

市中心
DOWNTOWN

Alapai Bus Terminal

P93 Honolulu Burger
Company

阿拉莫阿那
ALA MOANA

McCULLY

別冊P14〜15

Kapalama Basin

Kapalama Channel

桑德島
Sand Is.

Mikole St.

Sand Island State
Recreation Area

Sand Is. State Recreation Area

Fresh Cafe P87

沃德村
P68 Ward Village 沃德購物中心

KAKA AKO

P109 Bevy

Hawaii Children´s Discovery Center

Kakaako Waterfront Park

科瓦羅盆地港灣公園
Kewalo Basin

科瓦羅盆地
港灣公園
Kewalo
Basin Park

馬馬拉灣
Mamala Bay

阿拉莫阿那中心
Ala MoanaCenter P62

Kapiolani Blvd.

阿拉莫阿那海灘公園
Ala Moana Beach Park

阿拉莫阿那海灘 P36
Ala Moana Beach
魔法島
Magic Is.

別冊P12〜1

威基基觀光導遊巴士　路線
━━ 夏威夷歷史觀光路線
━━ 鑽石頭山觀光路線
━━ 威基／阿拉莫阿那購物路線
━━ 全景海岸路線
━━ 威開雷觀光導遊巴士之旅

區域
Navi

市中心是檀香山的政治與經濟中心（A3）。只要記住以此為起點向東西延伸的King St.
和Beretania St.，還有Ala Moana Blvd.，以及身為威基基主要街道的Kalakaua Ave.
這4條道路就會很方便。

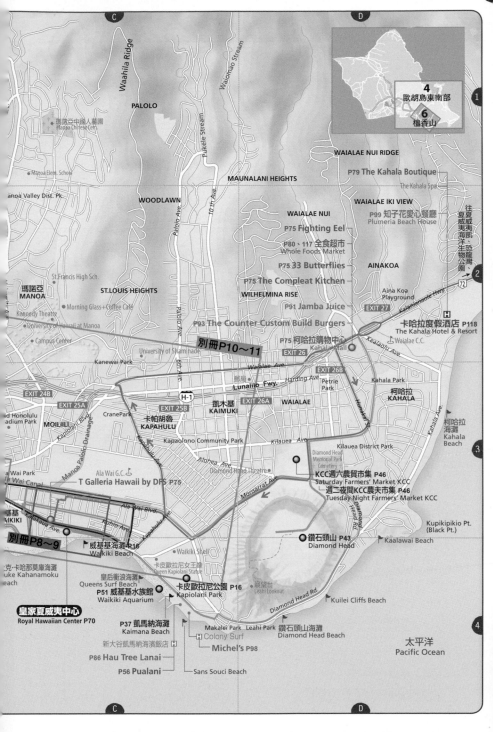

欧胡島東南部 **4**

檀香山 **6**

1

Waahila Ridge

Waiomao Stream

PALOLO

瑪諾亞中國人華園
Manoa Chinese Cem.

Pukele Stream

WAIALAE NUI RIDGE

MAUNALANI HEIGHTS

P79 The Kahala Boutique

The Kahala Spa

Manoa Elem. School

WOODLAWN

anoa Valley Dist. Pk.

10th Ave.

WAIALAE IKI VIEW

WAIALAE NUI

P99 知子花愛心餐廳
Plumeria Beach House

往夏威夷凱
海洋生物公園

St. Francis High Sch.

瑪諾亞
MANOA

ST.LOUIS HEIGHTS

P75 Fighting Eel

P80、117 全食超市
Whole Foods Market

AINAKOA

2

Palolo Ave.

P75 33 Butterflies

Aina Koa
Playground

72

Morning Glass + Coffee Café

P75 The Compleat Kitchen

WILHELMINA RISE

Kalanianaole Hwy.

H

EXIT 27

Kennedy Theatre

University of Hawaii at Manoa

P91 Jamba Juice

卡哈拉度假酒店 P118
The Kahala Hotel & Resort

Campus Center

6th Ave.

P93 The Counter Custom Build Burgers

Waialae C.C.

University of Shaminade

P75 柯哈拉購物中心
Kahala Mall

Keaolou Ave.

別冊P10~11

P75 柯哈拉購物中心

Kanewai Park

Waialae Ave.

Kahala Park

柯哈拉
KAHALA

EXIT 26

EXIT 24B

醬廠

Harding Ave.

EXIT 26B

EXIT 25A

Lunalilo Fwy.

Petrie
Park

Kahala Ave.

old Honolulu
adium Park

H-1

Crane Park

EXIT 25B

凱木基
KAIMUKI

EXIT 26A

WAIALAE

柯哈拉
海灘
Kahala
Beach

MOILIILI

卡帕胡魯
KAPAHULU

3

Kapiolani Blvd.

Kapaolono Community Park

Kilauea Ave.

Kilauea District Park

a Wai Park

Ala Wai G.C.

Alohea Ave.

Diamond Head Theatre

Diamond Head
Memorial Park
Cemetery

Diamond Head Rd.

a Wai Canal

T Galleria Hawaii by DFS P75

Monsarrat Ave.

KCC週六農貿市集 P46
Saturday Farmers' Market KCC

基
IKIKI

Kuhio Ave.

週二夜間KCC農夫市集 P46
Tuesday Night Farmers' Market KCC

Kupikipikio Pt.
(Black Pt.)

別冊P8~9

Kalakaua Ave.

鑽石頭山 P43
Diamond Head

Kaalawai Beach

克-卡哈那莫庫海灘
uke Kahanamoku
each

P16 威基基海灘 P16
Waikiki Beach

Waikiki Shell

皇后衝浪海灘
Queens Surf Beach

Queen Kapiolani Statue

瞭望台

Leahi Lookout

皇家夏威夷中心 P70
Royal Hawaiian Center P70

P51 威基基水族館
Waikiki Aquarium

卡皮歐拉尼公園 P16
Kapiolani Park

Kuilei Cliffs Beach

P37 凱馬納海灘
Kaimana Beach

Makalei Park

Leahi Park

鑽石頭山海灘
Diamond Head Beach

太平洋
Pacific Ocean

新大谷凱馬納海濱飯店

Colony Surf

P86 Hau Tree Lanai

Michel's P98

4

P56 Pualani

Sans Souci Beach

威基基市中心

A 阿拉威運河 Ala Wai Canal B

1

Ala Wai Blvd.

2115 Ala Wai

2121 Ala Wai

Best Western Coconut Waikiki Hotel

Kailani

Pacific Polynesia

Aloha Laui

P123 殖民島水天際飯店
Aqua Skyline at Island Colony

威基基海灘萬怡飯店
Courtyard by Marriott Waikiki Beach

Aloha Dr.

Kaiolu Sunrise

2215 Aloha Towers

Lemona Hawaii P97

H Royal Kuhio

Manukai St.

Hokele Suites Waikiki

411 Kaiolu

Spa Pure P114

Happy Haleiwa P76

Four Paddle

Tilia Aloha Cafe P91

Kuhio Courte

Courtyard by Marriott Waikiki Beach

Turquoise

La Casa

Tropic Surf

Waikiki Cove

Kuhio Ave.

2·8·13·19·20·22·23·42

2·8·13·19·20·22·23·42·E

ABC

IHOP P89

2·8·13·19·20·22·23·42·E

2

Moncler P19
Gucci
Coach
Tiffany&Co.
Chanel

P59 THE SEA CLOSET

2·8·13·19·20·23·42

E·Z

H Ohana Waikiki Malia

P114 NOA ELMO.

P76 Nalu Hawaiian Sprit

RUA MOMI. P115

Royal Massage P115

Marine Surf Waikiki

Luxury Row P19

步行
約3分

Lauula St.

Shabby Room

ABC

Waikolu Way

UNIBAZAR P61

ABC Lilly & Emma P60

Volcom

P113 Aloha Hands
Massage Therapy

Aqua Oasis,a Joy

T Galleria Hawaii
by DFS P75

T Galleria Hawaii
by DFS 威基基觀光
導遊巴士購票櫃檯

Mea Aloha P49

Royal Hawaiian Cookie P7

Sam's Kitchen P94

Lau'ula St.

Aloha Table P95

郵局

P76 88 Tees

Moni

Max & Co.

Luana Waikiki Hawaiian
Massage&Shiatsu P113

威基基
購物廣場
Waikiki Shopping Plaza

ABC

Waikiki Busines

Prada

Belle Vie P116

Neo Plaza P117

Seaside Ave.

3

P59 Specialme

8·19·20·23·42·E

Tommy Bahama P18

Kalakaua Ave.

Christian Dior

Lanikai Juice

Eggs'n Things
Saratoga店

夏威夷銀行
Bank of Hawaii

Longs Drugs

Louis Vuitton

22·E

P89 Eggs'n Things

Hua Market

8·19·20·23·
42·E

Bill's
P20

P90 Gorilla
in the Cafe

第一夏威夷銀行
First Hawaiian Bank

A館

皇家夏威夷中心
Royal Hawaiian Center P70

※詳細樓層圖→別冊P18

Saratoga Rd.

Beach Walk

Beakers H

Don Ho Ln.

B館

P122 威基基海灘步道麗景灣支架公寓式酒店 H
Regency on Beachwalk Waikiki by Outrigger

4

SpoNavi Hawaii Group Running P45

Market on the Plaza P19

P72 威基基海灘大道
Waikiki Beach Walk

※詳細樓層圖→別冊P19

Giovannni Pastrami P21

P5 Pau Hana Market

Henry's Place
P97

高橋果実店

威基基希爾頓尊盛酒店 P121
Embassy Suites®-Waikiki Beach Walk®

Helumoa Rd.

Doctors on call
P138

Ukulele Puapua P49

P120 威基基川普國際飯店 H
Trump International Hotel™
Waikiki Beach Walk®

威基基帝國夏威夷度假酒店 P123
Imperial of Waikiki

威基基帕克飯店 P121
Waikiki Parc Hotel

Waikiki Beachboy P

The Cookie Corner

P99 Ocean House

P21 Shore Bird

House Without a Key P21、110

RUM FIRE P109

P110 Kani Ka Pila Grille

8·19·20·23·42·E

Halekulani Boutique

Orchids

Edge of Waikiki P98

P121 奧特里格礁湖威基基海灘度假酒店 H
Outrigger Reef Waikiki Beach Resort

哈凱古拉尼飯店 P118

威基基喜來登飯店 H
Sheraton Waikiki

Halekulani

A B

8

區域
Navi

雖然Kalakaua Ave.很熱鬧,但晚上10點商店和餐廳打烊之後人潮就會變少。
而海灘旁的人行道也會變得寂靜,請多加注意。

The Ala Wai
Holiday Surf
Ilima
444 Nahua
White Sands
H Hawaiian King
• Waikiki Market Place
1 Muse by Rimo
2·8·13·19·
20·23·42
ABC
Crackin' Kitchen P21
Heavenly Island Lifestyle P87
ky Waikiki P19
p of Waikiki

Fairway Villa

Ala Wai Palms
Waikiki Sand Villa
Ala Wai Town House
Waikiki Skyliner
Waikiki Town House
Waikiki Skytower
Victoria

Aqua Aloha Surf

P Aqua Waikiki Pearl
Beach-side
222 Kaiulani

Tusitala St.

Cleghorn St.

Governor Cleghorn Apartments
Waikiki Park Heights

Food Pantry P83
2·8·13·19·
20·22·23·42·E
ABC
Hawaiian Crown Plantation P20
Vive Hotel Waikiki
2·8·13·19·
20·22·23·42

Kuhio Ave.

Wiki wiki Ciber Café
ABC
Aqua Waikiki Wave
•威基基贸易中心
Waikiki Trade Center
Ohana Waikiki East
2·8·13·19·
20·23·42
Aqua Bamboo Waikiki
Alamo
Aston Pacific Monarch

Prince Edward St.

auula St.

Sheraton Princess Kaiulani H
H 夏威夷威基基海浪假日酒店
Holiday Inn Resort Waikiki Beachcomber
梅西百货 Macy's

La Cucaracha
ABC
Koa Ave.

ABC Stores 37號店 P82
ABC Stores #37

Kalakaua Ave.

P119:威斯汀莫阿納衝浪者
溫泉度假酒店
Moana Surfrider, A Westin Resort & Spa
Outrigger Waikiki Beach Resort H
Coach
P57 San Lorenzo
Brazilian Bikinis
P77 Island Sole
P110 Duke's Waikiki
P74 Honolulu Coffee
P74 Flip Flop Shops
P74 Vivienne Westwood

Uluniu Ave.
H 中央
太平洋银行
Central Pacific Bank

Waikiki
Beach
Center
Stage 22·E

檀香山警察局
威基基海滩分局
Honolulu Police
Waikiki Beach
杜克·卡哈那莫库像
Duke Kahanamoku Statue

威基基皇家夏威夷豪华精选度假饭店 P119
The Royal Hawaiian,
a Luxury Collection Resort
Mai Tai Bar P110
Rebecca Beach P57·61
Malie Organics P74
TRH Inspired P84
Waikiki Beach Services P17

P120 威基基海滩凯悦度假村
及水疗中心
Hyatt Regency
Waikiki Beach Resort and Spa
普阿雷拉妮水漾購物商店
P72 Pualeilani Atrium Shops
※詳細樓層圖→別冊P19
P47 凱悅農夫市集
Hyatt Regency Farmers' Market

威基基的魔法石
Wizard Stones of Waikiki
威基基海滩 P16
Waikiki Beach
P54 庫希奧海滩草裙舞秀
Kuhio Beach Hula Show

馬馬拉灣
Mamala Bay

周邊地圖請參考P6-7

市中心 14
阿拉莫阿那 12
McCully～
凱木基～
Waialae 10
威基基
中心部 8

N

0   100m

巴士
— 主要路線
ᛏ 主要巴士站

威基基觀光導遊巴士
— 夏威夷歷史觀光路線
— 鑽石頭山觀光路線
— 威基基/阿拉莫阿那購物路線
— 全景海岸路線
ᛏ 威基基觀光導遊巴士站

McCully～凱木基

巴士路線
- —— 主要路線
- ♀ 主要巴士站

威基基觀光導遊巴士路線
- —— 夏威夷歷史觀光路線
- —— 鑽石頭山觀光路線
- —— 威基基～阿拉莫阿那購物路線
- —— 全景海岸路線
- ⛳ 威基基觀光導遊巴士站

University of Hawaii at Manoa

Student Service Center
Bilger Hall
Watanabe Hall
Holmes Hall
Hale Aloha
George Hall
Campus Rd.
Campus Center
Architecture Bldg.
Hemenway Hall
Field
Sinclair Library
Dole St.
School of Law
Athletic Complex
Cooke Field
Baseball Stadium
YMCA
University Ave.
Lower Campus Rd.
Special Event Arena
Kalele Rd.

Chamberlain Dr.
Slade Dr.
Humeweul St.
Vancouver Dr.
Sea View Ave.
Metcalf St.
Hoonanea St.
EXIT 24A(West)
EXIT 24B
EXIT 25A(East)

Mini Park
Wilder Ave.
Maryknoll School
Dole St.
Clark St.
Farrington St.
Bingham St.
MOILIILI
GS The Nook Neighborhood Bistro P104
郵局
6·A GS
S.King St.
Surf Garage
Kuhio Elementary School

H-1
Lunalilo Fwy.
Coyne St.
EXIT 24A(East)
Moiliili Park
Kuilei St.
Nakookoo St.

Kapiolani Women's & Children's Medical Center
Alexander St.
Artesian St.
Hoawa Ln.
Paw Ln.
P79 Made in Hawaii Foods
Down to Earth P81
Karai Crab P103

Central Union Church
S.Beretania St.
P108 Pint+Jigger
Makahiki Way
麗藻館 Library
Old Honolulu Stadium Park
Isenberg St.
Coolidge St.
Hausten St.
University Ave.
Kaipuu St.

KING STREET
GS
Chef Mavro P101
Alan Wong's P100
Waiola St.
消防隊 Fire Station
Laan St.

Young St.
S.King St.
Algaroba St.
Pumehana St.
Citron St.
Date St.
Fern St.
Paani St.
Kamoku St.
Iolani School
Mahiai St.

Washington Intermediate School
Lokahi St.
MCCULLY
McCully Park
Willwili St.
Lauliki St.
P123 殖民島水天際飯店
Aqua Skyline at Island Colony

P97 Regal Bakery
Kalakaua Ave.
Hauoli St.
Lunalilo Elementary School
McCully St.
Manoa Palolo Drainage Canal

Nanea St.
McCully Shopping Center
Lime St.
Kanunu St.
Poni St.
Century Center
別冊P12-13
Ala Wai Park
卡拉卡瓦國王像
King Kalakaua Statue
阿拉威運河
Ala Wai Elementary School
別冊P8-9

Kalauokalani Way
Kapiolani Blvd.
PoePoe Hawaiian Culture Center P49
Aroma at Home-P115
Kuub Cosmetics Salon P112、138
Kalamoku St.
Namahana St.
Olohana St.
Kalaimoku St.
Kaiolu St.
Launiu St.
Seaside Ave.
威基基 **WAIKIKI**
Waikiki Trade Center

阿拉莫阿那 **ALA MOANA**
Hawaii Convention Center
Kona St.
Atkinson Dr.
Kahakai Dr.
Ala Wai Blvd.
Kalaimoku St.
Kuamoo St.
Kuhio Ave.
威基基 Shopping
Waikiki Shoppi

Kona St.
Hobron Ln.
Ena Rd.
Gateway Park
Luxury Row
i-Galleria Hawaii by DFS P75

周邊地圖請參考P6-7
美軍休養地 Fort DeRussy
(非相關人士禁止進入)
Post Office
郵局
皇家夏威夷中心 Royal Hawaiian Center P70

10 McCully～凱木基～Waialae
市中心 **14**
阿拉莫阿那 **12**
威基基市中心 **8**
Holomoana St.
P122 威基基海灘步道麗景灣支架公寓式酒店 Regency on Beachwalk Waikiki by Outrigger
P72 Waikiki Beach Walk
P120 威基基川普國際飯店 Trump International Hotel™ Waikiki Beach Walk
P121 奧特里格礁威基基海灘度假店 Outrigger Reef Waikiki Beach Resort
哈利古拉尼飯店 Halekulani

Duke Kahanamoku Lagoon
馬馬拉灣 Mamala Ba

 區域 Navi　有許多便宜美味餐廳聚集的區域，尤其以不少越南、泰國與希臘等多國菜色名店為特色。找好受在地人歡迎的餐廳後去吃吃看吧。

St.Louis High School
University of Chaminade
Palolo Stream

P23 Koko Head Cafe
P106 Himalayan Kitchen
P105 Kaimuki Superette
Kaimuki Park
P104 Town
P23 Sugarcane
P22 Leahi Health
P106 Hale Vietnam
凱木基
KAIMUKI

P93 W&M Bar-B-Q Burger

往柯哈拉

EXIT 26A(East)
P101 12th Avenue Grill

Kaimuki
Shopping Center
Cookie Corner

EXIT 25A(West)
EXIT 25B(West)
EXIT 25B(East)

步行
約3分

Liholiho Elementary School

Café Kaila P88
P86 Sweet
E's Café

Crane
Park

Leonard's P22

P22 South Shore Paperie

P83 Safeway

Waiola Shave Ice

此區陸續有新餐廳開幕而備受矚目，
能從威基基來此享受最新的美食

卡帕胡魯
KAPAHULU

P105 Kaimana Farm Café

Peggy's Piks P22

RV's OCEAN
SPORTS

P95 Ono Hawaiian Foods
P23 Side Street Inn On Da Strip

P95 Rainbow Drive-In

Balie's Antiques P23

威斯汀莫阿納衝浪者溫泉度假店 P119
Moana Surfrider, A Westin Resort & Spa

Diamond Head Market & Grill

威基基海灘凱悅度假村及水療中心 P120
Hyatt Regency Waikiki Beach Resort and Spa

P94 Pioneer Saloon

Koko Resorts

Ala Wai Canal

阿斯頓威基基
菩提樹度假村 P122
Aston at the Waikiki Banyan

Ala Wai Blvd.

杜克·卡哈那莫庫像
Duke Kahanamoku Statue

Bogart's Cafe P91

草裙舞課程 P48

Jefferson
Elementary School

消防局

Waikiki Community Center

Sheraton
Princess Kaiulani

Macy's

威基基阿斯頓日落度假村 P123
Aston Waikiki Sunset

檀香山動物園 P51
Honolulu Zoo

基基海灘凱悅嘉軒酒店 P121
Hyatt Place Waikiki Beach

威基基萬豪溫泉度假店 P120
Waikiki Beach Marriott Resort & Spa

d.k.Steak House P102
Angels by the Sea P60

卡皮歐拉尼公園 P16
Kapiolani Park

威基基海灘
Waikiki Beach

庫希歐海灘
Kuhio Beach

Park Shore Waikiki

威基基皇家夏威夷
豪華精選度假飯店 P119
The Royal Hawaiian,
a Luxury Collection Resort

太平洋海灘飯店 P121
Pacific Beach Hotel

Hans Hedeman Surf School P38

Chocolate Pineapple
Sports Yoga Studio P44
Hula Shack P48

P123 阿斯頓威基基大廈
Aston Waikiki Beach Tower

Honolulu Gourmet
Foods P105
Yogurtland P97

●餐廳・咖啡廳　●商店　●夜間娛樂　●美容保養　●觀光景點・活動

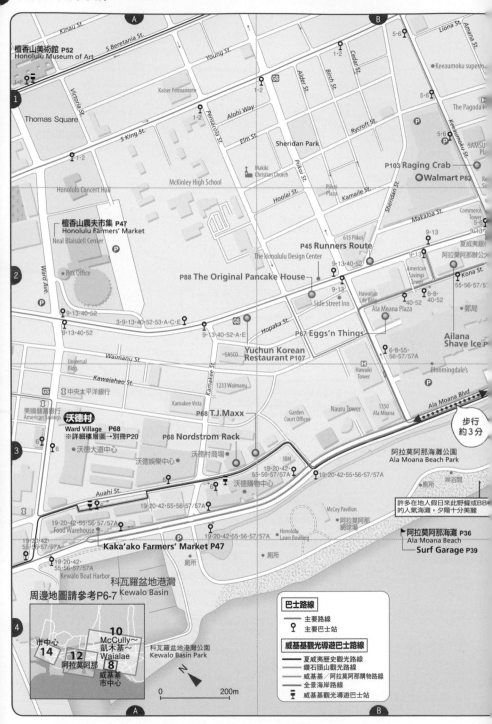

檜香山美術館 P52
Honolulu Museum of Art

Kinau St.
S Beretania St.
Young St.

Victoria St.
Kaiser Permanenta

Thomas Square

S King St.
Pensacola St.
Alohi Way
Elm St.

McKinley High School

Honolulu Concert Hall

Keeaumoku superma

The Pagoda

SAMSU
Pla

P103 Raging Crab
Walmart P82

Commerce
Tower

檜香山農夫市集 P47
Honolulu Farmers' Market
Neal Blaisdell Center

Box Office
Ward Ave.

P45 Runners Route

The Honolulu Design Center

P88 The Original Pancake House

Side Street Inn

Hawaiian
Life Bldg.
Ala Moana Plaza

Ailana
Shave Ice P

阿拉莫阿那辦公
Kona St.
郵局

Yuchun Korean
Restaurant P107

P67 Eggs'n Things

Waimanu St.
Kawaiahao St.
Universal
Bldg.

中央水洋銀行

美國儲蓄銀行
American Savings

Kamakee St.
1233 Waimanu

Hawaiki
Tower

Bloomingdale's

沃德村 P68
Ward Village P68
※詳細樓層圖→別冊P20

P68 T.J.Maxx
Kamakee Vista

P68 Nordstrom Rack

沃德大道中心
沃德娛樂中心
沃德村商場

Nauru Tower
1350
Ala Moana

Ala Moana Blvd.

步行
約3分

Garden
Court Offices

Auahi St.

IBM
沃德購物中心

19·20·42·
55·56·57/57A

19·20·42·55·56·57/57A

阿拉莫阿那海濱公園
Ala Moana Beach Park

林浴場

許多在地人假日來此野餐或BB
的人氣海灘。夕陽十分美麗

Food Warehouse

McCoy Pavilion
阿拉莫阿那
網球場

阿拉莫阿那海灘 P36
Ala Moana Beach
Surf Garage P39

Kaka'ako Farmers' Market P47

Honolulu
Lawn Bowling

廁所

Kewalo Boat Harbor
科瓦羅盆地港灣
Kewalo Basin

周邊地圖請參考P6-7

10
McCully～
凱木基～
Waialae

市中心
14

12
阿拉莫阿那

8
威基基
市中心

科瓦羅盆地港灣公園
Kewalo Basin Park

N

0   100   200m

巴士路線
主要路線
主要巴士站

威基基觀光導遊巴士路線
夏威夷歷史觀光路線
鑽石頭山觀光路線
威基基／阿拉莫阿那購物路線
全景海岸路線
威基基觀光導遊巴士站

區域 Navi

阿拉莫阿那中心各樓皆有停車場，因占地廣大，停車時一定要記得停在哪個位置。
另外，也要注意某些地方有停車時間的限制。

Matanai St.

Nanea St.

Fern St.

Phuket Thai P107

Regal Bakery P97

McCully Shopping Center

PoePoe Hawaiian
Culture Center P49

Aroma at Home P115

Kuub Cosmetics Salon P112

Kalakaua Ave.

Century Center

Kapiolani Blvd.

9-A

Poni St.

5-6

Kanunu St.

Princess
Leilani

St.Peter&Paul
Church

• Don Quijote

5-6

Kalauokalani Way

Kapiolani
Manor

阿拉威運河
Ala Wai Canal

Max Rentals

P88 Cream Pot

Alapai St.

Kapiolani
Bel Aire

消防隊
Fire Station

GS

1580
Makaloa

Teddy's Bigger
Burgers P92

Kapiolani
Business Center

夏威夷會議中心
Hawaii Convention Center

Waikiki
Landmark

Hawaiian Monarch

Walgreens P83

9-13-A

美國儲蓄銀行

9-13

9-13-A

9-13

1717
Ala Wai

第一夏威夷銀行
First Hawaiian Bank

• 1500 Kapiolani

13-A

檀香山銀行

Ala Moana Hotel

Atkinson Dr.

Atkinson
Plaza

Ala Wai Canal

Villa on
Eaton Square

郵局

Doubletree Alana Waikiki

Ala Moana Blvd.

Ala Moana
Pacific
Center

Mahukona St.

ILWU
Memorial
Bldg.

Sunset
Towers

Kahakai Dr.

阿拉威運河

Hobron Ln.

Era Rd.

2-13

美軍休養地
Fort DeRussy
(非相關人士禁止進入)

5-6

55·56·57/57A

6·8·23
55·56·57/57A

Central
YMCA

Atkinson
Tower

Moana
Apartments

Wai Nani

P89 Wailana
Coffee House

P115 Massage Way

Day Spa Moe P112

梅西百貨
Macy's

8·19·20·23·42
Yacht Harbor Towers

Ala Wai Terrace Apartments

Wai Nani

8·19·20·23·42·E
Ramade Plaza
Waikiki

8·19·20·23·
42·E

Goofy Café &
Dine P87

阿拉莫阿那中心
Ala Moana Center P62
詳細樓層圖→別冊P16

8·19·20·23·42·
5·56·57/57A·E

8·19·20·23·42

Aqua Waikiki Marina

Harbor
View Plaza

Tradewinds

8·19·20·23·42·E

Afamo

ABC

Discovery
Bay Center

Hobron Ln.

Kalia Tower

Hilton Grand Vacation

Grand Waikikian

Tapa Tower

Hilton
Diamond Head

Waikiki Yacht Club

Ala Wai Marina

Holomoana St.

Hawaii Prince
Hotel Waikiki

8·19·20·23·42·E

ILIKAI Hotel & Suites

Cinnamon's at The Ilikai P20

上野Medical Clinic

Ocean Crystal
Chapel

Ala Moana Park Dr.

Hawaii Yacht Club

Ala Wai Yacht Habor

P121 檀香山現代酒店
The Modern Honolulu

P101 Morimoto Waikiki

Lagoon Tower

杜克·卡哈那莫庫潟湖
Duke Kahanamoku Lagoon

P120 夏威夷威基基海灘希爾頓度假村
Hilton Hawaiian Village Waikiki Beach Resort

P54 威基基海灘星光盧廬奧盛宴
Waikiki Starlight Luau

P91 Lanikai Juice

P97 Lappert's Hawaii

杜克·卡哈那莫庫海灘
Duke Kahanamoku
Beach

魔法島
Magic Is.

畫所·淋浴間

市中心

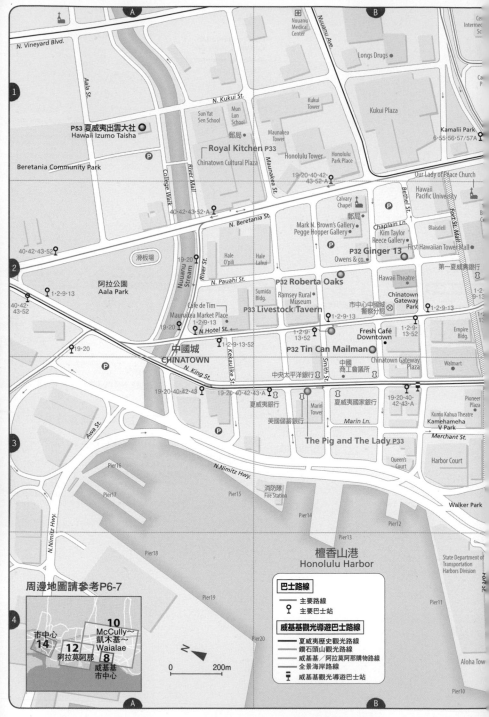

N. Vineyard Blvd.

Aala St.

Nuuanu Ave.

Nuuanu Medical Center

Longs Drugs ●

N. Kukui St.

Sun Yat Sen School

Mun Lun School
郵局 ●

Kukui Tower

Kukui Plaza

Kamalii Park
6・55・56・57/57A

P53 夏威夷出雲大社
Hawaii Izumo Taisha

Maunakea Tower

Honolulu Tower

Honolulu Park Place

─Royal Kitchen P33

Chinatown Cultural Plaza

Beretania Community Park

College Walk

River Mall

19・20・40・42・43・52・A

Our Lady of Peace Church

Maunakea St.

Hawaii Pacific University

40・42・43・52・A

N. Beretania St.

Calvary Chapel
郵局 ●

Mark N. Brown's Gallery
Pegge Hopper Gallery

Chaplain Ln.
Kim Taylor Reece Gallery

Bethel St.

Blaisdell

Fort St.

40・42・43・52 ●

滑板場

Nuuanu Stream

19・20

River St.

Hale O'pili

Hale Lalui

Owens & co. ●

P32 Ginger 13

First Hawaiian Tower Mall

第一夏威夷銀行

阿拉公園
Aala Park

N. Pauahi St.

Sumida Bldg.

Ramsey Rural Museum

P32 Roberta Oaks

Hawaii Theatre

Chinatown Gateway Park

1・2・9・13

40・42・43・52 ●

●1・2・9・13

Cafe de Tim

Maunakea Market Place

1・2・9・13

19・20

P33 Livestock Tavern

市中心中國城警察分局 ⊗

1・2・9・13

1・2・9・13・52

Empire Bldg.

● N.Hotel St.

中國城
CHINATOWN

Kekaulike St.

1・2・9・13・52

1・2・9・13・52

Fresh Café Downtown

1・2・9・13・52

● 19・20

N. King St.

P32 Tin Can Mailman

Chinatown Gateway Plaza

Walmart

Smith St.

中央太平洋銀行

中國商工會議所

19・20・40・42・43

19・20・40・42・43・A

夏威夷銀行

Marin Tower

夏威夷國家銀行

19・20・40・42・43・A

Pioneer Plaza

美國儲蓄銀行

Marin Ln.

Kuniu Kahua Theatre

Kamehameha V Park

The Pig and The Lady P33

Merchant St.

Queen's Court

Harbor Court

N. Nimitz Hwy.

Pier16

Pier17

N. Nimitz Hwy.

N. Nimitz Hwy.

Pier15

消防隊
Fire Station

Pier14

Walker Park

Pier12

Pier18

Pier13

State Department of Transportation Harbors Division

檀香山港
Honolulu Harbor

Fort St.

Pier19

Pier11

周邊地圖請參考P6-7

市中心 **14**

10 McCully～凱木基～Waialae

12 阿拉莫阿那

8

威基基市中心

巴士路線	
—	主要路線
⚲	主要巴士站

威基基觀光導遊巴士路線	
—	夏威夷歷史觀光路線
—	鑽石頭山觀光路線
—	威基基／阿拉莫阿那購物路線
—	全景海岸路線
⛨	威基基觀光導遊巴士站

N

0   200m

Pier20

Aloha Tow

Pier10

區域 Navi 推薦從威基基搭乘巴士2、13號至夏威夷州廳（P15D1）下車，遊覽伊奧拉尼宮與卡美哈美哈一世像之後，步行約10分至中國城與選貨店聚集的西側散步一下。

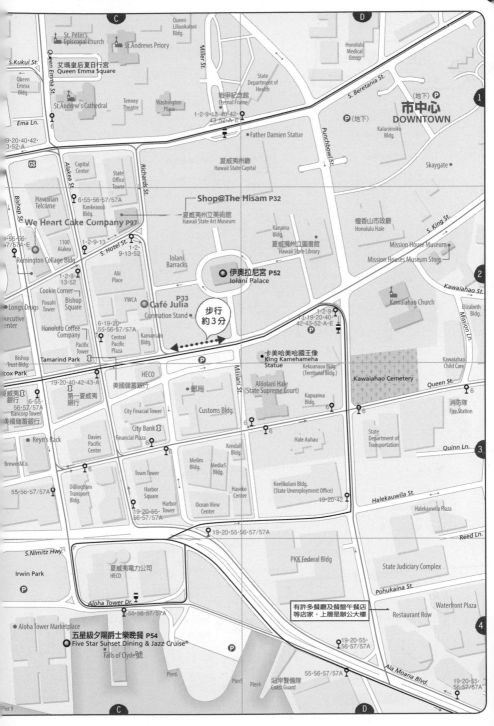

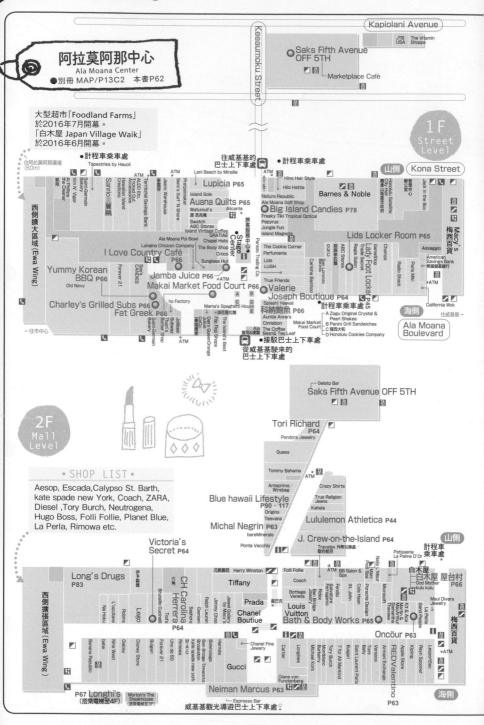

阿拉莫阿那中心
Ala Moana Center
●別冊 MAP/P13C2　本書P62

大型超市「Foodland Farms」
於2016年7月開幕。
「白木屋 Japan Village Waik」
於2016年6月開幕。

1F
Street
Level

●計程車乘車處
Tapestries by Hauoli

住阿拉莫阿那廣場
(60m)

●計程車乘車處

●往威基基的
巴士上下車處

●計程車乘車處

山側

Kona Street

Kapiolani Avenue

JTB USA　The Vitamin Shoppe

Saks Fifth Avenue OFF 5TH

Marketplace Café

Keeaumoku Street

西側擴大區域 (Ewa Wing)

Lupicia P65
Lani Beach by Mireille
Island Sole
Auana Quilts P65
Watumull's
Swatch
ABC Stores
Island Vintage Coffee
GRATIAE
Lahaina Chicken Company
Chapel Hats
The Body Shop
Crocs
Sunglass Hut

I Love Country Café

Yummy Korean BBQ P66
Old Navy

Charley's Grilled Subs P66
Fat Greek P66

Jamba Juice P66
Makai Market Food Court P66

Hino Hair Style
Hilo Hattie
Nature Republic
Big Island Candies P78
Freaky Tiki Tropical Optical
Papyrus
Jungle Fun
Island Magnets

Ala Moana Golf Shop

Barnes & Noble

Lids Locker Room P65

The Cookie Corner
Perfumania
Lids
LUSH

Valerie

Joseph Boutique P64

True Friends

Splash! Hawaii
科納鮑魚 P66
Auntie Anne's
Cinnabon
The Coffee Bean & Tea Leaf

●計程車乘車處

A Zagu Original Crystal & Pearl Shakes
B Panini Grill Sandwiches
C 鶏西大町
D Honolulu Cookies Company

Makai Market Food Court

●接駁巴士上下車處

從威基基開來的
巴士上下車處

Assaggio
American Savings Bank
美國儲蓄銀行
Paris Miki
Radio Shack
California Wok

海側

Ala Moana Boulevard

往威基基

Macy's
梅西百貨

Jack in the Box

2F
Mall
Level

• SHOP LIST •

Aesop, Escada, Calypso St. Barth,
kate spade new York, Coach, ZARA,
Diesel, Tory Burch, Neutrogena,
Hugo Boss, Folli Follie, Planet Blue,
La Perla, Rimowa etc.

Gelato Bar

Saks Fifth Avenue OFF 5TH

Tori Richard P64
Pandora Jewelry

Guess

Tommy Bahama

Blue hawaii Lifestyle P90・117
Origins
Teevana

Michal Negrin P63
bareMinerals

Ponte Vecchio

Anteprima Wirebag
Crazy Shirts
True Religion Jeans
Kahala

Lululemon Athletica P44

J. Crew-on-the-Island P64

Travelex 外幣兌換處
聯合幣別

山側

計程車乘車處

Victoria's Secret P64

Long's Drugs P83

西側擴張區域 (Ewa Wing)

CH Carolina Herrera P64

Harry Winston
Tiffany

Prada
Chanel Boutiue

Louis Vuitton
Bath & Body Works P65

Oncour P63

Patisserie La Palme D'Or

Nails L'Mour
BB Salon & Spa
St. John
Cole Haan
Porsche Design
Microsoft

白木屋
God Mother

屋台村 P66

Maui Divers Jewelry

La Perla
Sand People
Kiding

Reyn Spooner

Neiman Marcus P63

Gucci

Chanel Fine Jewelry

Cartier
Longines
Michael Kors
Tory Burch
Montblanc
Bulgari
7 for All Mankind
Saint Laurent Paris
Versace
Armani Exchange
Agnès Store
REDValentino P63

Longhi's P67
(搭乘電梯至4F)

Morton's The Steakhouse
(搭乘電梯至3F)

Espresso Bar

威基基觀光導遊巴士上下車處

梅西百貨
Macy's

海側

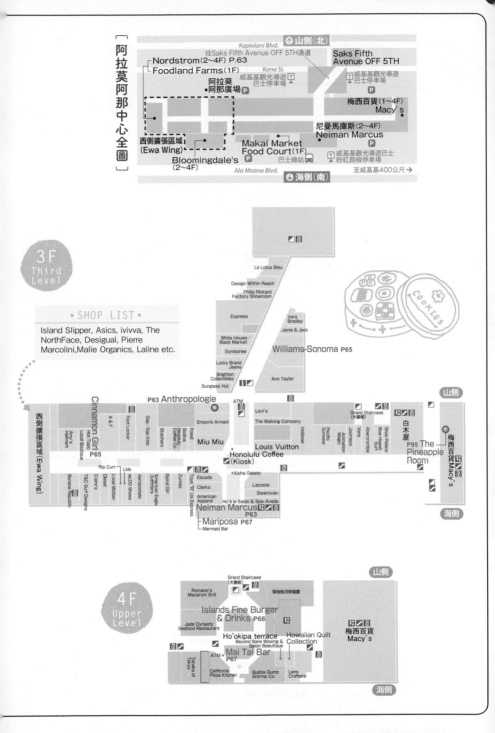

[阿拉莫阿那中心全圖]

山側（北）

Kapiolani Blvd.

往Saks Fifth Avenue OFF 5TH通道

Saks Fifth Avenue OFF 5TH

Nordstrom(2~4F) P.63
Foodland Farms(1F)

Kona St.

威基基觀光導遊巴士停車場

威基基觀光導遊巴士停車場

阿拉莫·阿那廣場

梅西百貨(1~4F) Macy's

尼曼馬庫斯(2~4F) Neiman Marcus

西側擴張區域 (Ewa Wing)

Makai Market Food Court(1F)

巴士總站

威基基觀光導遊巴士粉紅線停車場

Bloomingdale's (2~4F)

Ala Moana Blvd.

至威基基400公尺 →

海側（南）

3F Third Level

Le Lotus Bleu

Design Within Reach

Philip Rickard Factory Showroom

Express

Vera Bradley

Janie & Jack

White House Black Market

Gymboree

Williams-Sonoma P65

COOKIES

Lucky Brand Jeans

Brighton Collectibles

Sunglass Hut

Ann Taylor

• SHOP LIST •

Island Slipper, Asics, ivivva, The NorthFace, Desigual, Pierre Marcolini,Malie Organics, Laline etc.

P63 Anthropologie

ATM

山側

西側擴張區域 (Ewa Wing)

Cinnamon Girl P65

Amy's Hallmark

Hot Topic

Local Boutique

A & F

Foot Locker

Gap/Gap Kids

Skechers

Godiva Honolulu Coffee Co.

Emporio Armani

Miu Miu

Levi's

The Walking Company

Hollister

Pacific Sunwear

Animation Magic

Journeys

Vans

Abercrombie

Shoe Palace Blue Hawaii Surf

Grand Staircase (大樓梯)

白木屋

P95 The Pineapple Room

梅西百貨 Macy's

Banana Republic

Rip Curl

T&C Surf Designs

Lids

Diesel

ALDO Shoes

Local Motion

Aeropostale

American Eagle Outfitters

Spiral Girl

Claire's

Zumiez

Toys "R" Us Express

Escada

Clarks

American Apparel

Honolulu Coffee (Kiosk)

Louis Vuitton

Aloha Gelato

Lacoste

Swarovski

Ho'ā la Salon & Spa-Aveda

Neiman Marcus P63

Mariposa P67

Mermaid Bar

海側

4F Upper Level

山側

Grand Staircase (大樓梯)

Romano's Macaroni Grill

築地魚河岸餐廳

Islands Fine Burger & Drinks P66

Jade Dynasty Seafood Restaurant

Ho'okipa terrace

Beyond Bare Waxing & Salon Beautique

Hawaiian Quilt Collection

梅西百貨 Macy's

Tanaka of Tokyo

ATM

Mai Tai Bar P67

California Pizza Kitchen

Bubba Gump Shrimp Co.

Lens Crafters

海側

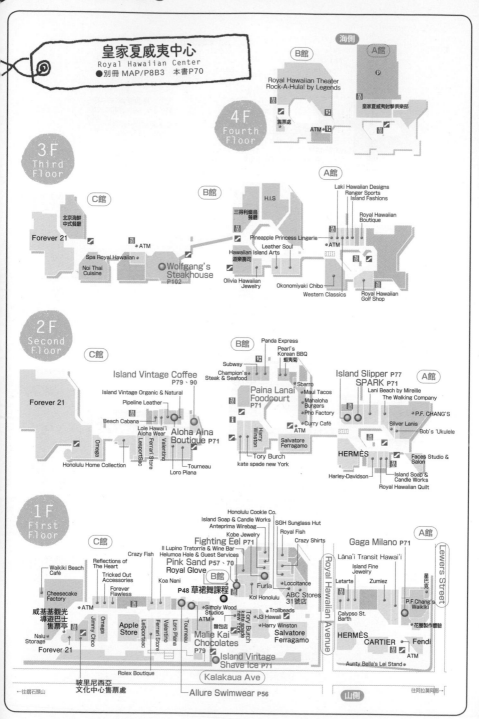

皇家夏威夷中心
Royal Hawaiian Center
● 別冊 MAP/P8B3　本書P70

海側

B館　A館

4F Fourth Floor

Royal Hawaiian Theater
Rock-A-Hula! by Legends

皇家夏威夷射擊俱樂部

售票處　ATM

3F Third Floor

C館　B館　A館

H.I.S

Laki Hawaiian Designs
Ranger Sports
Island Fashions

北京海鮮中式餐廳

三得利燦島餐廳

Royal Hawaiian Boutique

Forever 21　ATM

Pineapple Princess Lingerie　ATM
Leather Soul

Spa Royal Hawaiian

Hawaiian Island Arts
遊樂壽司

Noi Thai Cuisine

Wolfgang's Steakhouse P102

Olivia Hawaiian Jewelry

Okonomiyaki Chibo

Western Classics

Royal Hawaiian Golf Shop

2F Second Floor

C館　B館　A館

Panda Express

Pearl's Korean BBQ
蝦夷亀

Island Vintage Coffee P79、90

Subway

Champion's Steak & Seafood

Sbarro

Island Slipper P77
SPARK P71

Island Vintage Organic & Natural

Paina Lanai Foodcourt P71

Maui Tacos

Lani Beach by Mireille
The Walking Company

Pipeline Leather

Mahaloha Burgers
Pho Factory

Forever 21

Beach Cabana

Curry Café

P.F. CHANG'S

Lole Hawai'i Aloha Wear

Harry Winston

Silver Lanis
Bob's 'Ukulele

Lole Hawai'i Aloha Wear
Lesportsac

Aloha Aina Boutique P71

ATM
Salvatore Ferragamo

HERMÈS

Omega

Ferrari Store
Valentino

Tourneau

Tory Burch
kate spade new York

Faces Studio & Salon

Honolulu Home Collection

Loro Piana

Harley-Davidson

Island Soap & Candle Works
Royal Hawaiian Quilt

1F First Floor

C館　B館　A館

Honolulu Cookie Co.

Island Soap & Candle Works
Anteprima Wirebag

SGH Sunglass Hut

Gaga Milano P71

Fighting Eel P71

Royal Fish
Crazy Shirts

Reflections of The Heart

Kobe Jewelry

Lāna'i Transit Hawai'i

Waikiki Beach Café

Crazy Fish

Il Lupino Tratorria & Wine Bar
Helumoa Hale & Guest Services

Island Fine Jewelry

Tricked Out Accessories

Pink Sand P57、70
Royal Glove

Letarte　Zumiez

Cheesecake Factory

Forever Flawless

Koa Nani

Furla

Loccitane

威基基觀光導遊巴士售票亭

ATM

P48 草裙舞課程

Koi Honolulu

Calypso St. Barth

Jimmy Choo

Apple Store

Simply Wood Studios

ABC Stores 31號店

Trollbeads

花園製作體驗

Nalu Storage

Omega

Lesportsac

ATM
麵包店

J3 Hawaii

P.F.Chang's Waikiki

Forever 21

Ferrari Store
Valentino

Malie Kai Chocolates P79

Tory Burch
kate spade new York

Harry Winston

HERMÈS

CARTIER　Fendi

Loro Piana
Tourneau

Salvatore Ferragamo

ATM

Rolex Boutique

Island Vintage Shave Ice P71

Aunty Bella's Lei Stand

玻里尼西亞文化中心售票處

Kalakaua Ave

Allure Swimwear P56

山側

← 往鑽石頭山

往阿拉莫阿那 →

小小資訊 位於B館1FThe Royal Glove旁的Helumoa Hale & Guest Services
有提供關於商店、餐廳、活動、促銷等各種資訊，有疑問或困難時可前往詢問。

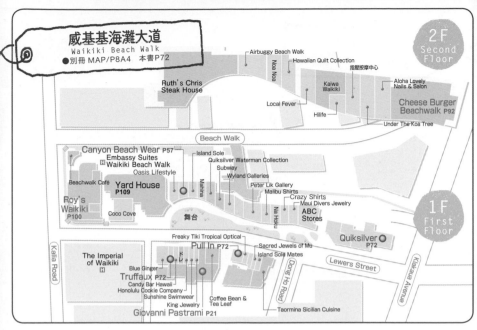

威基基海灘大道
Waikiki Beach Walk
●別冊 MAP/P8A4　本書P72

2F Second Floor

- Airbuggy Beach Walk
- Hawaiian Quilt Collection
- 指屋按摩中心
- Noa Noa
- Aloha Lovely Nails & Salon
- Kaiwa Waikiki
- Ruth's Chris Steak House
- Local Fever
- Hilife
- Cheese Burger Beachwalk P92
- Under The Koa Tree

Beach Walk

- Canyon Beach Wear P57
- Embassy Suites Waikiki Beach Walk
- Oasis Lifestyle
- Island Sole
- Quiksilver Waterman Collection
- Subway
- Wyland Galleries
- Beachwalk Café
- Yard House P109
- Marina
- Peter Lik Gallery
- Malibu Shirts
- Crazy Shirts
- Maui Divers Jewelry
- Roy's Waikiki P100
- Coco Cove
- 舞台
- Na Hoku
- ABC Stores
- Quiksilver P72

1F First Floor

- Kalia Road
- The Imperial of Waikiki
- Blue Ginger
- Truffaux P72
- Candy Bar Hawaii
- Honolulu Cookie Company
- Sunshine Swimwear
- King Jewelry
- Giovanni Pastrami P21
- Freaky Tiki Tropical Optical
- Pull In P72
- Sacred Jewels of Mu
- Island Sole Mates
- Coffee Bean & Tea Leaf
- Taormina Sicilian Cuisine
- Dong Ho Road
- Lewers Street
- Klakaua Avenue

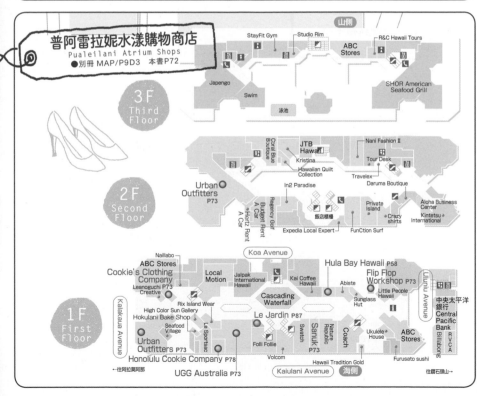

普阿雷拉妮水漾購物商店
Pualeilani Atrium Shops
●別冊 MAP/P9D3　本書P72

山側

3F Third Floor

- StayFit Gym
- Studio Rim
- ABC Stores
- R&C Hawaii Tours
- Japengo
- Swim
- 漾池
- SHOR American Seafood Grill

2F Second Floor

- Coral Blue Boutique
- JTB Hawaii
- Kristina
- Hawaiian Quilt Collection
- Nani Fashion II
- Tour Desk
- Travelex
- Daruma Boutique
- Urban Outfitters P73
- Hertz Rent A Car
- Budget Rent A Car
- Regency Golf
- In2 Paradise
- 飯店櫃檯
- Expedia Local Expert
- Private Island
- Crazy shirts
- FunCtion Surf
- Aloha Business Center
- Kintetsu International

Koa Avenue

1F First Floor

- Naillabo
- Cookie's Clothing Company
- Leanoguchi P73 Creative
- Local Motion
- Jalpak International Hawaii
- Kai Coffee Hawaii
- Abiste
- Hula Bay Hawaii P58
- Flip Flop Workshop P73
- Little People Hawaii
- Kalakaua Avenue
- Rix Island Wear
- High Color Sun Gallery
- Hokulani Bake Shop
- Cascading Waterfall
- Le Jardin P87
- Sunglass Hut
- Seafood Village
- Le Sportsac
- Folli Follie
- Nature Republic
- Swatch
- Samuk P73
- Coach
- Ukulele House
- ABC Stores
- Urban Outfitters P73
- Honolulu Cookie Company P78
- UGG Australia P73
- Volcom
- Hawaii Tradition Gold
- Furusato sushi
- Uluniu Avenue
- 中央太平洋銀行 Central Pacific Bank
- RVCA
- Billabong
- ←往阿拉莫阿那
- Kaiulani Avenue
- 海側
- 往鑽石頭山→

●餐廳・咖啡廳　●商店　●夜間娛樂　●美容保養　●觀光景點・活動

19

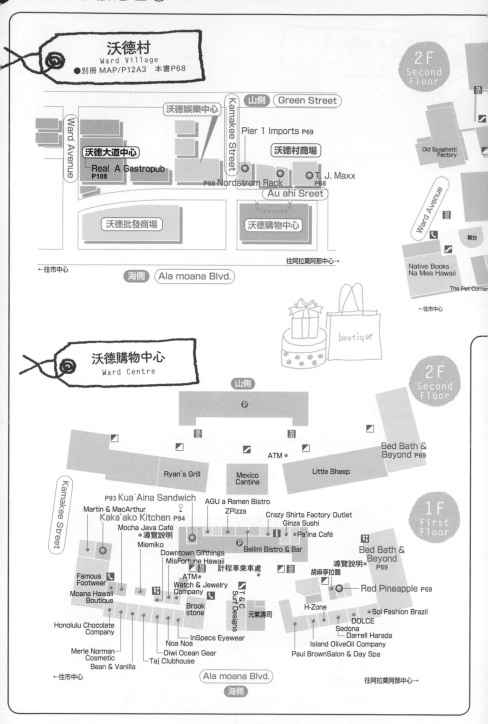

沃德村
Ward Village
●別冊 MAP/P12A3　本書P68

2F Second Floor

Green Street　山側

沃德娛樂中心

Pier 1 Imports P69

沃德村商場

Kamakee Street

沃德大道中心

Real A Gastropub P108

Ward Avenue

P68 Nordstrom Rack　T. J. Maxx P68

Au ahi Sreet

沃德批發商場

沃德購物中心

←往市中心　海側　Ala moana Blvd.　往阿拉莫阿那中心→

Old Spaghetti Factory

Ward Avenue

舞台

Native Books Na Mea Hawaii

The Pet Corner

←往市中心

沃德購物中心
Ward Centre

2F Second Floor

山側

P

ATM

Bed Bath & Beyond P69

Ryan's Grill

Mexico Cantina

Little Sheep

Kamakee Street

P93 Kua`Aina Sandwich

Martin & MacArthur

Kaka'ako Kitchen P94

AGU a Ramen Bistro

ZPizza

Crazy Shirts Factory Outlet

Ginza Sushi

Pa'ina Café

1F First Floor

Mocha Java Café

導覽說明

Miemiko

Downtown Gifthings

MisFortune Hawaii

ATM

Watch & Jewelry Company

Brook stone

Bellini Bistro & Bar

計程車乘車處

T&C Surf Designs

元氣壽司

Bed Bath & Beyond P69

胡麻亭拉麺

導覽說明

Red Pineapple P69

H-Zone

Sol Fashion Brazil

DOLCE

Sedona

Darrell Harada

Island OliveOil Company

Paul BrownSalon & Day Spa

Famous Footwear

Moana Hawaii Boutique

Honolulu Chocolate Company

Merle Norman Cosmetic

Bean & Vanilla

Noa Noa

Oiwi Ocean Gear

Taj Clubhouse

InSpecs Eyewear

←往市中心　Ala moana Blvd.　海側　往阿拉莫阿那中心→

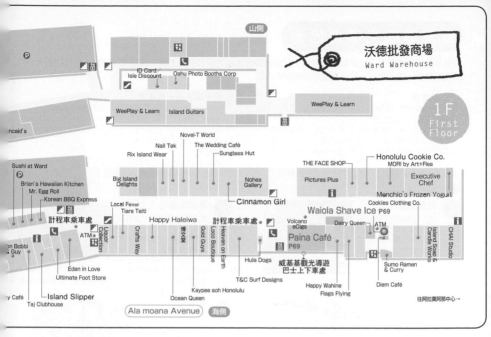

尺寸

※尺寸僅為參考。各品牌尺寸不同請務必試穿

○女性

臺灣	衣服	7	9	11	13	15	17	鞋	22.5	23	23.5	24	24.5	25
美國		4	6	8	10	12	14		5½	6	6½	7	7½	8

○男性

臺灣	衣服	36	37	38	39	40	41	鞋	25	25.5	26	26.5	27	27.5
美國		14	14½	15	15½	16	16½		7	7½	8	8½	9	9½

○兒童

臺灣	衣服	95~	100~	105~	110~	~130	~135	鞋	12~	12.5~	13.5~	14~	15~	16~
美國		3T	4T	5T	6T	7T	8T		5T	6T	7T	8T	9T	10T

度量衡

○長度

1 英吋（in.）	約2.5cm
1 英尺（f.）	約30.5cm
1 碼（yd.）	約90cm
1 英里（mi.）	約1.6km

○重量

1 盎司（oz.）	約28g
1 磅（lb.）	約453g

○體積

1 夸脫（q.）	約950㎖
1 加侖（gal.）	約3.8ℓ

威基基觀光導遊巴士   Waikiki Trolley

威基基觀光導遊巴士不但是觀光的亮點，對旅客來說也是方便的交通工具。現在營運路線有紅色路線、粉紅色路線、綠色路線、藍色路線共4條路線。

○車票種類
・1天1路線車票（僅紅色路線、綠色路線、藍色路線）
　成人$20、小孩$15
・1天4路線不限次數乘坐車票成人$38、小孩$28
・4天4路線不限次數乘坐車票成人$59、小孩$41
・7日4路線不限次數乘坐車票成人$65、小孩$45
※小孩指3～11歲
※僅有搭乘粉紅線時$2時，能以現金支付單程費用

○觀光導遊巴士售票處
T Galleria Hawaii by DFS Waikiki Trolley ticket counter　時8～21時（週日～20時）
Royal Hawaiian Center 1F Waikiki Trolley ticket booth　時8時30分～21時
○諮詢窗口
Trolley Information ☎808-593-2822
URL http://www.waikikitrolley.com

●如何搭乘

1 購買車票
位於T Galleria Hawaii by DFS 1F內的售票櫃台（→P128）負責販售車票以及交付在網站上購買的車票。觀光導遊巴士乘車處就在旁邊。

售票櫃台與乘車處

2 尋找停靠站
畫有觀光導遊巴士圖案並寫著「TROLLEY STOP」的長型看板，就是觀光導遊巴士的停靠站。為了讓人知道哪條路線的巴士有停靠，旗子的圖案有做路線顏色區分。

觀光導遊巴士的插畫就是標誌

3 搭車
觀光導遊巴士除了停靠站之外無法停車，務必在停靠站上車。身高114公分以下的兒童可與大人一同坐在觀光導遊巴士的中間位子。車上禁止飲食與吸菸。

請勿將頭、手腳伸出車外應遵守基本的乘車禮儀

4 下車
在各停靠站停車時，司機一定會讓乘客知道即將停留的站名。

由於傍晚與商店打烊時乘客眾多，有可能無法搭乘

紅色路線・粉紅色路線

Hilton Waikiki Beac
Moiliili
威斯汀莫阿納衝浪者溫泉度假酒店
威基基購物廣場
Courtyard by Marriott
Mc Cully
佛斯特植物園
廟奇鮑爾 Punchbowl
檀香山美術館
卡拉卡瓦國王廣場
佛斯特植物園
中國城
夏威夷州廳前（伊奧拉尼宮）
Aqua Palms Waikiki
華盛頓宮 Washington Place
阿拉莫阿那中心（山側）（僅供下車）
伊奧拉尼宮 市中心
布萊斯戴爾中心 Neal Blaisdell Center
Alamo
威基基
檀香山港
卡美哈美哈國王像
阿拉莫阿那
阿拉莫阿那中心（海側）
沃德娛樂中心
沃德大道中心
阿啰哈塔
阿啰哈塔廣場
阿拉莫阿那海灘公園
Aqua Ilikai Hotel & Suites
夏威夷威基基海灘希爾頓度假村
沃德批發商場
Saratoga Road（郵局前）
Saratoga Road（Trump International Hotel）
桑德島
沃德購物中心
滾石餐廳Hard Rock Cafe（Eggs 'n Things前）
T Galleria by DFS

夏威夷歷史觀光路線（紅色路線）
威基基／阿拉莫阿那購物路線（粉紅色路線）
★依據時間與路線，在某些停靠站不會停車。
★停靠站名稱配合本書內容調整（與當地發放的地圖不同）
★有可能無預警變更路線與停靠站

※威基基觀光導遊巴士的路線經常變更，請上官方網站確認最新資訊！

小小資訊

綠色路線新增了Express快速巴士班次，僅停T Galleria by DFS→威斯汀莫阿納衝浪者溫泉度假酒店Moana Surfrider Westin→杜克・卡哈那莫庫像→鑽石頭山火山口（內側）→鑽石頭山瞭景台（外側）等站。週六會加停在KCC農貿市集。1天行駛2班，7時35分、8時10分發車。

紅色路線（夏威夷歷史觀光路線）

○營運時間
8時45分～16時
15 分(T Galleria
by DFS發車)
○班距
約50分
○所需時間
1圈1小時40分

建成2樓的雙層巴士在運行

路線 HAqua Ilikai Hotel & Suites⇒T Galleria by DFS⇒威斯汀莫阿納衝浪者溫泉度假酒店Moana Surfrider Westin⇒杜克·卡哈那莫庫像⇒HAston Waikiki Beach Hotel⇒檀香山美術館⇒夏威夷州廳前（伊奧拉尼宮）⇒佛斯特植物園⇒中國城⇒卡美哈美哈國王雕像⇒阿羅哈塔購物廣場Aloha Tower Marketplace ⇒沃德批發商場Ward Warehouse⇒沃德購物中心Ward Centre ⇒阿拉莫阿那中心（海側）

粉紅色路線（威基基／阿拉莫阿那購物路線）

○營運時間
8時55分～21時
19 分(T Galleria
by DFS發車)
○班距
約10分
○所需時間
1圈約1小時

行駛於最短購物路線

路線 TGalleria by DFS⇒威斯汀莫阿納衝浪者溫泉度假酒店Moana Surfrider Westin⇒杜克·卡哈那莫庫像⇒HAston Waikiki Beach Hotel⇒HHilton Waikiki Beach⇒威基基購物廣場Waikiki Marketplace⇒HCourtyard by Marriott⇒卡拉卡瓦國王廣場King Kalakaua Plaza ⇒Saratoga Road（郵局前）⇒H夏威夷威基基海灘希爾頓度假村Hilton Hawaiian Village ⇒HAqua Palms Waikiki⇒阿拉莫阿那中心Ala Moana Center（山側，僅供下車）⇒阿拉莫阿那中心Ala Moana Center（海側）⇒HAqua Ilikai Hotel & Suites⇒Saratoga Road（Trump International Hotel）⇒滾石餐廳Hard Rock Cafe（Eggs 'n Things前）

綠色路線（鑽石頭山觀光路線）

○營運時間
7時35分～15時
30 分(TGalleria
by DFS發車)
○班距
約35分
○所需時間
1圈約1小時10分

繞行威基基東側的觀光名勝

路線 TGalleria by DFS⇒威斯汀阿那衝浪者溫泉度假酒店Moana Surfrider Westin⇒杜克·卡哈那莫庫像⇒檀香山動物園／卡皮歐拉尼公園⇒威基基水族館⇒鑽石頭山衝浪觀景台⇒鑽石頭山火山口（內側）⇒鑽石頭山觀景台（外側）⇒柯哈拉購物中心Kahala Mall⇒KCC農貿市集KCC Farmers' Market（僅於週六上午停靠）⇒Diamond Head Market & Grill⇒卡拉卡瓦國王廣場King Kalakaua Plaza

藍色路線（全景海岸路線）

○營運時間
8時42分・11時・
13時30分(T
Galleria by DFS
發車)
○班距1天3班
○所需時間
1圈約2小時30分

可欣賞美景的雙層巴士

路線 HAqua Ilikai Hotel & Suites（僅第一班車停靠）⇒T Galleria by DFS⇒杜克·卡哈那莫庫像⇒恐龍灣（停靠5分鐘，週二不停）⇒海景噴口（停靠5分鐘）⇒白沙灣海灘Sandy Beach（無法下車）⇒夏威夷海洋生物公園（可轉乘）⇒夏威夷凱觀景台Hawaii Kai Lookout（停靠5分鐘）⇒柯哈拉購物中心（可轉乘）⇒T Galleria by DFS
※路線請參考別冊P4～5

※15時30分～17時30分不停Moana Surfrider停靠站

小小資訊 兩層樓高的雙層巴士，目前在紅色路線、粉紅色路線、藍色路線行駛。
紅色路線和藍色路線可使用4路線不限次數乘坐車票搭乘。

23

巴士　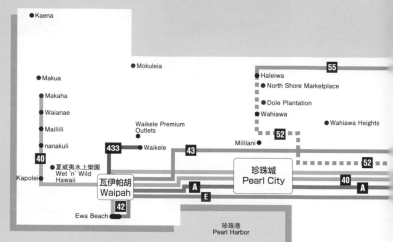 The Bus

Kaena

Mokuleia

Makua

Makaha

Waianae

Mailiili

nanakuli

Haleiwa
North Shore Marketplace
Dole Plantation
Wahiawa

55

52

Wahiawa Heights

Waikele Premium
Outlets

Mililani

40

Kapolei

夏威夷水上樂園
Wet 'n' Wild
Hawaii

瓦伊帕胡
Waipah

433　Waikele

43

42

Ewa Beach

A

E

珍珠城
Pearl City

40　**A**

52

珍珠港
Pearl Harbor

珍珠港
Pearl Harbor

鹽湖
Salt Lake

檀香山
國際機場

9

3

20

1

●搭乘方式

威基基中心區裡的Kuhio Ave.是巴士行駛的主要道路。
每隔2個街區就會有一個停靠站，所以很好找到。

1 搭車
巴士正面大大的文字標示著路線
號碼與目的地終點名稱，看清楚
再上車。如果覺得不放心，搭車
時先詢問司機。

2 付費
上車先付費，上車先投$2.50進
票箱。因為不找零所以請先準備
好零錢。

3 車內
禁止攜帶不能放置於膝上的行李
進入車內。可攜帶摺疊式嬰兒車
進入車內。車內冷氣很強，最好
帶上外套。

4 下車
請自己看路線圖判斷何時該下車
。靠近要下車的停靠站時，拉窗
邊的繩子或按下車按鈕。

○費用
無論搭乘距離多遠
一律$2.50、小孩
（6～17歲）
$1.25。2小時內
可免費轉乘2次。
○營運時間
6～24時左右

! 注意事項
○轉乘券
轉乘時需要轉乘券。下車時才
和司機說的話沒辦法拿到票
券，所以必須上車付費時就告
知司機。2小時之內可以免費轉
乘2次。

●主要路線

A	WAIPAHU / UH MANOA /KALIHI TRANSIT CENTER
E	EWA BEACH / WAIKIKI
1 1L	KALIHI TRANSIT CENTER / HAWAII KAI / KAHALA MALL
2	SCHOOL ST-KALIHI TRANSIT CENTER / WAIKIKI-DIAMOND HEAD-KCC
3	SALT LAKE / KAPIOLANI COMMUNITY COLLEGE
5	ALA MOANA CENTER / MANOA VALLEY
6	ALA MOANA CENTER / PAUOA VALLEY / UNIVERSITY-WOODLAWN DRIVE
8	ALA MOANA CENTER / WAIKIKI BEACH & HOTELS
9	NAVY-NIMITZ GATE / ALAPAI TRANSIT CENTER / KAIMUKI-KCC

24

注意
事項　雖然巴士有時刻表，但是發車間隔時間不太準確。途中下車轉乘時，
下一班巴士有可能等很久，所以行動時請保留緩衝時間。

涵蓋歐胡島全域的巴士擁有80條路線、超過4000個巴士站。對於旅客來說使用比較簡便，可善用放在飯店大廳和ABC Stores的時刻表和路線圖（免費），靈活運用巴士。

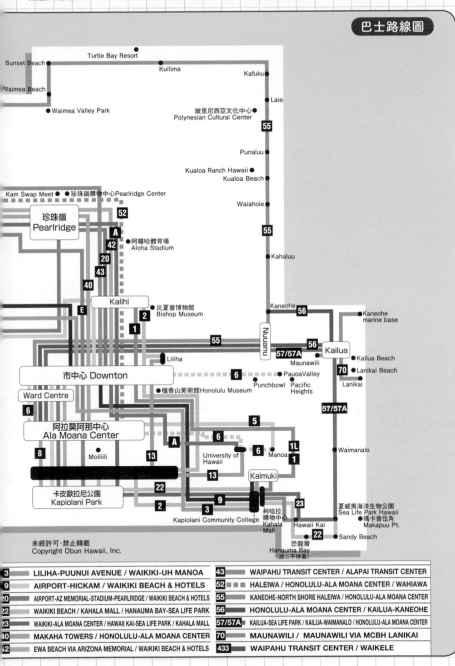

巴士路線圖

Turtle Bay Resort
Sunset Beach
Kuilima
Kafuku
Waimea Beach
Laie
Waimea Valley Park
玻里尼西亞文化中心
Polynesian Cultural Center
55
Punaluu
Kualoa Ranch Hawaii
Kualoa Beach
Kam Swap Meet ● 珍珠嶺購物中心Pearlridge Center
Waiahole
珍珠嶺
Pearlridge
52
55
A
阿囉哈體育場
42
Aloha Stadium
Kahaluu
20
43
40
Kaneohe
Kaneohe
marine base
Kalihi
E
56
2
比夏普博物館
Bishop Museum
1
Kaneohe
56
Kailua
55
57/57A
Kailua Beach
Nuuanu
Maunawili
Liliha
70
Lanikai Beach
市中心 Downton
6
PauoaValley
Lanikai
Punchbowl Pacific
Heights
Ward Centre
檀香山美術館Honolulu Museum
6
57/57A
阿拉莫阿那中心
Ala Moana Center
5
Waimanalo
8
A
6
6
1L
Moiliili
University of
Manoa
1
13
Hawaii
13
Kaimuki
卡皮歐拉尼公園
Kapiolani Park
22
23
夏威夷海洋生物公園
Sea Life Park Hawaii
2
9
瑪卡普伍角
3
柯哈拉
Makapuu Pt.
Kapiolani Community College
購物中心
Kahala
Hawaii Kai
Sandy Beach
Mall
22
恐龍灣
Hanauma Bay
（週二不停靠）

未經許可‧禁止轉載
Copyright Obun Hawaii, Inc.

3	LILIHA-PUUNUI AVENUE / WAIKIKI-UH MANOA	43	WAIPAHU TRANSIT CENTER / ALAPAI TRANSIT CENTER
9	AIRPORT-HICKAM / WAIKIKI BEACH & HOTELS	52	HALEIWA / HONOLULU-ALA MOANA CENTER / WAHIAWA
20	AIRPORT-AZ MEMORIAL-STADIUM-PEARLRIDGE / WAIKIKI BEACH & HOTELS	55	KANEOHE-NORTH SHORE HALEIWA / HONOLULU-ALA MOANA CENTER
22	WAIKIKI BEACH / KAHALA MALL / HANAUMA BAY-SEA LIFE PARK	56	HONOLULU-ALA MOANA CENTER / KAILUA-KANEOHE
23	WAIKIKI-ALA MOANA CENTER / HAWAII KAI-SEA LIFE PARK / KAHALA MALL	57/57A	KAILUA-SEA LIFE PARK / KAILUA-WAIMANALO / HONOLULU-ALA MOANA CENTER
40	MAKAHA TOWERS / HONOLULU-ALA MOANA CENTER	70	MAUNAWILI / MAUNAWILI VIA MCBH LANIKAI
42	EWA BEACH VIA ARIZONA MEMORIAL / WAIKIKI BEACH & HOTELS	433	WAIPAHU TRANSIT CENTER / WAIKELE

注意事項 ※巴士的行駛路線有可能變更，欲搭乘時請先確認。
URL http://www.thebus.org/?l=jap（英語）

行車路線圖

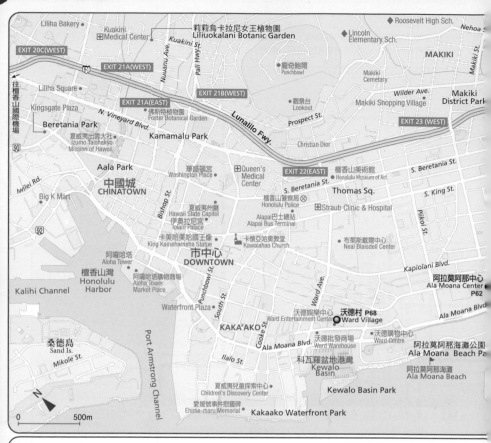

往西的行走方法

●從McCULLY入口

從威基基往西是最常走的路線。離開Ala Wai Blvd.之後，右轉至McCully St.。跨越Ala Wai運河之後，稍微往前開過H-1的立體交叉道後，左轉至Dole St.。接著在Alexander St.左轉，前進到T字路口右轉即可上H-1高速公路。

●從卡皮歐拉尼 Kapiolani入口

經由檀香山動物園前的Kapahulu Ave.北上，經過H-1高速公路下方，在Old Waialae Rd.左轉，一直向前就會上H-1高速公路。（請參考右頁上方地圖）

《前往起始點—高速公路H-1》

往東的行走方法

●從S. King St.入口

和從威基基往西一樣，從Ala Wai Blvd.右轉至McCully St.。在S. King St.右轉，過了University Ave.之後進入中央車道，順勢走上H-1高速公路。

26

區域 Navi

夏威夷有很多單行道。像Kalakaua Ave.和Alawai Blvd.全部都是單行道的地方也不少，出發前記得先確認地圖。

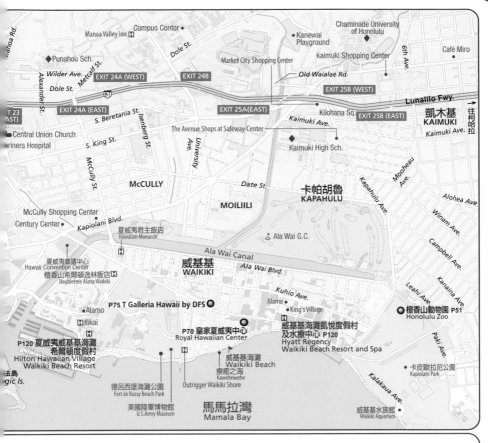

《從威基基到主要地點的時間與距離參考》

目的地	km	時間
恐龍灣	17	25分
夏威夷海洋生物公園	25	30分
凱盧阿	27	35分
古蘭尼牧場	40	50分
玻里尼西亞文化中心	59	70分
哈雷瓦	52	60分
茂納魯亞花園	16	30分
檀香山國際機場	18	25分
威開雷超級商場	32	35分
夏威夷水上樂園	43	40分
杜爾鳳梨園	48	45分

情境簡單會話

Scene 1
打招呼

| 早安 | 謝謝 | 好吃 |
| Aloha. | Mahalo. | Ono. |

Scene 2
在餐廳

請給我菜單	有推薦的菜色嗎
May I have a menu,please?	What do you recommend?
請給我靠窗座位	可以使用信用卡嗎
I'd like a table by the window.	Do you accept credit cards ?

Scene 3
在商店

可以試穿嗎	請給我這個
Can I try this on?	I'll take this.
請給我收據	多少錢
Can I have a receipt,please?	How much is it?
我想退貨（換貨）	請給我退稅申請書
I'd like to return(exchange) this.	May I have a tax refund cheque form?

Scene 4
觀光時

計程車乘車處在哪裡	請幫我叫計程車
Where is the taxi stand?	Could you call a taxi for me?
最近的巴士站在哪裡	要怎麼去這個地方
Where is the nearest bus stop?	How can I get to this address?

Scene 5
遇到問題時

（讓對方看地圖）可以用這張地圖指路嗎	有人懂中文嗎？
Could you show me the way on this map?	Is there someone who speaks Chinese?
請帶我去醫院	請叫警察（救護車）
Could you take me to a hospital, please?	Please call the police(an ambulance).
我的錢包被偷了	請開立遭竊證明書（事故證明書）
My purse was stolen.	Please write up a police report.

小費 經常用到的資訊幫您整理好囉♪

費用	小費+15%	費用	小費+15%
$5	$5.75	$50	$57.50
$10	$11.50	$60	$69.00
$15	$17.25	$70	$80.50
$20	$23.00	$80	$92.00
$25	$28.75	$90	$103.50
$30	$34.50	$100	$115.00
$35	$40.25	$150	$172.50
$40	$46.00	$200	$230.00

匯率

$1 ≒ 30元
（2017年9月）

寫在表格上吧♪
兌換時的匯率

 $1 ≒ ____ 元